投资的宏观逻辑

孙付 王方群 张岩◎著

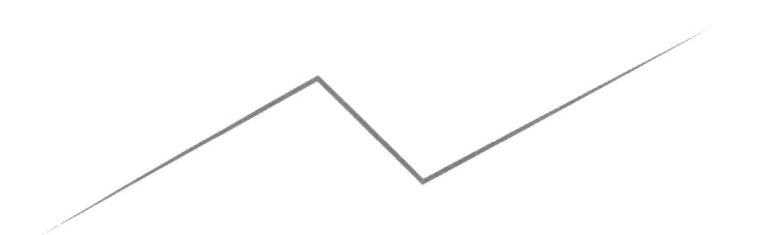

中国科学技术出版社
·北 京·

图书在版编目（CIP）数据

投资的宏观逻辑 / 孙付，王方群，张岩著 . — 北京：中国科学技术出版社，2024.2
ISBN 978-7-5236-0427-4

Ⅰ. ①投… Ⅱ. ①孙… ②王… ③张… Ⅲ. ①投资—研究 Ⅳ. ① F830.59

中国国家版本馆 CIP 数据核字（2024）第 039800 号

策划编辑	杜凡如　李清云	责任编辑	贾　佳
封面设计	仙境设计	版式设计	蚂蚁设计
责任校对	吕传新	责任印制	李晓霖

出　　版	中国科学技术出版社
发　　行	中国科学技术出版社有限公司发行部
地　　址	北京市海淀区中关村南大街 16 号
邮　　编	100081
发行电话	010-62173865
传　　真	010-62173081
网　　址	http://www.cspbooks.com.cn

开　　本	710mm×1000mm　1/16
字　　数	283 千字
印　　张	21.5
版　　次	2024 年 2 月第 1 版
印　　次	2024 年 2 月第 1 次印刷
印　　刷	北京盛通印刷股份有限公司
书　　号	ISBN 978-7-5236-0427-4 / F・1204
定　　价	89.00 元

（凡购买本社图书，如有缺页、倒页、脱页者，本社发行部负责调换）

序　言

"欲穷千里目，更上一层楼"，登高才能望远，才能看到绵延的经济长河。古人说"一叶障目，不见泰山"，沉迷于细节和局部，则不能看清大势。无论是自上而下的投资策略还是自下而上的投资策略，宏观经济研究始终是起点或归宿，是投资决策绕不开的基石。只有对宏观经济进行深入细致的研究和分析，才能把握全局，不迷失方向。

研究有道。对于宏观经济的研究，有人紧盯 GDP，有人紧盯 CPI。有人侧重面面俱到，有人只看关键数据。我们则形成了一整套宏观经济研究方法论和框架。通过融合发展经济学和货币主义的研究框架，我们提出了自己的宏观经济研究模式。发展经济学认为追赶型经济体要通过提高资本积累，加速推进工业化，并且以推动经济发展为第一要务。货币主义学派则强调货币管理的重要性，认为货币是经济和物价增长的核心驱动力。我们的宏观经济研究将两者进行融合，对经济增长和货币展开了双轮平行研究。

新质生产力是宏观经济研究的新方向。新质生产力是国家提出的重要概念，"以颠覆性技术和前沿技术催生新产业、新模式、新动能，发展新质生产力"，要求"开辟量子、生命科学等未来产业新赛道"。这为宏观经济研究和投资指明了新的方向。新质生产力要求宏观经济研究必须高度重视科技创新，特别是颠覆性技术创新带来的重大经济跃迁。如人工智能技术，可能会改变经济社会发展的全貌。

"问渠那得清如许，为有源头活水来"，充分和专业的宏观经济研究是投资决策的基础。本书站在投资角度分析宏观经济，以期对投资决策有所帮助。

本书献给所有基金经理、投资经理、研究员和其他投资界的朋友。献给我的女儿王浚潞和儿子王启航，他们的梦想就是成为中国著名经济学家。我们对中国经济的未来充满信心，对中国资本市场充满信心。

王方群

2024年1月于北京金融街

前　言

　　伴随中国经济的持续增长，财富不断积累，资产配置需求日益增加，资本市场获得了长足的发展，宏观经济研究在资产配置中的重要性日益凸显。投资是科学和艺术的美妙融合，宏观经济研究的逻辑和结论为投资提供了科学支撑。

　　宏观研究之于投资的意义体现在以下三方面：

　　首先，宏观研究能为投资提供"既见森林，又见树木"的视角。宏观研究着力于总量分析，把握经济整体运行规律。但是，整体是各个部分的动态、有机联系和综合，宏观研究依赖于中微观基础分析，总量运行规律归因于结构特征和主导因素变化。从方法论上，宏观研究采用结构分解和因素驱动法，即将要研究和分析之对象所包含的主要内容或因素做分解，通过分析诸因素的变化特点及规律，再综合研究相应对象的趋势特征和变化规律。投资，重要的是选择"投什么"，涉及方向、领域和标的的选择，需要"从大处着眼，精选主赛道"。显然，投资的选择思路和宏观研究的精神实质重合相融。

　　其次，宏观研究能辅助投资实现"择时而动，顺势而为"。经济周期是宏观经济研究的主要内容。周期分析，即通过挖掘经济现象背后的主要驱动因素，分析其周期性变化特征和规律，及其变化所引致的经济现象的周期循环律。经济周期有不同的级别，分长、中、短不同时间跨度；经济周期有不同类型，诸如库存周期、产能周期、信贷周期等。周期分析重在判断目前经济活动或者现象所处的阶段，并对未来演化的路径和时间跨度做预判。投资，重要的是选择"时机",何时进攻、何时撤退,经济周期会牵引资产价格呈现"钟摆"特征。因此,对经济周期的深入理解是准确把握投资时机的先决条件。

最后,宏观研究是大类资产配置的基础。宏观研究强调系统性和动态性,在开放经济条件下,国内宏观和国际宏观高度联动,二者必须被统贯分析。宏观研究包括增长分析、物价和流动性分析,这些分析是相互关联的,难于孤立进行;宏观研究中的基本面研究和政策判断都是一体的。大类资产配置,主要涉及在股票、债券、商品和不同货币(汇率)之间的配置选择。诸多的深度研究成果显示,在不同的宏观经济时段上,上述资产表现出显著差异性和规律性,如何在它们中间择优而取、实现最佳组合策略,主要依赖于对宏观逻辑的认识和把握程度。

本书是我们多年对宏观经济和大类资产进行研究得出的成果集锦,分为四章,前三章按照宏观经济研究的系统框架对经济增长、通货膨胀和货币流动性进行研究,第四章落实到宏观逻辑对投资的具体指导层面,探讨大类资产运行规律。

第一章,研究经济增长。增长是宏观经济的内核。中国作为"世界工厂",是全球商品的供给中心,制造业是产业的主心骨,是供给分析的重点。在中国经济转型的背景下,消费是国内大循环的基础,是需求分析的重点。中国经济增长方式的升级核心在于技术不断创新,新兴产业不断涌现,新经济在我们国家已成为重要增长驱动力。中国经济发展前景广阔,也面临一些挑战,当前比较突出的就是"老龄少子化"导致的人口负增长问题,这需要政策调整优化,积极应对。

第二章,研究通货膨胀。通胀是与增长相伴的价格现象,从货币数量论的角度看是货币现象。我们从微观和宏观两个维度开展研究,微观层面,基于产业链研究价格的传导机制；宏观层面，分析总供求状况及货币条件对价格的影响。鉴于中国是全球制造中心，我们仔细探究了大宗商品价格与通胀生成之间的关系。

第三章，研究货币流动性，揭开覆盖在实体经济上的货币信用面纱。分析从主要央行货币政策机制开始，到货币增速和广义信用扩张特征，再到实体经济融资成本的决定因素。我们按照"货币管理—信用创造—实体融资成本"层层递进的分析框架去探寻货币经济内在逻辑。

第四章，落实到大类资产运行规律。基于前三章节提供的分析基础，我们把握了宏观经济的周期特征，对不同阶段下大类资产（A股、美股、港股、美债、中债、汇率、贵金属和一般大宗商品）的规律进行深入研究。根据当前和未来一段时间的宏观形势判断，我们对大类资产表现作合理展望。

在本书的写作过程中，很多同事和朋友给予了很大的帮助和支持，在此表示感谢！特别是丁俊菘博士在人口研究和大类资产研究方面提供了重要支持，胡娟、顾楚雨、瞿黔超等帮忙整理了相关资料和素材。最后，希望本书能给读者带来裨益。

孙 付

2023 年 12 月 1 日

目 录
CONTENTS

第一章　增长是根基

第一节　三驾马车如何驱动制造业投资　003

第二节　消费的周期波动与结构改善　029

第三节　正视人口负增长　070

第二章　通胀的韵律

第一节　透视 CPI 的微宏观视角　087

第二节　原油价格如何传导至 CPI　110

第三节　大宗飞扬后受伤最重的行业　136

第三章　神秘的货币流动性面纱

第一节　美联储政策的逻辑与启示　151

第二节　信用供给与增长、通胀和杠杆率　172

第三节　M1 周期变化对经济活跃度的指示意义　187

第四节 如何引导实体经济融资成本回落　194

第五节 超额储蓄的成因及流向　211

第四章　大类资产运行规律

第一节 金融周期及资产价格运行规律　237

第二节 美国加息周期中大类资产表现　280

第三节 加息末期大类资产运行规律　307

参考文献　**333**

第一章
增长是根基

第一节　三驾马车如何驱动制造业投资

制造业投资既是需求又是供给，是大国经济最为重要的产能投资。我们需从两个维度研究制造业投资：一是从赢利能力（企业资产收益率和成本比较）角度，分析制造业投资增速与赢利指标（ROA-WACC 或债务成本）的关系；二是从经济运行过程角度，制造业处于中游环节，其投资扩张由下游需求状况决定，结合投入产出表，分别从定性和定量两个方面分析"三驾马车"（出口、房地产基建投资、汽车家电消费）对制造业投资增速的影响程度及时滞情况。

赢利能力与制造业投资：资产收益率和成本的比较

企业决定提高或降低投资扩张的速度与资产收益率和融资成本有着密切关系。通过梳理不同样本企业的资产收益率和融资成本，我们发现制造业投资增速的变化量与资产收益率减融资成本的变化量的变动趋势是一致的，即当资产收益率减融资成本的所得数额扩大时，制造业投资增速的变化量将上升；反之亦然。

这里资产收益率采用的指标为 ROA，融资成本采用指标为 WACC[①]，取 CAPM 模型和股利模型结果的均值作为 WACC 的最终结果。由于在计算"利息支出/带息债务"和使用 CAPM 模型计算股权融资成本时，从 WIND 导出的部分个股的"利息支出/带息债务"超过 100% 或者贝塔值为 0 等多种原因，因此这些公司将被剔除，最终样本数量较少，仅限于 156 家 A 股上市公司[②]。

由于扩大样本后综合融资成本如何变化，在现有数据条件下难以计算（主要是股权融资成本），因此要观察更大范围样本企业的融资变化，我们仅能参考制造业的利息支出/带息债务，选取的样本是 2005 年至 2017 年全部 A 股制造业上市公司，2017 年为 2600 家。

因此，后文将分小样本和大样本两种情形进行分析。

小样本：综合考虑债务成本和股权成本

若资产收益率高于融资成本，赢利改善推动企业提高投资增速；反之，企业则降低投资增速。我们梳理了 156 家制造业的上市公司的 ROA 和 WACC，两者的差额与制造业投资增速的关系证实了上述观点：在图 1-1 中，从 2008 年至 2017 年（除了 2006 年、2007 年、2010 年），当企业的 ROA>WACC，则投资增速上升，当企业的 ROA<WACC，则投资增速下降。同时，从图 1-2 中我们可以清晰看到，制造业投资增速的变化量与 ROA-WACC 的趋势是一致的。

[①] WACC（加权平均资本成本）：按各类资本所占总资本来源的权重加权平均计算公司资本成本，债务成本选用"利息支出/带息债务"，股权成本取 CAPM 模型和股利模型结果的均值。
[②] 156 家 A 股上市公司，其中国有企业 94 家，行业涉及制造业的上中下游企业（如钢铁、水泥、化工、医药、汽车、食品等制造业企业）。

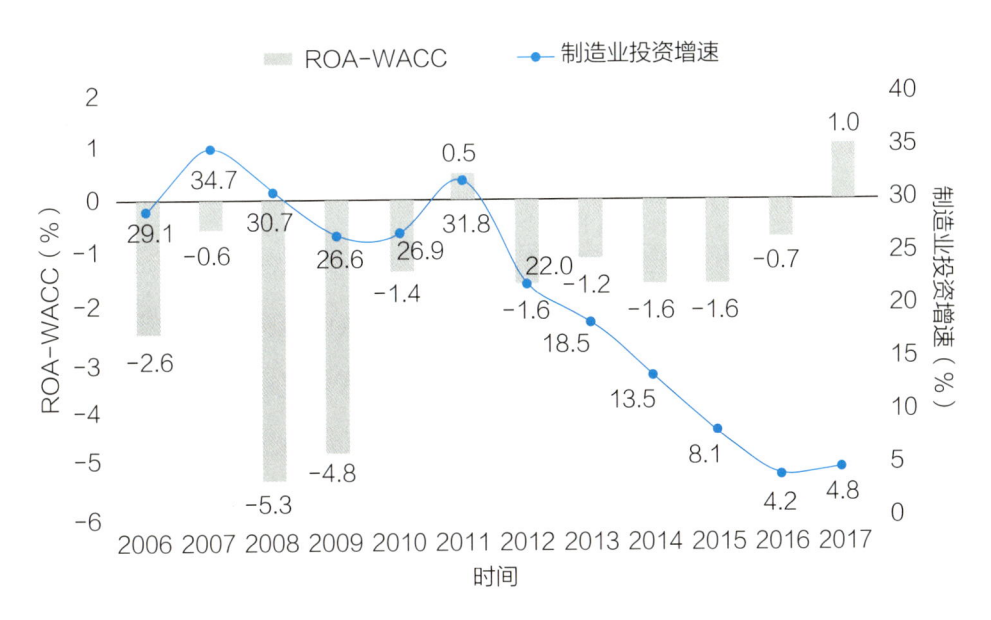

图 1-1　制造业投资增速与 ROA-WACC 密切相关

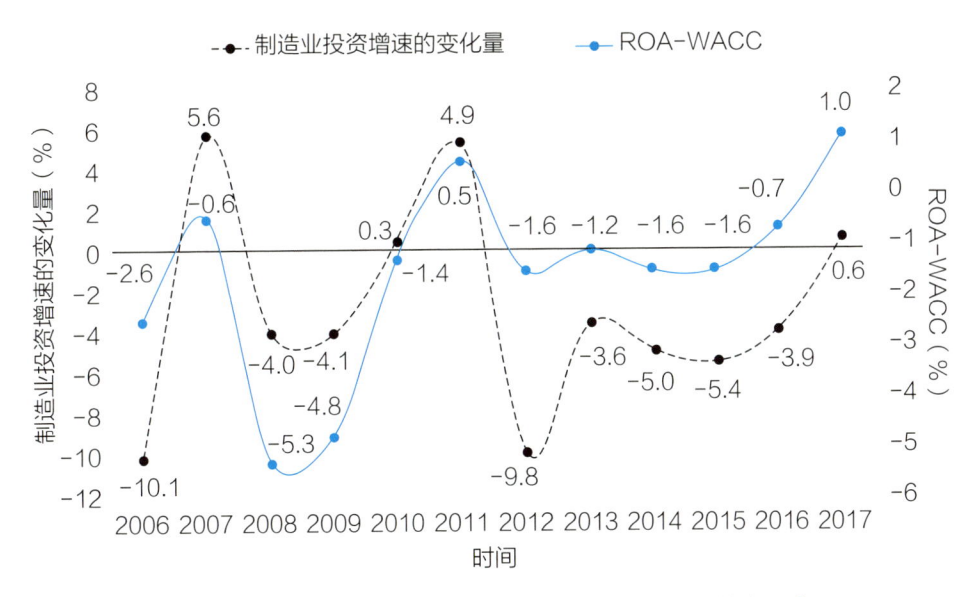

图 1-2　制造业投资增速的变化量与 ROA-WACC 基本一致

大样本：只考虑债务成本

从图 1-3 可以看到制造业的"利息支出/带息债务"波动范围较小，低于综合加权融资成本的变动幅度；2014 年至 2016 年开始逐渐下降，2017 年出现小幅反弹。制造业中不同类型细分行业的"利息支出/带息债务"的变化情况如图 1-4 所示：各类型细分行业的变化趋势基本一致；2009 年后，以国内终端消费为主[①]和出口导向[②]的制造业的"利息支出/带息债务"高于制造业整体水平，由房地产和基建投资拉动[③]的制造业则低于制造业整体水平。

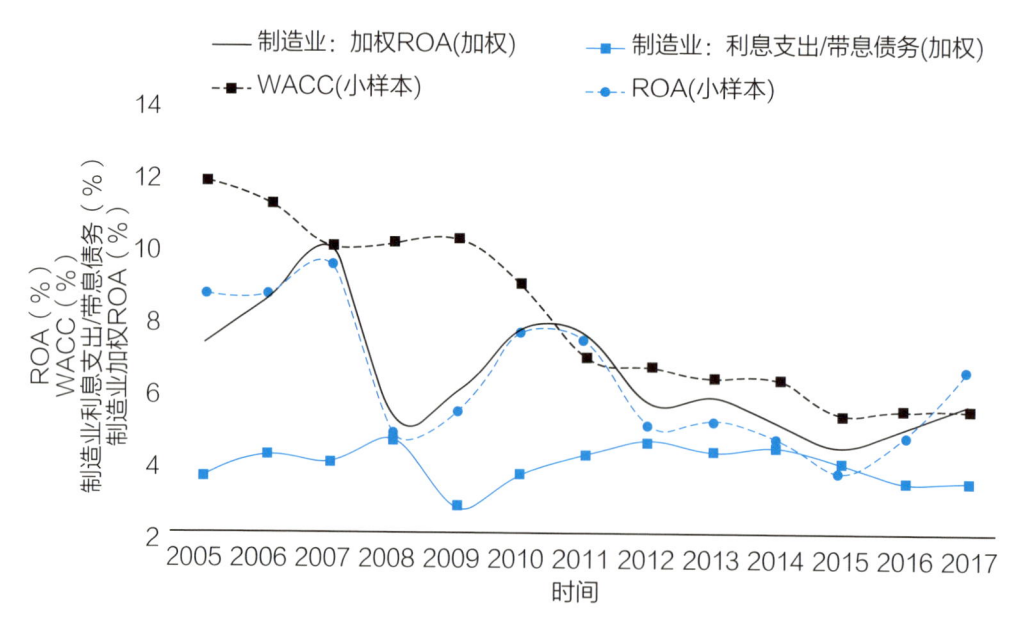

图 1-3 制造业 ROA 与"利息支出/带息债务"

对比大样本的制造业"ROA-债务成本"与制造业投资增速的变化量，可以从图 1-5 中看到两者的变化趋势是一致的（除了 2009 年和 2011 年）。综

---

① 包括汽车、食品饮料、烟酒、医药等行业。
② 指出口依存度高于 20% 的行业，包括计算机通信、纺织服装、电气机械等，详见后文。
③ 包括金属冶炼加工、非金属矿物制品业等，详见后文。

合小样本与大样本的分析结果，制造业投资增速的变化量与赢利指标（ROA-WACC或债务成本）的趋势是一致的。

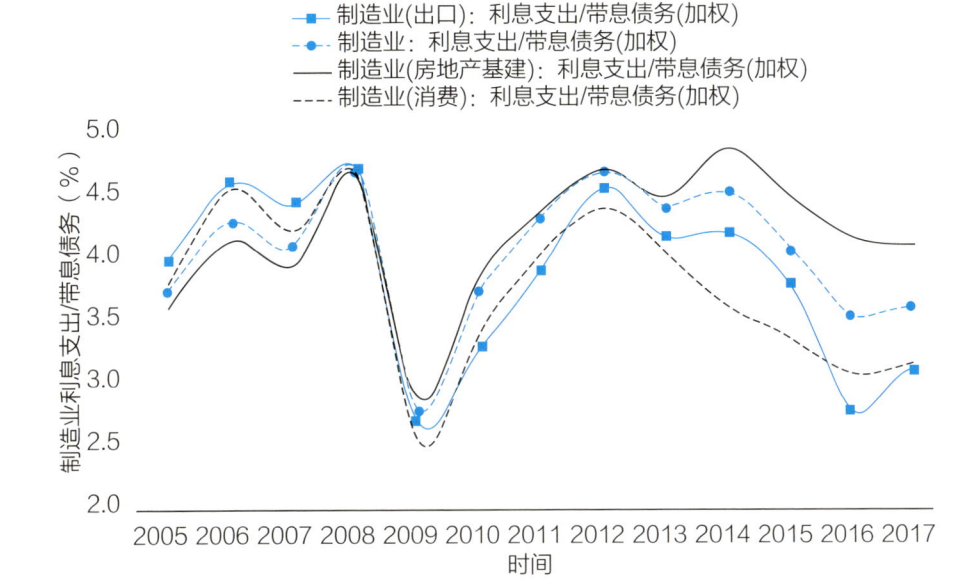

图1-4 制造业各类型细分行业"利息支出/带息债务"变化情况

图1-5 制造业投资增速的变化量与"ROA-债务成本"的趋势一致

"三驾马车"与制造业投资

投入产出表：出口、房地产和基建投资是影响制造业投资的重要因素

本部分主要通过分析投入产出表，梳理出口依存度较高的行业，以及房地产和基建投资对其他行业的拉动情况，由此来判断影响制造业投资的因素。表1-1是投入产出表的结构及内容。

投入产出表可划分为四个象限，第Ⅰ象限是中间产品象限，又称为中间消耗象限，反映各个行业之间的生产与消耗的关系。第Ⅱ象限是最终产品，分为消费、投资和出口，反映各个行业的最终产品及其构成情况，由此可以得到按支出法计算的GDP。第Ⅲ象限是最初投入，分为劳动者报酬、生产税净额、固定资产折旧、营业盈余，反映各个行业最初投入和增加值情况，由此可以得到按生产法计算的GDP。本文主要通过第Ⅰ象限和第Ⅱ象限的数据来寻找各个行业之间的关系。

出口带动制造业投资之逻辑

出口依存度是指各个行业出口占总产出的比例（也就是投入产出表中的 c/E）。根据2002年至2012年的投入产出表来看：第一，整体出口依存度呈现先升后降的趋势，在2002年中国加入世界贸易组织后，出口规模不断攀升，各行业的出口依存度上升，随着2007年之后金融危机爆发，全球需求放缓，我国制造业的出口占总产出的比例逐渐下降。第二，出口依存度较高的行业表现相对比较稳定，主要集中于通信设备、纺织服装、仪器仪表、电气机械等行业（表1-2）。

第一章　增长是根基

表1-1　投入产出表的结构和内容

投入部门 \ 产出部门	农业	第二产业 工业 采矿业	第二产业 工业 制造业	第二产业 工业 电力业	第二产业 建筑业	第三产业	中间使用合计	最终使用 消费	最终使用 资本形成	最终使用 出口	最终使用 最终使用合计	进口	总产出	误差
农业														
第二产业 工业 采矿业			Ⅰ								Ⅱ			
第二产业 工业 制造业														
第二产业 工业 电力业														
第二产业 建筑业														
第三产业														
中间投入合计							A	a	b	c	C=a+b+c	D	E=A+C−D+e=F	e
劳动者报酬														
生产税净额			Ⅲ				B=GDP（生产法）=C−D+e（支出法）			Ⅳ				
固定资产折旧														
营业盈余														
增加值合计														
总投入							F=A+B							

资料来源：中国投入产出学会。

009

表 1-2 制造业出口依存度（2002—2012 年，按 2012 年排序）

单位：%

排序	行业	2012 年	2010 年	2007 年	2005 年	2002 年
1	通信设备、计算机和其他电子设备	46.43	42.65	51.90	54.17	38.28
2	纺织服装鞋帽皮革羽绒及其制品	36.23	23.99	31.39	37.49	41.86
3	仪器仪表	32.28	50.65	66.34	—	87.82
4	电气机械和器材	21.45	20.24	25.14	25.65	28.54
5	木材加工品和家具	19.29	17.94	22.05	26.54	16.87
6	造纸印刷和文教体育用品	19.05	10.91	15.16	17.95	14.00
7	通用、专用设备	14.50	10.81	14.53	13.56	10.06
8	纺织品	14.15	27.56	32.61	33.59	30.20
9	金属制品	13.31	14.10	20.10	27.74	17.77
10	交通运输设备	9.04	8.68	9.95	9.79	6.77
11	化学产品	8.17	10.13	11.67	12.34	10.09
12	工艺品及其他制造业（含废品废料）	8.03	12.59	12.72	14.56	14.76
13	非金属矿物制品	5.74	4.75	6.51	5.67	7.20
14	金属冶炼和压延加工品	4.05	4.45	8.44	5.95	3.00
15	食品和烟草	3.19	3.27	4.58	5.98	6.17
16	石油、炼焦产品和核燃料加工品	2.94	2.71	3.64	6.51	4.32
	制造业	13.46	13.60	17.81	20.11	16.26
	总体（所有行业）	8.53	8.93	11.67	12.62	9.87

资料来源：国家统计局。

我国制造业整体的出口依存度大约为 13%，在出口依存度排名前九的行业中，出口交货值占工业企业出口交货值的比例逐年上升，2017 年为 76%；这 9 个行业的固定资产投资占制造业投资的比重也呈上升趋势，2017 年为 44%；因此出口的变化对制造业投资会产生较明显的影响（图 1-6、图 1-7）。

第一章 增长是根基

图1-6 出口依存度前九行业的出口交货值占比

图1-7 出口依存度前九行业的投资

对比各行业出口交货值[①]增速与该行业的固定资产投资增速，可以看到出

---

① 本文选用出口交货值来反映出口情况，这主要是因为出口交货值有制造业各行业口径的数据，但海关总署公布的出口数据不按制造业各行业进行分类。工业企业出口交货值是以人民币计价，与海关总署公布的以人民币计价的出口金额在统计口径和范围上有一定差异，但两者增速的变化趋势基本一致。

投资的宏观逻辑

口依存度较高的行业的出口交货值增速与固定资产投资增速的趋势基本一致，不同行业出口领先投资的时长有所差异。

从外需角度来看：出口交货值的增速与外需的变化息息相关，与美国ISM制造业指数的走势拟合度最高，与欧元区制造业PMI、日本制造业PMI指数的变化趋势基本一致（图1-8—图1-10）。

图1-8 美国ISM制造业指数与中国工业企业出口交货值

图1-9 欧元区制造业指数与中国工业企业出口交货值

图 1-10　日本制造业指数与中国工业企业出口交货值

从汇率的角度来看：美元兑人民币、人民币有效汇率指数均领先出口交货值增速的变化，领先时长在 1~3 个季度不等（图 1-11、图 1-12）。

图 1-11　人民币兑美元贬值将缓解出口下行压力

💲 投资的宏观逻辑

图 1-12 人民币汇率贬值将缓解出口下行压力

从历史数据看，出口向制造业投资的传导具有一定时滞，为 2~4 个季度不等（图 1-13）。

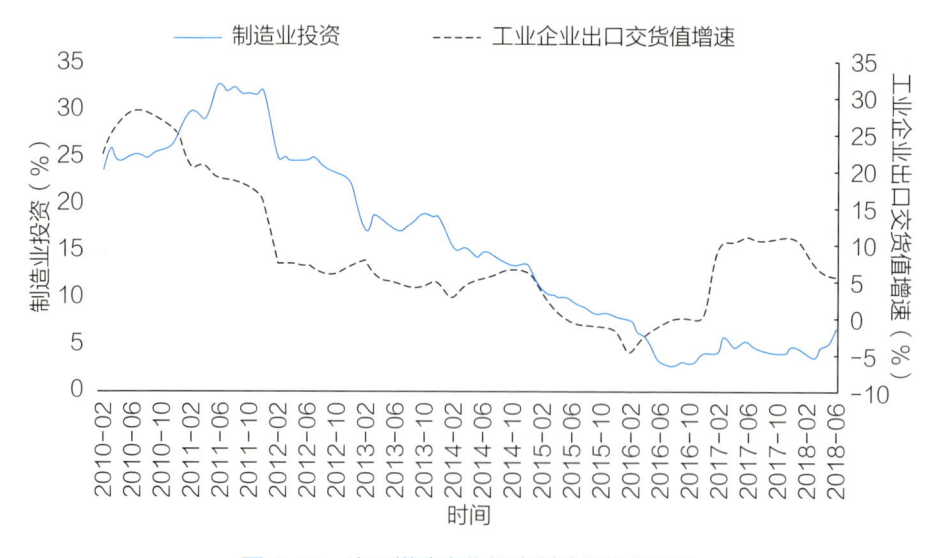

图 1-13 出口增速变化领先制造业投资增速

外贸形势展望：第一，海外经济增长。美联储加息对经济的滞后影响将逐步显现，2023年下半年至2024年美国、欧元区等主要经济体增速将放缓。第二，汇率。伴随美元加息周期接近尾声，预计美元指数有所走弱，人民币对美元贬值压力缓解。第三，贸易摩擦。中美关系阶段性企稳，贸易摩擦升级概率不大。因此，在海外经济放缓、人民币贬值幅度收窄的背景下，中国出口将维持既有状态，对经济拉动作用相对较弱。在外需弱状态下，预计与出口相关制造业的投资意愿及增速不高。

房地产和基建拉动制造业投资之逻辑

房地产的牵引力

要研究房地产对制造业的影响，我们需要先明确投入产出核算框架内与房地产相关的数据都包括哪些。按照国民经济分类，房地产业属于第三产业，包括房地产开发经营、物业管理、房地产中介服务、房地产租赁经营、其他房地产业。例如，房屋销售和房屋租赁均属于房地产业，房屋销售增值（房屋销售额减成本）、房屋租赁费用分别计入房地产业的资本形成总额和最终消费，两者成为GDP的一部分，其中，房屋销售增值是房地产业的资本形成的主要来源（图1-14）。

我们通常说的房地产投资对经济的影响，并不体现在"房地产业"之中，而是通过其他行业的固定资本形成来体现的。房地产投资包括土地购置费和建安投资，土地购置费不计入GDP，建安投资包括建筑工程、安装工程、设备工器具购置等。这三方面的投资可对应到房屋建筑业、建筑安装业，金属制品、电气机械等部门的固定资本形成，其中占比最高的就是建筑业（属第二产业）。因此为了全面分析房地产对经济的影响，不能只看"房地产业"，

💲 投资的宏观逻辑

还需要考虑房地产投资所消耗资本品对应行业的固定资本形成情况,最主要的是"建筑业"。也就是说,需要从"房地产业"和"建筑业"来分析房地产对制造业的影响(图 1-15)。

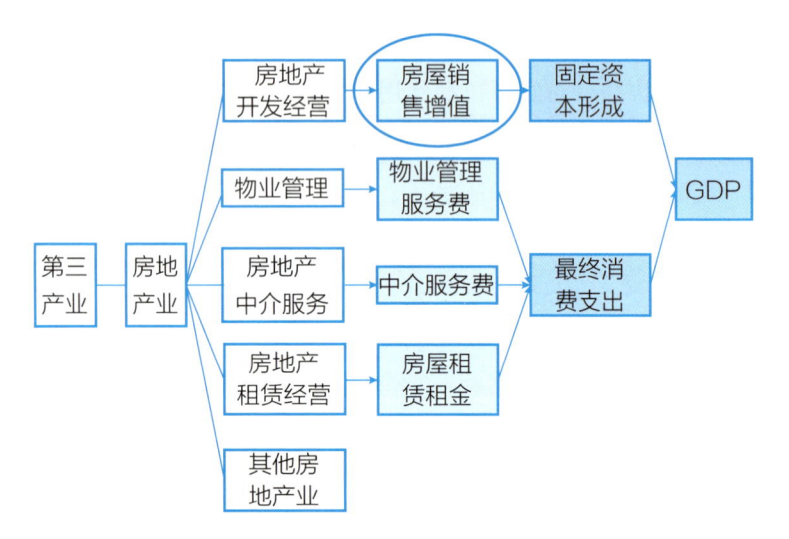

图 1-14 房地产业对 GDP 的贡献

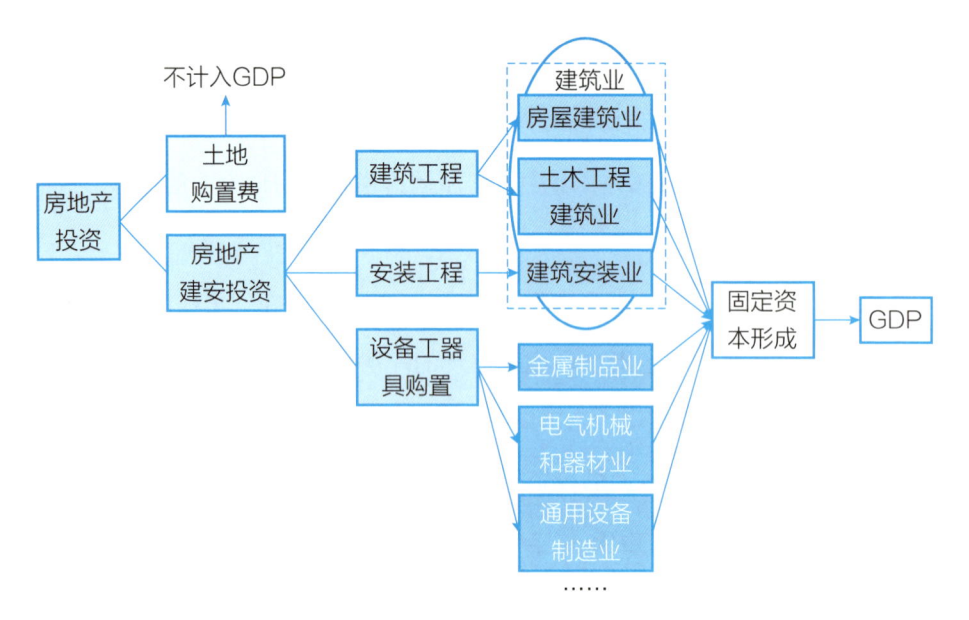

图 1-15 房地产投资主要通过建筑业对 GDP 形成贡献

第一章 增长是根基

我们用"完全消耗系数"来反映房地产业和建筑业对各行业的拉动情况。"完全消耗系数"是指某种产品在生产过程中，对各种相关产品的直接消耗和间接消耗的总和[①]。例如，房地产业生产价值 1 万元的产品，需要完全消耗价值 312 元的化学产品，价值 261 元的金属冶炼和压延加工品等。这反映了房地产业作为下游对上游行业的拉动情况（表 1-3）。

表 1-3 房地产业对其他行业的拉动（完全消耗系数，按 2012 年降序）

排序	完全消耗系数	2012 年房地产	2010 年房地产	2007 年房地产	2005 年房地产	2002 年房地产
1	金融	0.1332	0.0615	0.0352	0.0612	0.0957
2	租赁和商务服务	0.0635	0.0466	0.0287	0.0478	0.0465
3	房地产	0.0444	0.0186	0.0120	0.0092	0.0158
4	化学产品	0.0312	0.0701	0.0489	0.0339	0.0348
5	建筑	0.0280	0.0208	0.0130	0.0226	0.0445
6	金属冶炼和压延加工品	0.0261	0.0383	0.0330	0.0345	0.0389
7	交通运输、仓储和邮政	0.0246	0.0157	0.0088	0.0143	0.0163
8	造纸印刷和文教体育用品	0.0233	0.0229	0.0153	0.0136	0.0172
9	电力、热力的生产和供应	0.0210	0.0344	0.0251	0.0321	0.0213
10	批发和零售	0.0188	0.0163	0.0110	0.0122	0.0264
11	食品和烟草	0.0181	0.0242	0.0144	0.0095	0.0086
12	石油、炼焦产品和核燃料加工品	0.0174	0.0340	0.0233	0.0186	0.0157
13	农林牧渔产品和服务	0.0159	0.0240	0.0141	0.0150	0.0168
14	通信设备、计算机和其他电子设备	0.0145	0.0214	0.0202	0.0313	0.0279
15	住宿和餐饮	0.0140	0.0267	0.0173	0.0215	0.0227
16	石油和天然气开采产品	0.0117	0.0215	0.0155	0.0099	0.0101
17	电气机械和器材	0.0109	0.0249	0.0193	0.0213	0.0215
18	信息传输、软件和信息技术服务	0.0109	0.0089	0.0060	0.0126	0.0170

---

① 数据来源于中国投入产出学会公布的投入产出表。

投资的宏观逻辑

续表

排序	完全消耗系数	2012年房地产	2010年房地产	2007年房地产	2005年房地产	2002年房地产
19	非金属矿物制品	0.0095	0.0117	0.0070	0.0215	0.0219
20	金属制品	0.0089	0.0170	0.0157	0.0111	0.0138
21	煤炭采选产品	0.0088	0.0151	0.0068	0.0144	0.0116
22	交通运输设备	0.0082	0.0168	0.0135	0.0166	0.0230
23	纺织品	0.0074	0.0112	0.0073	0.0036	0.0041
24	纺织服装鞋帽皮革羽绒及其制品	0.0053	0.0092	0.0062	0.0024	0.0029
25	金属矿采选产品	0.0053	0.0091	0.0057	0.0047	0.0045
26	居民服务、修理和其他服务	0.0051	0.0113	0.0092	0.0043	0.0053
27	文化、体育和娱乐	0.0043	0.0071	0.0051	0.0028	0.0030
28	科学研究和技术服务	0.0042	0.0032	0.0019	0.0018	0.0017
29	通用、专用设备	0.0042	0.0228	0.0153	0.0173	0.0260
30	木材加工品和家具	0.0036	0.0057	0.0039	0.0048	0.0073
31	燃气生产和供应	0.0027	0.0009	0.0006	0.0007	0.0008
32	非金属矿和其他矿采选产品	0.0024	0.0024	0.0018	0.0027	0.0036
33	工艺品及其他制造业（含废品废料）	0.0023	0.0076	0.0029	0.0020	0.0021
34	公共管理、社会保障和社会组织	0.0022	0.0008	0.0005	0.0000	0.0000
35	仪器仪表	0.0015	0.0060	0.0057	0.0035	0.0038
36	教育	0.0012	0.0005	0.0010	0.0018	0.0020
37	水的生产和供应	0.0009	0.0007	0.0008	0.0013	0.0016
38	卫生和社会工作	0.0001	0.0009	0.0008	0.0014	0.0008

资料来源：中国投入产出学会。

同样的，我们也可以根据投入产出表得出建筑业对各个行业的拉动情况，排名前三的为金属冶炼和压延加工品（钢铁、有色等），非金属矿物制品（水泥、玻璃等），化学产品。对比上下两表的拉动系数我们可以看到，房地产业对制造业的影响远小于建筑业，因此房地产业对制造业的影响主要还是通过建筑业来传导的（表1-4）。

表1-4 建筑业对其他行业的拉动（完全消耗系数，按2012年降序）

排序	完全消耗系数	2012年建筑业	2010年建筑业	2007年建筑业	2005年建筑业	2002年建筑业
1	金属冶炼和压延加工品	0.38541	0.32464	0.4005	0.254223	0.279597
2	非金属矿物制品	0.27055	0.30863	0.2788	0.258381	0.134270
3	化学产品	0.22636	0.20928	0.2179	0.218540	0.177232
4	电力、热力的生产和供应	0.12711	0.14248	0.1583	0.137046	0.078154
5	交通运输、仓储和邮政	0.10712	0.08990	0.0751	0.063037	0.062538
6	金融	0.10285	0.06510	0.0565	0.040249	0.049928
7	石油、炼焦产品和核燃料加工品	0.09978	0.11374	0.1184	0.100367	0.078997
8	金属制品	0.08396	0.07973	0.0820	0.082135	0.085860
9	金属矿采选产品	0.07666	0.07476	0.0668	0.033206	0.030263
10	电气机械和器材	0.07408	0.08231	0.0882	0.077863	0.063576
11	批发和零售	0.07119	0.06714	0.0638	0.058644	0.113221
12	煤炭采选产品	0.07112	0.08707	0.0566	0.057853	0.034346
13	石油和天然气开采产品	0.06221	0.07298	0.0815	0.053784	0.050441
14	科学研究和技术服务	0.05893	0.01447	0.0120	0.007904	0.008319
15	农林牧渔产品和服务	0.05475	0.05941	0.0476	0.157777	0.132876
16	租赁和商务服务	0.04988	0.03010	0.0251	0.055761	0.034773
17	通信设备、计算机和其他电子设备	0.04603	0.04048	0.0506	0.069743	0.056453
18	木材加工品和家具	0.04551	0.03844	0.0364	0.042014	0.050790
19	食品和烟草	0.04088	0.04421	0.0371	0.030169	0.020307
20	通用、专用设备	0.03481	0.12509	0.1173	0.087333	0.106985
21	非金属矿和其他矿采选产品	0.03450	0.03563	0.0405	0.038735	0.038343
22	建筑	0.03406	0.01333	0.0118	0.006803	0.007856

续表

排序	完全消耗系数	2012年建筑业	2010年建筑业	2007年建筑业	2005年建筑业	2002年建筑业
23	造纸印刷和文教体育用品	0.03143	0.03547	0.0341	0.037434	0.033944
24	交通运输设备	0.02350	0.04936	0.0473	0.037959	0.039590
25	信息传输、软件和信息技术服务	0.02238	0.02780	0.0287	0.058697	0.061681
26	住宿和餐饮	0.02141	0.03404	0.0295	0.027696	0.023030
27	纺织品	0.02117	0.02198	0.0189	0.018655	0.016460
28	居民服务、修理和其他服务	0.01454	0.01328	0.0143	0.015708	0.013155
29	房地产	0.01367	0.01085	0.0093	0.005898	0.008147
30	纺织服装鞋帽皮革羽绒及其制品	0.01223	0.01584	0.0150	0.009406	0.008743
31	工艺品及其他制造业（含废品废料）	0.01177	0.03471	0.0208	0.013128	0.011944
32	仪器仪表	0.00992	0.01441	0.0173	0.025759	0.020863
33	文化、体育和娱乐	0.00522	0.00567	0.0058	0.006268	0.004497
34	燃气生产和供应	0.00242	0.00350	0.0033	0.001913	0.001537
35	水的生产和供应	0.00225	0.00213	0.0034	0.004468	0.004301
36	公共管理、社会保障和社会组织	0.00174	0.00055	0.0005	0.000000	0.000000
37	教育	0.00171	0.00092	0.0024	0.004360	0.003425
38	卫生和社会工作	0.00065	0.00290	0.0039	0.005908	0.002374

资料来源：中国投入产出学会。

由于建筑业不仅反映了房地产投资，还包括基建投资，因此上表中"建筑业"对其他行业的拉动，综合反映了房地产建安投资和基建投资对其他行业的完全消耗情况。那么，如何区分房地产投资和基建投资在建筑业中的比例呢？

由于房地产投资中的土地购置费不计入GDP，因此建筑业的固定资本形成主要是从房地产建安投资和基建投资转化而来。投资转化为资本的效率难以确定，因此假设房地产建安投资全部转化为资本形成[①]，那么建筑业固定资本形成中房地产和基建的比例大致如表1-5所示，房地产相关的比例呈逐年上升趋势。

表1-5 建筑业固定资本形成中与房地产投资相关的比例

年份	房地产建安投资（房地产投资剔除土地购置费）（亿元）	建筑业固定资本形成总额（亿元）	房地产占比（%）
2012	59 703.64	128 912.26	46.3
2010	38 259.50	96 268.31	39.7
2007	20 415.55	58 846.59	34.7
2005	13 004.80	39 622.57	32.8

资料来源：WIND、中国投入产出学会。

房地产和基建通过建筑业拉动制造业

通过上述分析可知，房地产和基建投资主要通过建筑业来影响制造业。具体的影响路径为：房地产建安投资和基建投资上升，建筑业活动将变活跃，建筑活动消耗其他行业的产品增加。当现有生产不足以满足消耗或在未来建筑活动对其他行业产品将有更大需求时，这些行业将会提高产能利用率或进行产能扩张，即增加固定资产投资来满足生产，因此房地产和基建投资能够拉动制造业投资，且影响具有滞后性。从图1-16可以看到，房地产和基建投资增速领先或同步于工业增加值增速，领先制造业投资增速平均半年左右。

[①] 若假设基建投资全部转化为资本形成，得到的比例变化趋势与正文假设情况得到的结果一致。

投资的宏观逻辑

图 1-16 房地产、基建投资领先工业增加值和制造业投资

自 2022 年以来，因房企资金来源受限，房地产建安投资增速持续下滑；受政策支持，基建资金较有保障，投资增速稳定且保持较高水平。综合来看，基建投资虽然对房地产投资形成一定对冲，但总体扩张幅度受限，这将对传统制造业（钢铁、水泥等）投资产生抑制。

制造业投资结构：消费也是一个重要因素

汽车家电消费是重要影响因素

从图 1-17 可以看到，图中左下角的行业主要由国内终端消费拉动，其中以交通运输设备、食品和烟草为主，由于食品、饮料、烟酒等消费比较平稳，而交通运输设备（主要是汽车）消费受房地产以及行业政策影响而出现波动的可能性比较大，且交通运输设备（汽车制造业）占制造业投资比重较高，

第一章 增长是根基

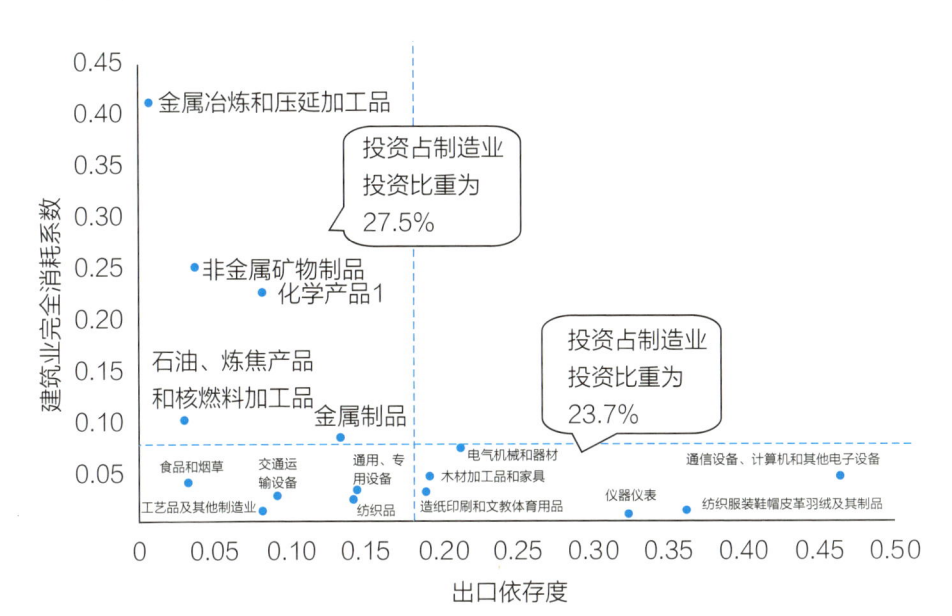

因此对制造业投资的边际影响较明显。

图1-17 制造业投资中"半壁江山"与出口、房地产和基建投资高度相关

从限额以上企业零售商品的结构来看，汽车消费占比最高，接近30%；其次（占比超过5%）为粮油食品、饮料烟酒，石油及制品，服装鞋帽、针、纺织品，中西药品，家用电器和音像器材等（表1-6）。

表1-6 限额以上企业零售商品占比

限额以上企业零售商品	零售额占比（%）
汽车	27.99
粮油食品、饮料烟酒	14.61
石油及制品	13.09
服装鞋帽、针、纺织品	9.65
中西药品	6.28
家用电器和音像器材	6.27
其他	4.28
日用品	3.65

续表

限额以上企业零售商品	零售额占比（%）
通信器材	2.87
文化办公用品	2.43
建筑及装潢材料	2.14
金银珠宝	1.97
家具	1.86
化妆品	1.67
书报杂志	0.77
体育、娱乐用品	0.49

上述占比排名前6的商品零售额增速的中枢呈现逐年下降的趋势，下降的趋势中不同商品呈现出不同幅度的波动。粮油、食品、服装、药品等日常消费，波动相对稳定（除了石油制品受国际原油价格影响较大）。汽车和家电受行业政策以及房屋销售影响呈较明显的周期性波动。汽车消费增速滞后商品房销售增速半年至一年（图1-18、图1-19）。

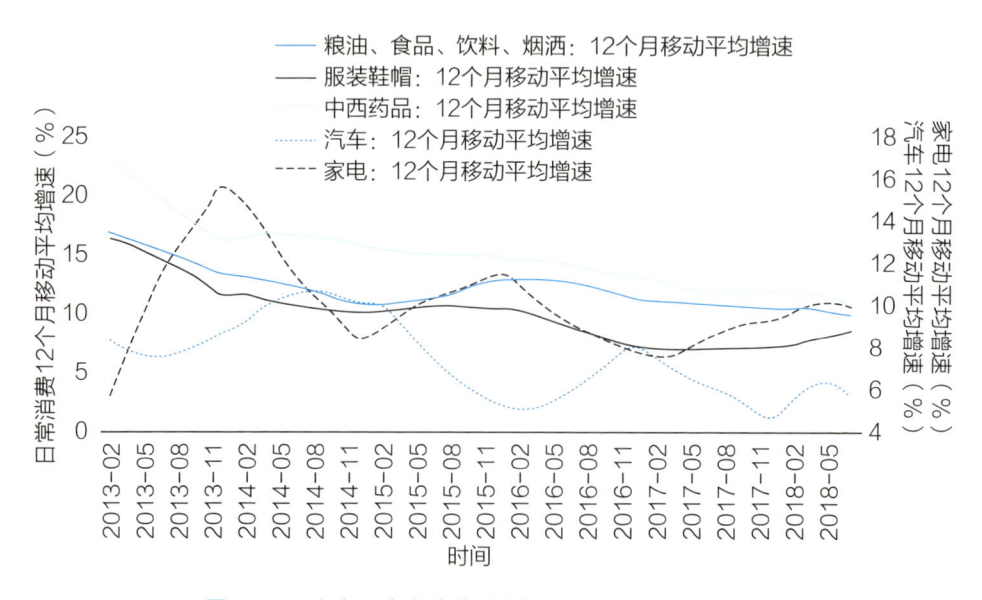

图1-18 汽车、家电消费波动较大，其他消费波动较小

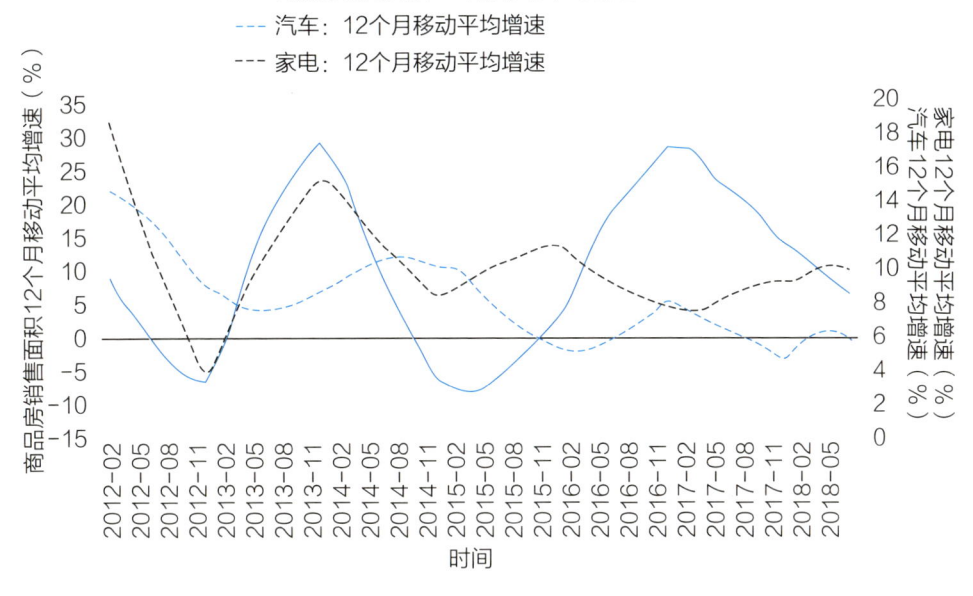

图 1-19 汽车、家电消费与房屋销售具有较强相关性

终端消费中汽车、家电占比较高，且波动较大。同时，在制造业投资中，汽车制造业与电气机械及器材制造业（包含家电）占比较高。因此，需要从消费的角度来考虑这两类耐用消费品的消费变化传导至本行业和其他行业，进而对制造业投资产生的影响。以2012年的完全消耗系数为例，从表1-7中可以看到，交通运输设备和电气机械行业拉动的其他制造业行业主要集中于金属冶炼和压延加工品、化学产品、通用设备等。

表 1-7 交通运输和电气机械业对其他行业的拉动情况

完全消耗系数（2012年）	交通运输设备	电气机械和器材
交通运输设备	0.482601	0.023780
金属冶炼和压延加工品	0.423278	0.619440
化学产品	0.253772	0.329748
通用设备	0.133517	0.099237

续表

完全消耗系数（2012年）	交通运输设备	电气机械和器材
通信设备、计算机和其他电子设备	0.103989	0.169876
电气机械和器材	0.091568	0.229481
石油、炼焦产品和核燃料加工品	0.085791	0.103647
金属制品	0.066677	0.087130
非金属矿物制品	0.043563	0.068147
食品和烟草	0.041518	0.048246
纺织品	0.034055	0.023684
造纸印刷和文教体育用品	0.030973	0.045761
仪器仪表	0.023244	0.016939
废品废料	0.022017	0.030830
木材加工品和家具	0.021189	0.011600
纺织服装鞋帽皮革羽绒及其制品	0.019949	0.009554
专用设备	0.018285	0.023927
其他制造产品	0.003018	0.002821
金属制品、机械和设备修理服务	0.002732	0.002889

资料来源：中国投入产出学会。

与出口、房地产基建投资对制造业投资的影响一样，汽车家电消费对制造业投资的影响也存在滞后状况。一方面，汽车、家电均属于重资产行业，固定资产的扩张或收缩均有一定的刚性；另一方面，汽车、家电生产涉及多种零部件和原材料，对上游行业的投资拉动也存在时滞。以汽车为例，传导时滞大约为12个月（图1-20）。

第一章 增长是根基

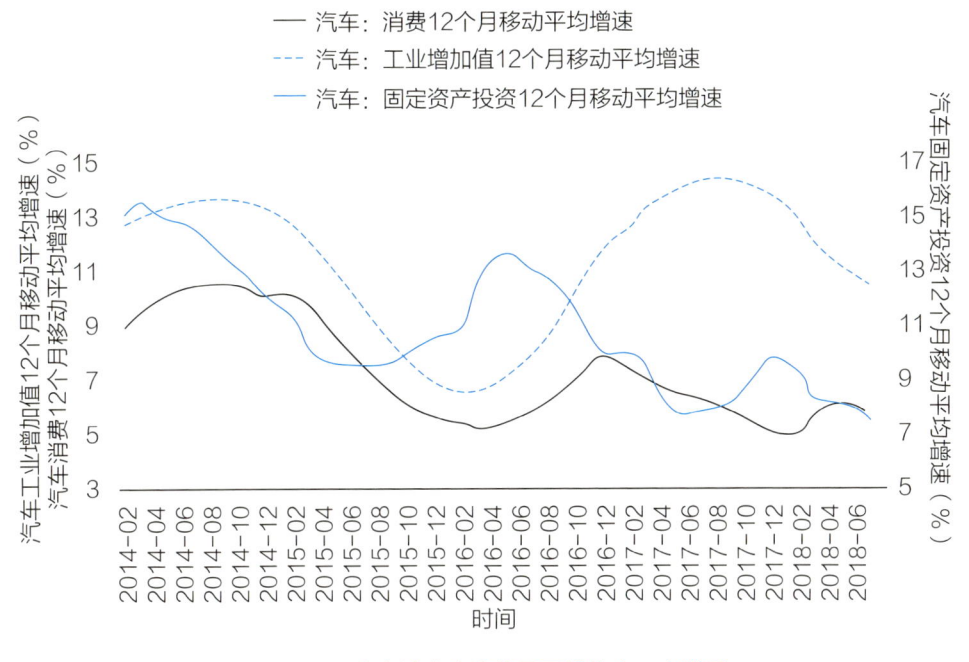

图 1-20 汽车消费变化传导至投资有一定滞后

🖱 实证分析：模型验证"三驾马车"的影响是显著的

带有滞后期的显著影响

上述章节通过投入产出表、各类型行业投资特点定性分析了"三驾马车"（出口、房地产基建投资、汽车家电消费）是如何影响制造业投资的，主要结论为：制造业企业的生产和投资决策受到外需（出口）和内需（房地产、基建；汽车、家电）的共同影响，而且制造业投资滞后于内外需的变化。

本节主要构建一个计量模型，通过历史数据来验证上述结论。该模型的被解释变量为制造业投资增速，解释变量为外需和内需，其中反映外需的指标为工业企业出口交货值增速。反映内需的指标有三个，分别为房地产建安投资增速、基建投资增速、汽车家电综合消费增速[①]。

M%=a×X1（exp）+b×X2（res）+c×X3（con）+d×X4（ve）+e

其中，M%为制造业投资增速，X1（exp）为工业企业出口交货值增速，X2（res）为房地产建安投资增速，X3（con）为基建投资增速。由于制造业投资增速滞后于出口，房地产、基建投资，汽车家电消费的变化，参考第二、第三节定性分析得到的平均滞后时长，对X1（exp）滞后12个月，X2（res）和X3（con）均滞后5个月，X4（ve）滞后11个月进行回归分析，得到结果如下所示，模型的拟合度达到90%，4个解释变量均是显著的，系数为正表示影响均是正向的。这验证了前文定性分析的结论。

当出口交货值增速上升1个百分点，12个月后制造业投资增速将提高0.4个百分点；当房地产建安投资增速提高1个百分点，5个月后制造业投资增速将上升0.39个百分点；当基建投资增速上升1个百分点，5个月后制造业投资增速将上升0.31个百分点；当汽车家电综合消费增速提升1个百分点，11个月后制造业投资增速将提高0.4个百分点（图1-21）。

回归统计	
Multiple R	0.949875545
R Square	0.902263551
Adjusted R Square	0.894444635
标准误差	1.613808695
观测值	55

方差分析

	df	SS	MS	F	Significance F
回归分析	4	1202.128693	300.5321733	115.3949676	1.329E-24
残差	50	130.2189252	2.604378505		
总计	54	1332.347618			

	Coefficients	标准误差	t Stat	P-value	Lower 95%	Upper 95%	下限 95.0%	上限 95.0%
Intercept	-5.7953327589	2.060637864	-2.812397491	0.007008341	-9.934245718	-1.65641980	-9.93424572	-1.65641980
X Variable 1	0.4031147497	0.059087378	6.822349625	1.13819E-08	0.284434259	0.52179524	0.28443426	0.52179524
X Variable 2	0.3943184429	0.048580854	8.116745868	1.09817E-10	0.296740927	0.49189596	0.29674093	0.49189596
X Variable 3	0.3103751079	0.135407102	2.292162692	0.026141963	0.038401939	0.58234828	0.03840194	0.58234828
X Variable 4	0.4018511652	0.110768467	3.627848018	0.000670442	0.179366151	0.62433618	0.17936615	0.62433618

图1-21　模型回归结果

---

① 汽车家电综合消费增速由汽车、家电消费增速以两者各自的零售额占比为权重加权得到。

第二节 消费的周期波动与结构改善

消费主要统计指标

三大消费统计指标

最常使用的衡量消费的指标为社会消费品零售总额，此外，统计局还会公布季度以及年度的城乡一体化住户调查的居民消费、GDP最终消费支出。这三个指标的统计范围、口径、对象等有一定重叠，也有一些区别。区分三者的共同点和差异，有助于我们更准确地判断消费的变化情况。

社会消费品零售总额是指个人、社会集团（企业、事业单位）货物零售消费金额[①]，服务消费仅限于餐饮。城乡一体化住户调查的居民消费是指居民的货物消费和服务消费；GDP最终消费支出中的居民消费是在城乡一体化住户调查的居民消费的基础上，同时还统计了金融中介服务、保险服务、自有住房服务、实物消费等（表1-8）。

---

① 社会消费品零售总额指标涉及的商品包括出售给个人用于生活消费用的商品和修建房屋用的建筑材料，也包括出售给社会集团用作非生产、非经营的商品等；不包括企业（单位、个体户）用于生产经营和固定资产投资所使用的原材料、燃料和其他消耗品的价值量，也不包括城市居民用于购买商品房的支出和农民用于购买农业生产资料的支出费用。

投资的宏观逻辑

表1-8 社会消费品零售总额、住户调查居民消费、GDP 最终消费支出的共同点和区别

	社会消费品零售总额	城乡一体化住户调查的居民消费	GDP 最终消费支出
定义	是指企业（单位）通过交易售给个人、社会集团非生产、非经营用的实物商品金额，以及提供餐饮服务所取得的收入金额	城镇和农村居民消费性支出。包括农村居民以现金形式或其他形式获得的货物和服务消费；城镇居民以现金形式购买的货物和服务消费	在一定时期内对货物和服务的全部最终消费，包括居民最终消费支出和政府最终消费支出。除了直接以货币形式购买的货物和服务的消费外，还包括以其他方式获得的货物和服务的消费，即所谓虚拟消费
调查对象	从事商品零售活动或提供餐饮服务的法人企业、产业活动单位和个体户	城乡居民	城乡居民，以及其他部门统计资料
消费主体	个人、社会集团（企业、事业单位等）	城乡居民	居民、政府
统计方法	对限额以上单位进行全数调查，对限额以下单位进行抽样调查	农村住户收支调查是在全国31个省区市采取分层随机抽样方法896个县的7.4万个农户，通过记账方式收集家庭经营情况、实物收支以及家庭经营情况等资料。城镇住户现金收支调查是在31个省区市采取分层随机抽样方法476个市、县的6.6万个城镇住户，通过记账方式收集家庭现金收支、购房建房支出情况等资料	居民消费支出基于7.4万个农村住户和6.6万个城镇住户部门统计资料，及其他部门统计资料，财政部、金融机构等资料统计得到。政府消费包括财政预算内、预算外支出中经常性业务支出部分，行政事业和非营利性事业单位的虚拟固定资产折旧，城镇居委会和农村村委会产出扣除营业收入后的差额

030

第一章　增长是根基

续表

	社会消费品零售总额	城乡一体化住户调查的居民消费	GDP最终消费支出
消费类别	粮油食品、饮料烟酒类 餐饮服务 服装鞋帽、针、纺织品类 家用电器和音像器材类 家具类 日用品类 化妆品类 中西药品类 通信器材类 汽车类 石油及制品类 体育、娱乐用品类 书报杂志类 文化办公用品类 金银珠宝类 其他类 建筑及装潢材料类	食品 衣着 生活用品及服务 医疗保健 交通和通信 教育文化娱乐用品及服务 其他商品和服务 居住	食品 衣着 生活用品及服务 医疗保健 交通和通信 教育文化娱乐用品及服务 其他商品和服务 居住 金融中介服务 保险服务 自有住房服务 实物消费
更新频率	月度 （限额以上企业公布消费类别）	季度 （城镇、农村分别公布消费类别）	年度 （不公布消费类别）

资料来源：国家统计局。

031

从三个指标统计的消费类别来看，如表 1-8 所示：GDP 最终消费支出统计的消费类别最完整；城乡一体化住户调查的居民消费统计的消费类别的范围次之；社会消费品零售总额统计的消费类别范围最小，且服务消费中仅包括餐饮服务[①]。

从更新频率和内容来看，GDP 最终消费支出能够更加真实完整地反映全社会的消费变化情况，但频率较低，该数据每年被公布一次且不公布消费类别的变化情况；住户调查的居民消费按季度公布大部分消费类别变化情况，可用于跟踪大部分消费类别的变化情况（但时间序列较短）；社会消费品零售总额按月度公布具体的货物商品消费以及餐饮服务变化情况，可用于更高频跟踪大部分消费类别的变化情况，但是无法准确反映全社会消费变化情况，尤其是在服务消费发生较大波动的时候。

因此，根据不同的研究目的，我们应该选择不同的指标。第一，分析消费总量的变化情况，其占 GDP 总量的比重，对 GDP 增速的贡献与拉动，我们应该使用 GDP 最终消费支出；第二，分析消费结构变化情况，我们应该使用城乡一体化住户调查的居民消费、社会消费品零售总额。

社零总额与 GDP 最终消费支出增速背离的原因

从图 1-22 可以看到社会消费品零售总额与最终消费支出两者的增速长期看来是同步的，但是 2000 年之后，两者的名义增速在不少年份出现了变化方向背离的现象，例如 2001—2003 年、2005—2006 年、2008 年、2011 年、2015—2016 年。

[①] 表格中三个指标涵盖的消费类别的对应，可参考《住户收支与生活状况调查编码手册》。

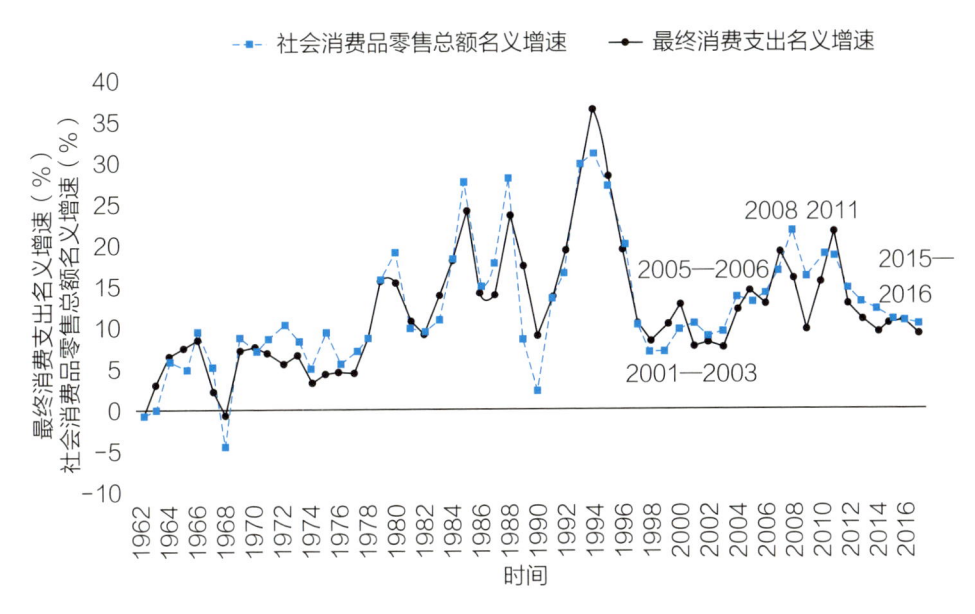

图 1-22　长期中社会消费品零售总额与最终消费支出增速同步

社会消费品零售总额主要统计的是货物商品零售以及餐饮服务，占 GDP 最终消费支出的 80% 左右，从长周期看两者的增速走势基本同步（图 1-23）。然而 GDP 最终消费支出还包括医疗服务、教育文化娱乐服务、居

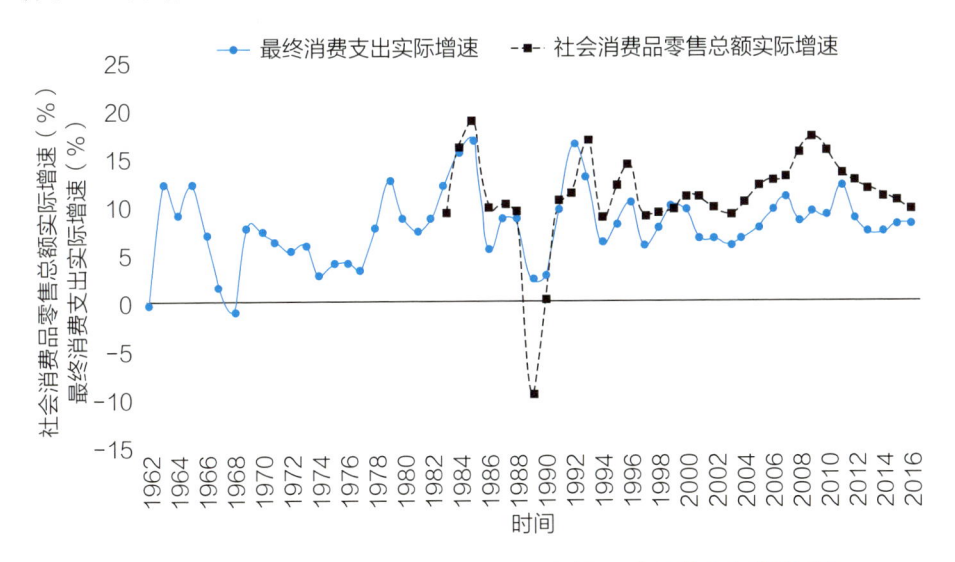

图 1-23　长周期中社会消费品零售总额增速与最终消费支出增速同步

住、金融中介服务、保险服务、自有住房服务、实物消费等社会消费品零售没有统计的消费类别，因此若这些消费类别的消费数量或价格发生较大波动时，两者的增速则有可能在某些年份出现背离。

（1）一般日常服务消费支出

从全国居民人均现金消费支出、餐饮服务的数据来看，2015—2016年大部分一般日常服务[①]消费支出（除了其他服务）的平均增速较2014年有所上升。从服务消费的价格增速来看，医疗服务价格增速受医改的影响呈现比较明显的上升，租赁房租、教育文化和娱乐价格增速微幅上升，而家庭服务价格增速呈下降趋势，整体CPI服务项增速相对比较平稳（表1-9）。

也就是说，价格对服务消费支出增速的影响并不占主导，主要还是消费量上升促使居民服务消费支出平均增速上行。因此，服务消费量（不是价）的改善对2015—2016年最终消费支出增速有积极的拉动作用（图1-24）。

表1-9 全国居民人均一般日常服务现金消费支出增速

单位：%

年份（年）	一般日常服务					
	饮食服务	居住	家庭服务	教育、文化和娱乐	医疗服务	其他服务
2014	6.7	5.2	7.7	9.9	-20.7	18.0
2015	12.4	3.0	5.0	12.2	12.5	11.3
2016	8.8	8.6	17.5	11.2	13.5	13.8
2017	—	11.7	—	8.9	—	—

资料来源：WIND。

[①] 本文定义"一般日常服务"包括饮食服务、居住、家庭服务、教育文化娱乐、医疗服务和其他服务。

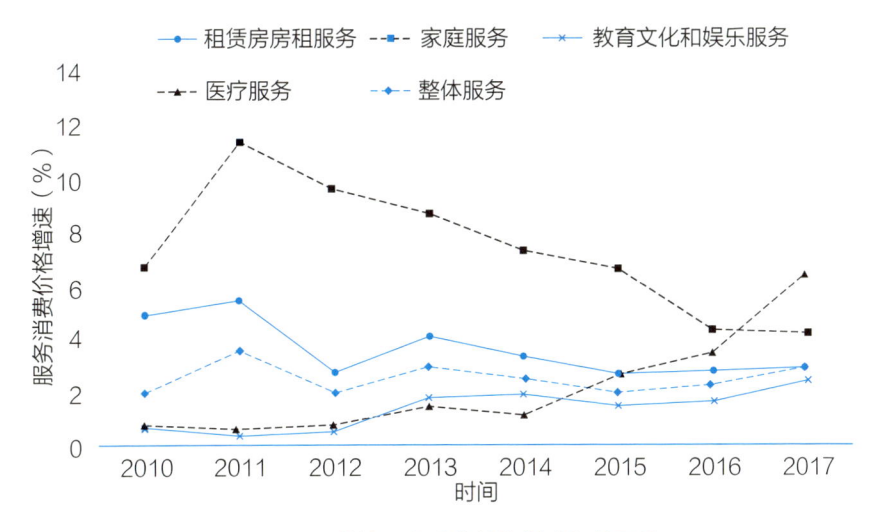

图 1-24　整体服务消费价格增速保持平稳

（2）金融中介、保险服务消费支出

由于金融中介服务支出的测算①比较复杂，因此本文用证券公司手续费及佣金，银行②手续费及佣金③，银行利息净收入④来大致衡量金融中介服务支出增速的变化情况。如图 1-25 所示，2015 年受益于股票牛市，证券公司的手续费及佣金增速大幅上升至 150%，但随后两年增速大幅下降；银行利息净收入、银行手续费及佣金的增速从 2010 年起，基本保持下行趋势。

保费支出（交强险+人身险）自 2013 年后持续保持两位数高增长，增速不断上升，2017 年有所放缓，整体均高于消费支出增速（图 1-26）。

因此，2015—2016 年居民金融中介服务支出增速处于放缓态势，对 GDP

---

① 测算方法见《准确理解中国的收入、消费和投资》。
② 选取的银行为大型国有和股份制银行：平安银行、浦发银行、民生银行、招商银行、兴业银行、北京银行、农业银行、交通银行、工商银行、光大银行、建设银行、中国银行、中信银行。
③ 涉及的银行业务包括银行卡业务、代理委托业务、结算业务、担保承诺业务、理财业务、财务顾问业务、同业往来业务等。
④ 上述选取的银行加总的利息收入减去利息支出。

投资的宏观逻辑

最终消费支出增速并未起到较大的拉动作用；而保险服务支出增速较高，对 GDP 最终消费支出起到较大拉动作用。

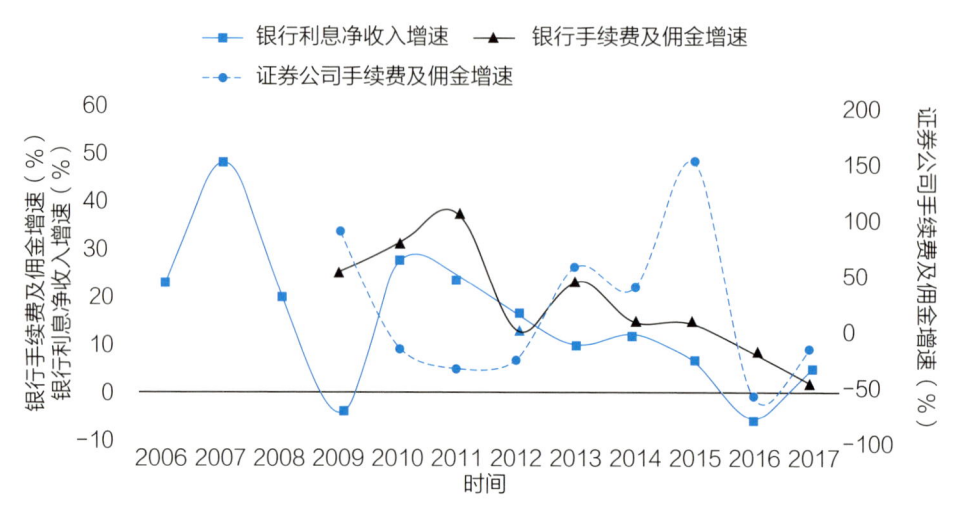

图 1-25　银行利息净收入，银行、证券手续费及佣金增速

图 1-26　在 2013 年之后保费支出保持两位数高增长

(3) 自有住房服务消费支出

GDP 最终消费支出中还包含虚拟消费支出，例如自有住房服务，即自有住房的虚拟租金。自有住房服务指的是居民对自己拥有和居住的住房提供的服务。在世界范围内对于自有住房服务的统计方法并没有统一，主要有等值租金法、现有市场价值法、资本化比率法、使用者成本法。在存在规范和成熟的住房租赁市场的情况下，自有住房服务价值应当利用市场上同等条件住房的租金来估算。考虑到我国住房租赁市场尚不完善，目前我国自有住房服务价值是采用成本法计算的。在实际核算中，按照当期自有住房的建筑成本与一定的折旧率计算出折旧额，代替自有住房服务的虚拟租金。具体计算公式[①]如下所示。

居民自有住房虚拟租金 = 城镇居民自有住房虚拟租金 + 农村居民自有住房虚拟租金

城镇居民自有住房虚拟租金 = 城镇居民自有住房价值 × 折旧率（2%）

= 城镇居民人均住房建筑面积 × 城镇居民年平均人口 × 城镇住宅单位面积造价 × 自有住房比率（80%）× 折旧率（2%）

农村居民自有住房虚拟租金 = 农村居民自有住房价值 × 折旧率（3%）

= 农村居民人均住房面积 × 农村居民年平均人口 × 农村居民住房单位面积价值 × 自有住房比率（100%）× 折旧率（3%）

2017 年的中国住户调查年鉴公布了 2013—2016 年的全国居民人均自有住房折算租金（虚拟租金），再根据全国人口数量，我们可以得到 2013—2016 年全国居民自有住房虚拟租金总额。在 2013 年之前统计住户调查的方法

[①] 参考《自有住房服务消费重估与中国居民消费率修正》，城镇居民自有住房比率取 80%，折旧率取 2%；农村居民自有住房比率取 100%，折旧率取 3%。

投资的宏观逻辑

和范围均不一样，因此两个时间段的统计结果没有连续性，过往论文[①]测算的全国居民自有住房虚拟租金结果如表 1-10 所示。

表 1-10　2004—2012 年，2013—2016 年全国居民自有住房虚拟租金及增速

年份（年）	自有住房虚拟租金（亿元）	增速（%）
2004	3876.04	
2005	4646.96	19.9
2006	5351.38	15.2
2007	6154.04	15.0
2008	6803.48	10.6
2009	7974.46	17.2
2010	8951.15	12.2
2011	11949.7	33.5
2012	12991.8	8.7
2012 年之后住户调查的调查范围、调查方法、指标口径均发生变化		
2013	24400.4	
2014	26460.5	8.4
2015	29229.9	10.5
2016	32479.9	11.1

资料来源：《中国住户调查统计年鉴》。

从上表可以看到，2015—2016 年自有住房虚拟租金的增速连续上升，且高于 GDP 最终消费支出的名义增速，因此自有住房服务支出对最终消费支出也起到了积极的拉动作用。

总之，社会消费品零售总额与 GDP 最终消费支出的增速长期是同步，短

[①] 参考《自有住房服务消费重估与中国居民消费率修正》表 2 的测算结果。

期出现背离主要是因为两者的统计范围和口径有一定差异，社会消费品零售总额主要反映货物商品消费变化情况，而 GDP 最终消费支出还包括一般日常服务、金融服务、自有住房服务等。我们用 GDP 最终消费支出减去社零（商品零售）总额近似替代服务消费（一般日常服务 + 金融服务 + 自有住房服务等）。随着我国货物消费与服务消费结构持续变化，服务消费占比不断上升，因此其波动和变化对最终消费支出增速的影响变大。2015—2016 年 GDP 最终消费支出与社零（商品零售）总额增速背离源于一般日常服务和自有住房服务支出的增速较高，而 2017 年货物商品消费与服务消费增速均下滑则导致 GDP 最终消费支出增速下降（表 1-11）。

表 1-11　2015—2016 年最终消费支出与社零（商品零售）总额增速背离源于服务增速较高

单位：%

年份（年）	社零（商品零售）总额	GDP 最终消费支出	一般日常服务 + 金融服务 + 自有住房服务等	饮食服务	居住	家庭服务	教育、文化和娱乐	医疗服务	其他服务	自有住房服务
2014	12.2	9.3	2.0	6.7	5.2	7.7	9.9	-20.7	18.0	9.3
2015	10.6↘	10.3↗	9.6	12.4	3.0	5.0	12.2	12.5	11.3	10.3
2016	10.4↘	10.4↗	10.4	8.8	8.6	17.5	11.2	13.5	13.8	10.4
2017	10.2	8.9	5.0	—	11.7	—	8.9	—	—	—

资料来源：WIND。

消费总量变化特征

通过对 GDP 最终消费支出的分析，我们可以清晰观察到 2010 年后消费对经济的贡献率和拉动持续上升，经济逐渐由投资拉动转向消费拉动。对比

投资的宏观逻辑

不同主体的最终消费支出变化情况，我们发现受益于中国城镇化率不断提高，工业化进程不断推进，居民最终消费支出中城镇居民消费占比逐年上升，但2012年后有所放缓，这与城镇化率和城镇居民人均可支配收入增速放缓有密切关系。

在2010年后消费率不断上升

按支出法计算的GDP总量包括三大需求：GDP最终消费支出、资本形成总额、货物和服务净出口。

三大需求在GDP总量中占比情况：最终消费支出占比（即消费率）最高，以2010年为分水岭，在2010年之前其占比逐年下降，资本形成、货物和服务净出口占比逐年上升；在2010年之后相反的变化则发生，最终消费支出占比不断上升，资本形成、货物和服务净出口占比持续下降（图1-27）。

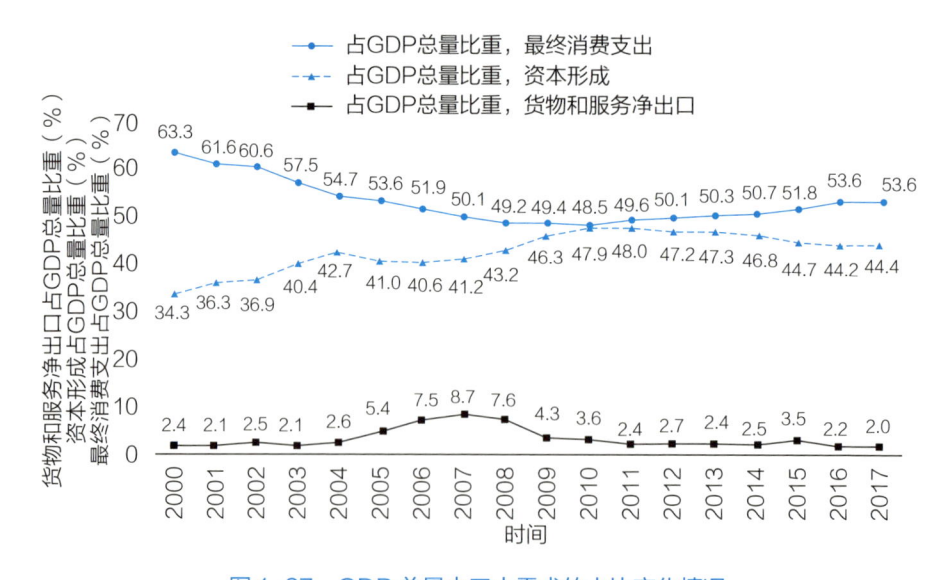

图1-27 GDP总量中三大需求的占比变化情况

对比最终消费支出、资本形成总额、GDP的名义增速，我们发现：第一，在 2010 年之前三者均呈现上升趋势，最终消费支出的名义增速基本低于 GDP 名义增速，资本形成总额的名义增速基本高于 GDP 名义增速。

第二，在 2010 年后三者逐渐进入下行轨道，但最终消费支出的名义增速高于 GDP 名义增速，资本形成总额的名义增速低于 GDP 名义增速。因此，最终消费支出占 GDP 总量的比重上升属于被动式上升，即资本形成总额名义增速下降幅度大于 GDP 名义增速的下降幅度，从而导致最终消费支出的占比上升。

也就是说，2010 年前以投资拉动为主的经济模式决定了消费率持续下降，而此后经济结构持续转型使消费率逐渐上升（图 1-28）。

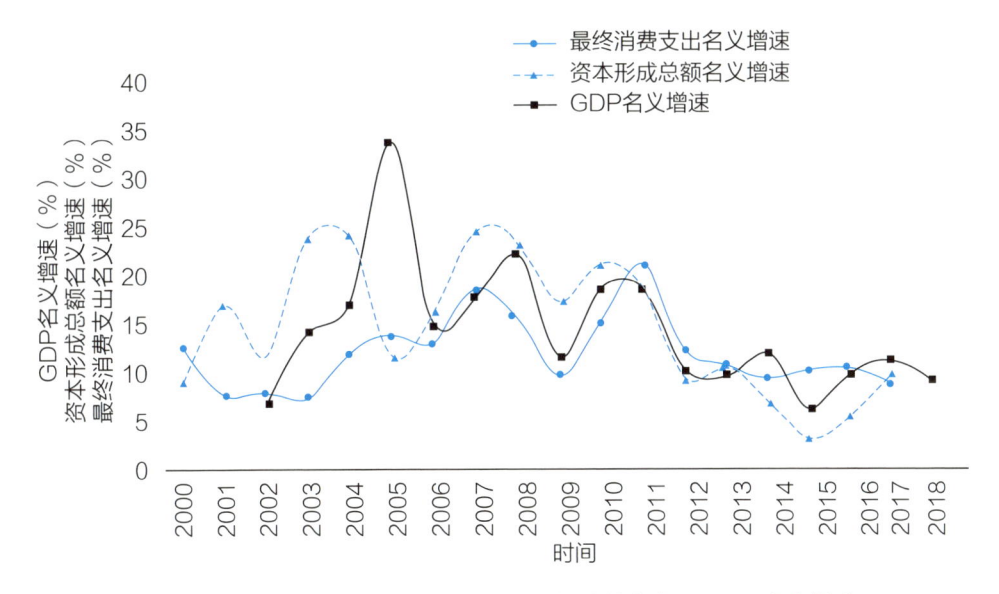

图 1-28　2010 年后最终消费支出名义增速基本高于 GDP 名义增速

对比最终消费支出、资本形成总额、GDP 的实际增速，我们发现：第一，在 2010 年前资本形成总额的实际增速持续高于 GDP 实际增速，最终消费支出的实际增速持续低于 GDP 实际增速，而前者波动较大，后者基本与 GDP 实际增速同步，因此最终消费支出与资本形成总额对 GDP 增速的贡献率和拉动呈现此消彼长的走势。

第二，在2010年之后最终消费支出的实际增速小幅下降后上升且高于GDP实际增速，而资本形成总额的增速出现比较明显的下滑且低于GDP实际增速。因此，最终消费支出对GDP增速的贡献率和拉动呈现稳中向好的走势，而资本形成总额的贡献率和拉动呈现下降的趋势。

总之，经济增长结构变化是因为在2010年前经济呈现较强的积累特征，投资增速较高；之后，积累特征减弱，消费占比被动式上升。

消费在周期性波动中升级

线索一：消费增速呈现明显周期性波动

近两年舆论对消费"升级"与"降级"争论不休。然而，从消费总量的角度来看，除了在1978年改革开放以前的年份，消费实际增速出现负值，即消费总量绝对值在某些年份下降外，1978年之后的消费实际增速持续为正，消费总量不断上升。如果将消费总量作为判断消费是否"升级"的重要标准之一，那么消费是在持续升级的。

之所以出现消费"降级"的观点，是因为消费总量在增长的过程中，其增速呈现一定的周期性波动。当增速进入下行通道，消费增长动力边际放缓时，在短期内所谓的"降级"就会出现。然而从中长期来看，消费总量是在不断上升，持续升级的（图1–29）。

我们进一步对1992年至今的消费实际增长率的波动特征进行梳理，按照波峰把消费周期划分为5个，一个周期平均时长4.8年；按照波谷则可划分为4个周期，一个周期平均时长5年。若按照5年周期时长，那么2019年波谷出现，波峰在2021年出现（表1–12）。

图 1-29　消费实际增长率周期性波动

表 1-12　1992 年至今消费实际增长率的波动周期

单位：年

波峰	1992 年	1996 年	1999 年	2007 年	2011 年	2016 年	2021 年
周期时长		4	3	8	4	5	5
平均时长	4.8						

波谷	1994 年	1997 年	2003 年	2008 年	2014 年	2019 年	
周期		3	6	5	6	5	
平均周期	5						

　　消费支出实际增速之所以呈现一定的周期性波动，与房地产周期和受此影响的房地产后端消费的周期性变化密不可分（房地产周期），也与消费刺激政策的出台和退出息息相关（政策引致性周期），后文我们将就此展开分析。用房价增速的变化代表房地产小周期变化，将其与 GDP 最终消费支出实际增

043

速对比，我们发现两者波动周期具有较强一致性（图1-30）。

图1-30 消费增速与房价增速波动周期基本保持一致

线索二：恩格尔系数下行，消费结构升级

我们一般从消费支出结构的角度来判断消费"升级"还是"降级"。恩格尔系数是食品支出总额占个人消费支出总额的比重。恩格尔根据统计资料研究发现，随着家庭收入的增加，家庭收入中（或总支出中）用来购买食物的支出比例则会下降。对于一个国家而言，随着国家的富裕程度提高，国民平均收入（或平均支出）中用于购买食物的支出比例呈下降趋势。

从1979年至今的城镇和农村居民的恩格尔系数来看，随着国家逐渐富裕，居民收入水平提高，恩格尔系数总体上呈现下降的趋势，但是部分时期也出现了上升的情况，因此消费升级的过程不是一路坦途，而是在曲折中不断前进的（图1-31）。

除了恩格尔系数，在下文中我们根据不同的分类标准，对消费结构进行分析，不论哪一种分类方式，我们都可以看到消费结构是在不断优化和升级的。因此从长周期角度来说，只要经济持续增长，消费将不断"升级"，短期的"降级"属于其正常间歇性扰动。

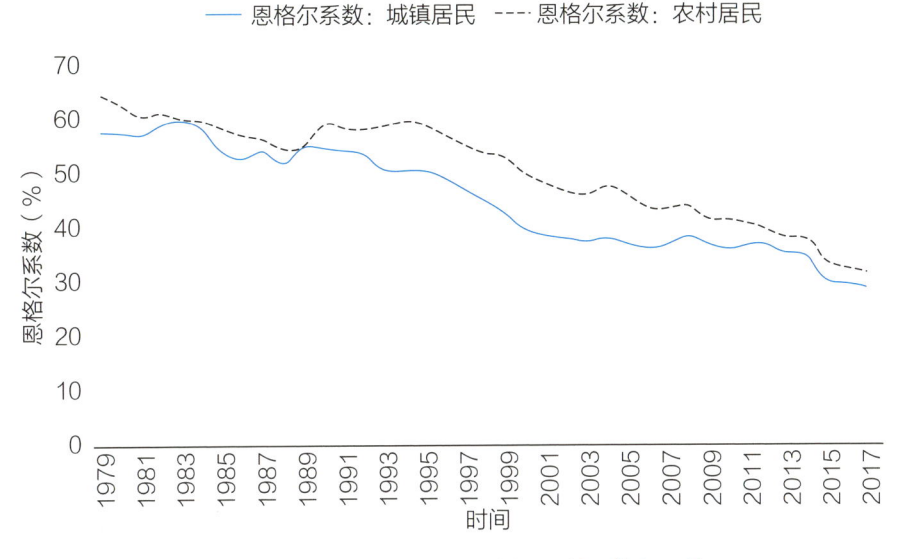

图 1-31 我国城镇居民和农村居民的恩格尔系数

消费结构变化特征

城镇与农村：城镇化助推城镇消费占主导

GDP 最终消费支出包括居民最终消费支出和政府最终消费支出，1980 年至今，居民最终消费支出占比呈现缓慢下降，政府占比呈缓慢上升的态势，到 2017 年居民占比 72.9%，政府占比 27.1%（图 1-32）。

居民最终消费支出包括城镇居民消费支出和农村居民消费支出，在 1992 年之前农村居民消费占比高于城镇居民，从 1992 年到 2011 年城镇居民消费占比明显上升，在 2011 年后其上升速度放缓，占比变化相对平稳，2017 年达到 78.5%（图 1-33）。

💲 投资的宏观逻辑

图 1-32 最终消费支出中居民和政府的占比

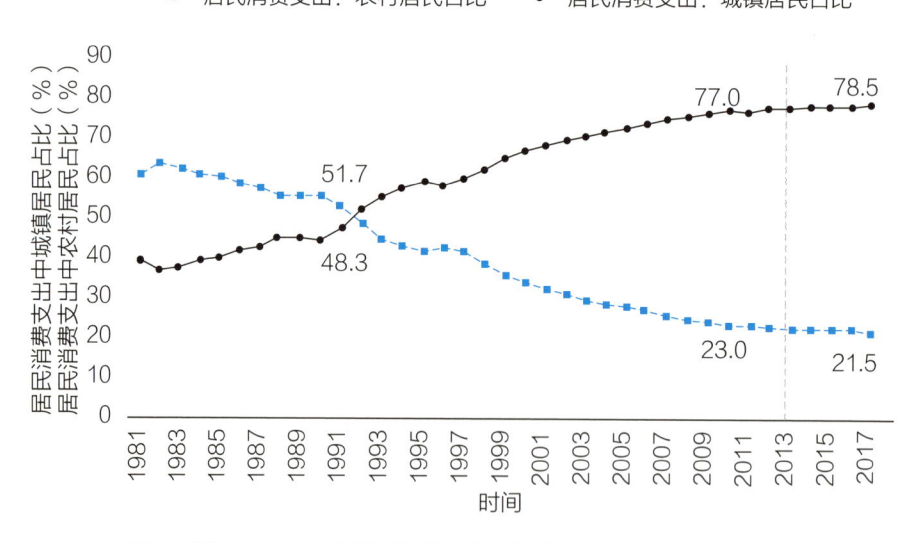

图 1-33 2010 年后居民消费支出中城镇居民占比上升速度放缓

城镇与农村居民消费占比结构的变化是与城镇化率和城镇农村居民收入增速的变化有密切关系的。第一,1998 年"房改"开启,以及工业化进程快速推进,引起城镇化率不断提高,到 2010 年城镇化率的增速保持较高水平，期间平均为3.5%；在2010年后工业化进程放缓，2012年前后"刘易斯拐点[①]"出现，城镇化率的增速趋势性下滑，到2017年降至2%。第二，城镇居民人均可支配收入增速在2003—2012年保持稳健的高增速，平均为12.3%，2012年之后增速下降，而2014年开始农村居民人均可支配收入增速持续高于城镇居民（图1-34）。

图1-34　1998年"房改"至2010年城镇化率增速较高（平均3.5%）

总之，最终消费支出中居民消费始终占据主导，居民最终消费支出中城镇居民占比受益于中国城镇化率不断提升，工业化进程不断推进，呈现逐年上升趋势，但在2012年之后有所放缓，这与城镇化率和城镇居民人均可支配收入增速放缓有密切关系。

[①] 刘易斯拐点：是从劳动力过剩向短缺的转折点，是指在工业化进程中，随着农村富余劳动力向非农产业的逐步转移，农村富余劳动力逐渐减少，最终出现瓶颈状态。

基础与升级：基础消费占比不断下降

按住户调查统计指标

尽管城乡一体化住户调查的消费类别少于最终消费支出涵盖的消费类别[①]，但在所能获取的数据范围内，它是最能全面反映居民消费结构及其变化的。

由于2013年后调查范围和调查方法得到较大调整[②]，因此我们分两个时段来观察消费结构变化情况。1985—2012年各消费类别占比如表1-13所示。

表1-13 城乡一体化住户调查中各消费类别占比变化情况（1985—2012年）

单位：%

年份（年）	食品（-）	衣着	居住	家庭设备及用品	交通通信（+）	文教娱乐	医疗保健	其他
1985	53.0	15.3	3.5	11.1	1.3	10.3	0.8	4.4
1990	54.2	13.4	4.8	8.5	3.2	8.8	2.0	5.2
1995	50.1	13.5	8.0	7.4	5.2	9.4	3.1	3.2
2000	39.4	10.0	11.3	7.5	8.5	13.4	6.4	3.4
2001	38.2	10.1	11.5	7.1	9.3	13.9	6.5	3.5
2002	37.7	9.8	10.4	6.4	10.4	15.0	7.1	3.2
2003	37.1	9.8	10.7	6.3	11.1	14.4	7.3	3.3
2004	37.7	9.6	10.2	5.7	11.7	14.4	7.4	3.3
2005	36.7	10.1	10.2	5.6	12.5	13.8	7.6	3.5
2006	35.8	10.4	10.4	5.7	13.2	13.8	7.1	3.6
2007	36.3	10.4	9.8	6.0	13.6	13.3	7.0	3.6
2008	37.9	10.4	10.2	6.2	12.6	12.1	7.0	3.7
2009	36.5	10.5	10.0	6.4	13.7	12.0	7.0	3.9
2010	35.7	10.7	9.9	6.7	14.7	12.1	6.5	3.7

[①] 住户调查不包括金融中介服务、保险服务、自有住房服务等。
[②] 2013年起国家开展了城乡一体化住户收支与生活状况调查，与2013年之前的分城镇和农村住户调查的调查范围、调查方法、指标口径有所不同。

续表

年份 （年）	食品（-）	衣着	居住	家庭设备 及用品	交通通信 （+）	文教娱乐	医疗保健	其他
2011	36.3	11.0	9.3	6.7	14.2	12.2	6.4	3.8
2012	36.2	10.9	8.9	6.7	14.7	12.2	6.4	3.9

资料来源：中国住户调查统计年鉴。

1985—2012年，交通通信占比和食品占比保持较清晰的持续上升和下降趋势。2012年的居住、文教娱乐、医疗保健占比较1985年均上升，但期间呈现"先升后降"走势。2012年衣着、家庭设备及用品占比较1985年下降，期间"先降后升"。因此，从长期来看，代表"消费升级"的交通通信、文教娱乐、医疗保健、居住等消费的占比是上升的，而代表"基础需求"的食品、衣着、家庭设备及用品等消费占比是下降的。然而某消费类别占比在不同时段的变化方向并不总是保持一致。

2013年之后，由于调查范围和方法的调整，居住的占比明显上升。从2013—2016年的变化趋势来看，食品和衣着保持下降，居住先降后升，家庭设备及用品基本保持稳定，交通通信、文教娱乐、医疗保健持续上升（表1-14）。

总体而言，基础消费的占比呈下降趋势，消费结构持续优化，"消费升级"有迹可循。

表1-14 住户调查中各消费类别占比变化情况（2013—2016年）

单位：%

年份	食品 （-）	衣着 （-）	居住 （-）	家庭设备及用品	交通通信 （+）	文教娱乐 （+）	医疗保健 （+）	其他
2013	30.1	8.4	23.3	6.1	12.5	10.8	6.1	2.7
2014	30.0	8.1	22.5	6.2	13.2	10.7	6.5	2.7
2015	29.7	8.0	22.1	6.1	13.5	11.1	6.7	2.7
2016	29.3	7.5	22.2	6.2	13.8	11.4	7.1	2.6

资料来源：中国住户调查统计年鉴。

投资的宏观逻辑

按社会消费品零售指标

统计局每月公布社会消费品零售数据的同时，还会公布限额以上企业各类商品零售数据（但不包含餐饮服务消费），我们现将商品划分为食品、衣着、生活用品及服务等八大类，再分析各消费类别的占比及其变化情况（表 1–15）。

表 1-15 限额以上企业零售商品类别与住户调查消费类别

限额以上企业零售商品类别	住户调查消费类别	说明
粮油食品、饮料烟酒类	食品	
服装鞋帽、针、纺织品类	衣着	
家用电器和音像器材类 家具类 日用品类 化妆品类	生活用品及服务	
中西药品类	医疗保健	第二列消费类别包括但不限于第一列商品类别，第二列统计范围大于第一列。
通信器材类 汽车类 石油及制品类	交通和通信	
体育、娱乐用品类 书报杂志类 文化办公用品类	教育文化娱乐用品及服务	
金银珠宝类 其他类	其他商品和服务	
建筑及装潢材料类	居住	

资料来源：国家统计局。

2017 年限额以上企业零售商品占比从高到低排序为：交通和通信、食品、生活用品及服务、衣着、医疗保健、其他商品和服务、教育文化娱乐用品及服务、居住。

与住户调查中各消费类别占比进行对比，我们发现两者差异较大，主要原因在于限额以上企业零售统计的商品种类有限，而且没有服务消费金额，因此用该指标统计的消费类别的占比主要反映的是限额以上企业货物商品零售结构，而不能反映全国居民消费结构。

然而，社会消费品零售中各商品的占比变化仍能反映基础消费与升级消费的结构变化。食品、衣着等消费的占比呈现较明显的下降趋势，而升级消费中交通和通信占比明显上升，医疗保健占比先降后升，教育文化娱乐占比自2010年开始基本保持稳定，居住占比虽不高但上升幅度显著。在2011年后的社会消费品零售总额增速持续放缓的背景下，升级消费品的占比保持稳定或上升，这说明其增速高于整体增速。

总之，住户调查的消费统计数据与社会消费品零售的统计数据所反映的消费结构有所差异，前者更接近真实的消费结构，但两者所反映的基础消费与升级消费的变化特征是一致的，即升级消费占比不断上升。

货物与服务：服务消费占比改善但仍偏低

我国对服务消费的数据统计尚不完善，因此我们使用城乡一体化住户调查中对全国居民人均现金消费[①]支出的构成来近似测算。

如表1–16所示，选取二级消费类别中与服务消费相关的项目进行统计，由于部分二级类别并没有完全将货物消费与服务消费区隔开（例如，通信消费包括通信工具等货物购买，也包括话费等服务消费），因此得到的服务消费占比结果并不精确。

[①] 居民的现金消费支出占居民全部消费支出的比例大约为83%。消费支出的构成没有细分服务项，因此用现金消费支出的构成近似代替。

⑤ 投资的宏观逻辑

表1-16 全国居民人均现金消费支出的消费类别

消费类别	二级消费类别	服务消费
食品烟酒	食品	
	烟酒	
	饮料	
	饮食服务	√
衣着	衣类	
	鞋类	
居住	租赁房房租	√
	住房维修及管理	√
	水电燃料及其他	√
生活用品及服务	家具及室内装饰品	
	家用器具	
	家用纺织品	
	家庭日用杂品	
	个人护理用品	
	家庭服务	√
交通和通信	交通	
	通信	√
教育、文化和娱乐	教育	√
	文化和娱乐	√
医疗保健	医疗器具及药品	
	医疗服务	√
其他用品及服务	其他用品	
	其他服务	√

资料来源：国家统计局。

统计结果如图1-35所示，2013—2016年，全国居民人均现金消费支出中服务消费占比为41.1%、39.3%、39.6%、40.0%，平均值为40.0%。

第一章 增长是根基

图 1-35 全国居民人均现金消费支出中服务消费占比

社会消费品零售总额中的餐饮服务占比先下降后上升，2013 年餐饮服务收入增速明显下降后逐年回升，2018 年占比为 10.9%。2015 年后其增速持续超过商品零售增速，且高于整体社会消费品零售总额增速。整体来看近几年餐饮服务的增长好于商品零售（图 1-36、图 1-37）。

图 1-36 商品零售占比较高，2014 年之后比例小幅下滑

053

$ 投资的宏观逻辑

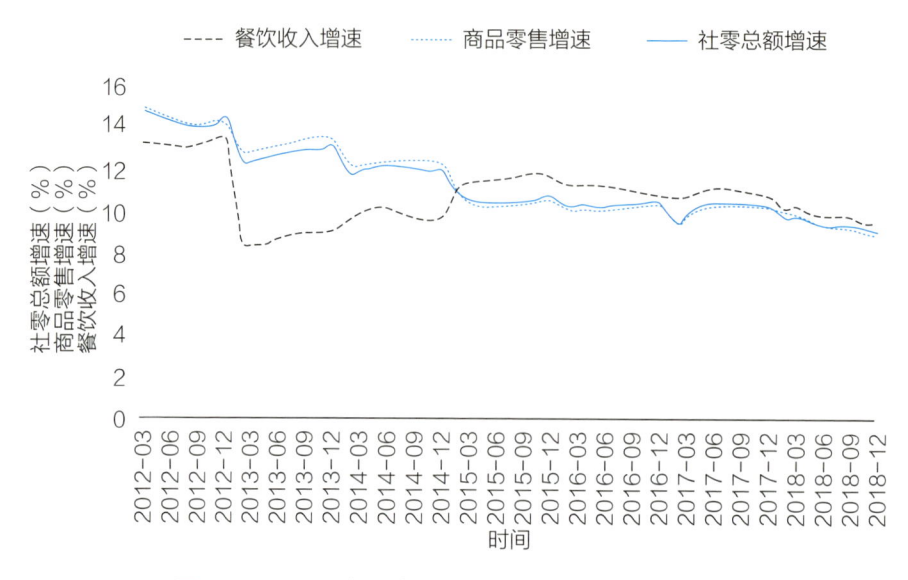

图 1-37　2015 年至今餐饮收入增速超过社零总额增速

传统与网络：技术进步强化电商渗透程度

随着互联网技术突飞猛进、电商业务模式蓬勃发展，以及"80 后""90 后"成为消费主力军，网络购物凭借价格低、产品丰富、可随时随地购物等优势吸引了大批年轻消费者，也逐渐改变着大众的消费习惯，促使网络零售规模快速增长。2018 年拼多多的崛起再次验证了新商业模式的成功，智能手机、4G 网络、物流网络等在全国中小城镇乡村的普及，将电商渗透至县级市和乡镇，居民消费升级进一步提高。

根据国家统计局对指标的定义，网上零售额是指通过公共网络交易平台（包括自建网站和第三方平台）实现的商品和服务零售额之和。商品和服务包括实物商品和非实物商品（如虚拟商品、服务类商品等）。社会消费品零售总额包括实物商品网上零售额，但不包括非实物商品网上零售额。

自 2015 年有数据统计起，商品零售额中网上实物商品零售额占比呈现单边上升趋势，截至 2018 年 11 月占比上升至 20%，商品零售规模超过 6.2 万亿元，商品和服务网上零售额总计超过 8 万亿元（图 1-38）。

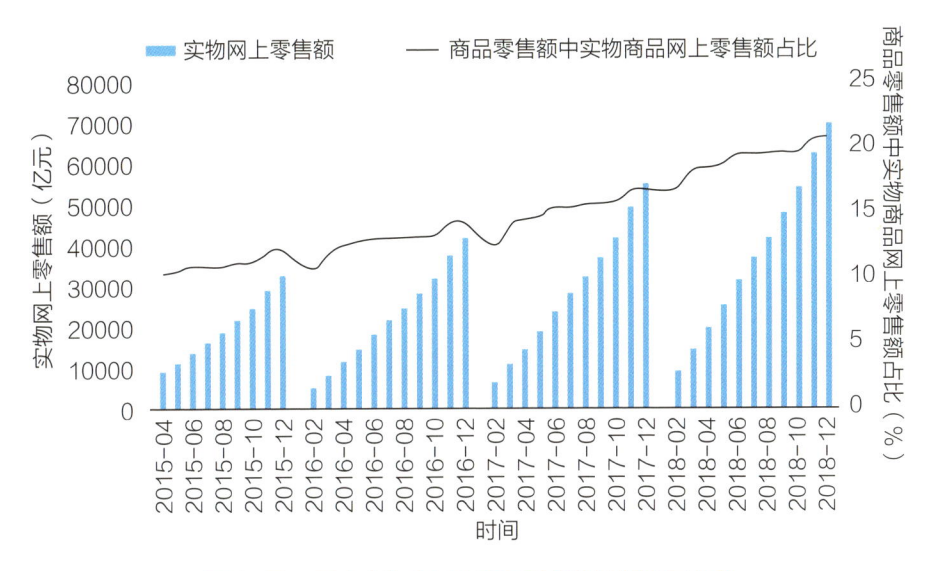

图 1-38　网上实物商品占商品零售的比例逐年上升

互联网销售渠道的增速快于传统商品销售渠道的增速，快于整体社会消费品零售总额的增速：2015—2018 年，网上零售增速平均为 32%，而社会消费品零售总额增速平均为 10.1%。2017 年社零增速较 2016 年小幅下降 0.2 个百分点，然而网上商品和服务零售额增速从 26.2% 上升至 32.2%。2018 年社零和网上零售增速均下滑，但网上零售增速仍保持 20% 以上高增速（图 1-39）。

网上零售额中，服务消费占比呈现比较明显的上升态势：非实物商品（虚拟商品 + 服务）占比自 2015 年持续上升，于 2017 年从 18% 大幅上升至 23%。而且服务消费增速高于网上零售增速：自 2015 年以来，非实物商品网上零售额增速[①] 大多数时候都高于网上商品和服务零售额增速，尤其在 2017

---

① 由于统计局只公布了 2015 年的非实物商品网上零售额增速数据，2016 年至今的增速根据网上商品和服务零售额增速、实物商品网上零售额增速、实物和非实物各自的占比计算得到。

● 投资的宏观逻辑

年增速大幅上升,从而带动其占比明显上升 5 个百分点(图 1-40、图 1-41)。

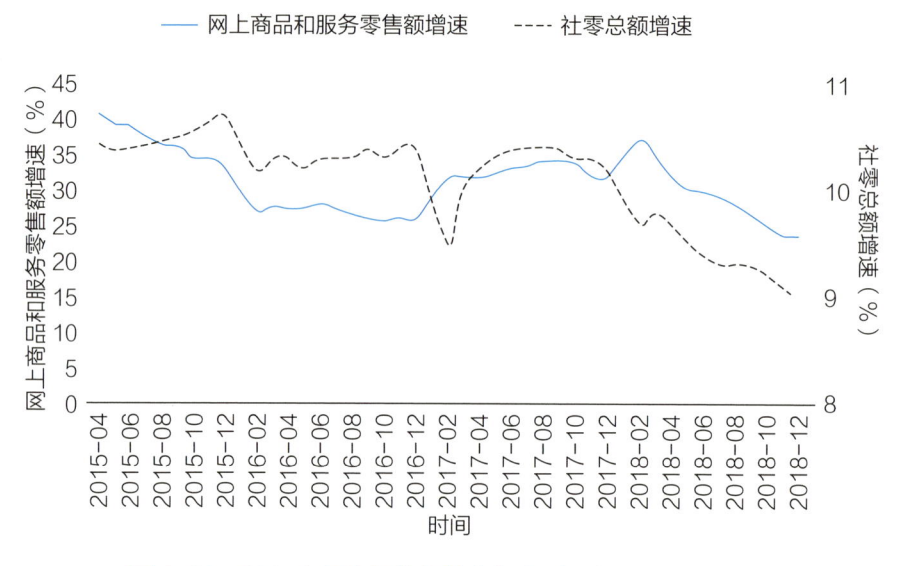

图 1-39　2017 年网上零售额增速上升,与社零增速有所背离

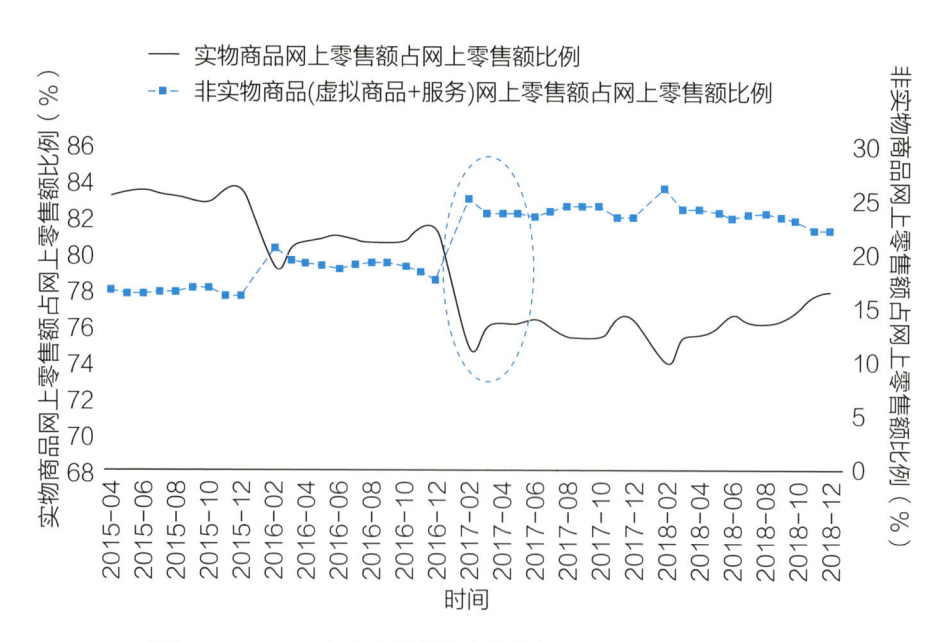

图 1-40　2017 年网上零售额中非实物商品占比上升幅度较大

图 1-41　非实物商品网上零售额增速高于网上零售额增速

收入是影响消费的重要因素

收入对消费水平的影响

研究收入对消费影响的理论比较丰富，传统的理论包括绝对收入假说、相对收入假说、生命周期-持久收入假说等。在传统理论基础上增加了更加符合实际情况的假设条件后发展出的理论，包括理性预期消费理论、误差修正机制消费理论、预防性储蓄理论、流动性约束理论等。国内外也有非常丰富的文献资料就收入对消费的影响进行了实证研究，它证明收入对消费的影响是非常显著的。

收入增长率对消费水平有重要正向影响

从图 1-42 我们可以直观地看到，收入的变化（国民可支配总收入增速、GDP 名义增速）与消费的变化（社会消费品零售总额增速、最终消费支出增速）基本保持一致。因此，我们通过定性分析得出结论，收入对消费具有比较直接和重要的影响。以下，我们对城镇居民和农村居民的收入与消费进行定量分析，就收入对消费有显著影响进行了实证研究。

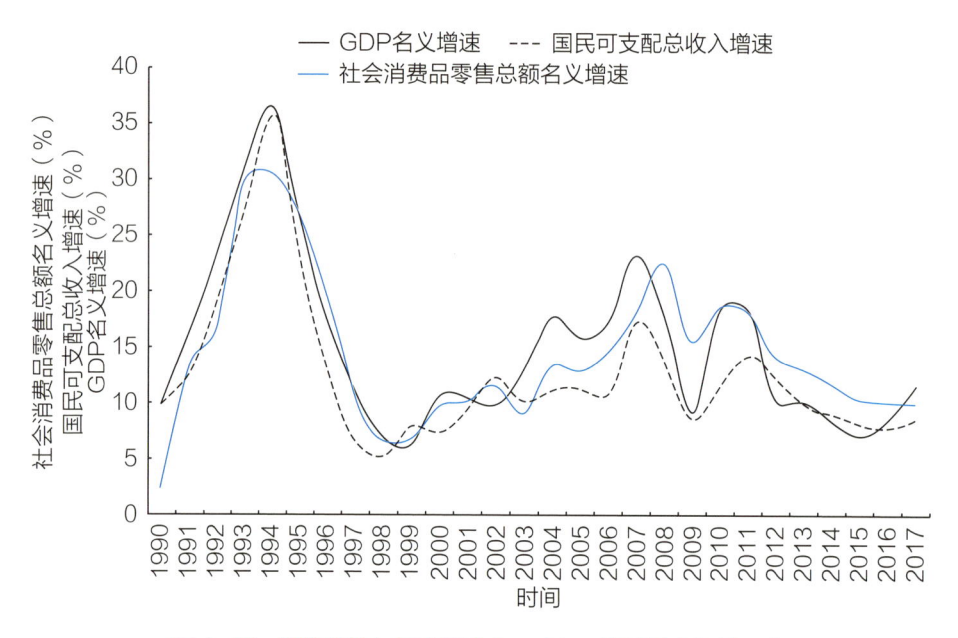

图 1-42 消费增速与可支配收入、GDP 增速基本保持同步

计量分析的结论为：第一，城镇居民人均消费支出与收入的关系如下：城镇居民人均现金消费支出 =0.698+0.873× 人均现金可支配收入。当城镇居民可支配收入增长 1%，消费支出将增加 0.87%，且增速呈现边际递减的规律。第二，农村居民人均消费支出与收入的关系如下：农村居民人均消费支出 =0.055+0.941× 人均纯收入。农村居民纯收入增长 1%，消费支出将增长 0.94%，增速也呈现边际递减的规律。第三，协整检验反映不论城镇还是农村居民，其收入和消费支出之间均存在长期均衡关系。第四，对比城镇和农村居民，农村居民的边际消费倾向大于城镇居民，因此提高农村居民的收入水平，对消费的拉动更加显著。

收入差距对消费水平有显著负向影响

居民收入差距对整体消费水平将产生一定负向影响。若收入差距扩大，数量较少的高收入居民占据了社会大部分财富，数量众多的低收入者占据社会少部分财富，而高收入者的边际消费倾向通常较低，因此对整体消费水平将产生负面影响。

通过建立关于基尼系数和平均消费倾向的模型，我们来分析收入分配差距对居民消费的影响。我们使用1990—2012年全国居民收入基尼系数和平均消费倾向，根据居民人均可支配收入和消费支出（剔除价格因素）得到平均消费倾向（APC），数据来源于《中国住户调查年鉴》。

建立回归方程为 APC=$a+b$×GINI，用普通最小二乘法回归得到回归方程结果为，APC=1.2188−1.0085×GINI，收入分配差距拉大（基尼系数上升）对居民平均消费倾向具有显著的负向影响[①]（图1−43）。

图1−43 收入分配差距对居民平均消费倾向有负向影响

[①] 参数 a 和 b 对应的 t 检验的伴随概率分布为0.0000和0.0000，F 检验的伴随概率为0.0000，t 检验和 F 检验均通过；R 方为0.77，回归方程拟合比较好。

收入不确定性对消费有一定影响

在 20 世纪 90 年代以前，我国城镇居民的居住、教育、医疗、工作、养老等各方面主要的消费支出均由国家提供保障，居民间收入差距较小，因此收入的不确定性较低，这对一般消费支出的影响不大。然而在 20 世纪 90 年代之后，随着我国社会主义市场经济体制逐步确立，社会环境逐渐转向注重效率和竞争，更多的人参与到竞争中去，获得更多收入的机会增多但面临的不确定性也不断增加。随着国家对住房、教育、医疗等方面的改革逐渐开展并深入，个人对住房、教育、医疗方面的支出负担逐渐加大。总体来说相比体制改革之前，收入不确定性对居民消费的负面影响不断显现。

如何衡量收入不确定性？我们认为收入不确定性主要指实际收入与预期收入之间的偏离，而预期收入与近期收入的增速有关，因此我们定义收入不确定性[①]的公式如下：

$$U_t = \frac{I_t}{I_{t-1} \times (1+r_t)} - 1$$

其中，U_t 为收入不确定性，I_t 为 t 期实际收入，I_{t-1} 为 $t-1$ 期实际收入，r_t 为 t 期居民对当期收入的预期增速，预期增速取前三期增速的平均增速。根据 1990—2012 年城镇居民可支配收入的实际增速，我们可以得到 1993—2012 年城镇居民对可支配收入的预期增速。收入不确定性为负，代表当期的实际收入低于预期收入，为正代表当期的实际收入高于预期收入；不确定性数值的绝对值越小，表示收入变化越稳定，反之为越不稳定。当然，本文定义的不确定性对消费的影响分两种情况，若正值越大，虽然收入变化越不稳定，但对消费的正面影响也越大；反之若负向偏离越多，收入变化越不稳定且对

[①] 参考《收入不确定性的测算方法研究》。

消费的负向影响越大（图 1-44）。

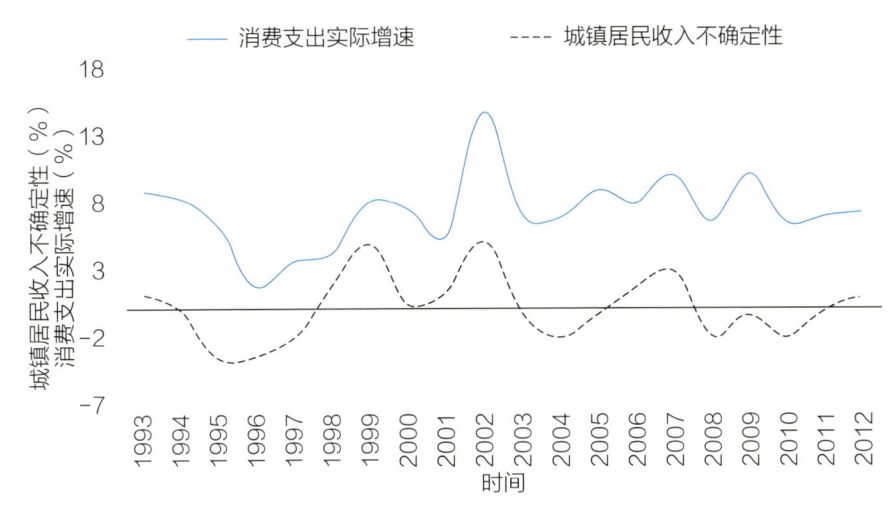

图 1-44　1993—2012 年城镇居民收入不确定性变化情况

建立关于收入不确定性与消费支出的回归模型：REXP=a+b×U，其中 REXP 为消费支出实际增速，U 为收入不确定性，利用 1993—2012 年的 20 组数据，用普通最小二乘法进行回归，回归结果为 REXP=7.2562+0.6895U，参数 a 和 b 对应的 t 检验的伴随概率分布为 0.0000 和 0.0034，F 检验的伴随概率为 0.0000，t 检验和 F 检验均通过；R 方为 0.39，拟合度偏低，因此，收入不确定性只是影响消费支出增速的部分原因。

通过上述 3 节的分析我们可得到以下结论：收入增速是影响消费水平的重要因素（呈现边际递减的规律），我们还从居民收入分配差距、收入的不确定性验证了收入对消费水平具有重要影响。由于居民收入增长与经济增长关系紧密，经济增速的周期性波动会通过居民收入对居民消费产生周期性影响。

收入对消费结构的影响：收入增加利于升级消费占比上升

《中国住户调查统计年鉴》仅调查统计了 2005—2012 年不同收入水平家

庭消费支出结构，因数据有限，这仅能反映这段时期收入水平对消费结构的影响情况。对比不同收入水平（最低收入、中等收入、最高收入）[①]的城镇居民家庭的消费支出结构，我们可以看到：

第一，在食品消费占比方面，中低收入家庭始终高于高收入家庭，两者之间的差距并没有明显变化。第二，在衣着消费占比方面，中等收入家庭最高，但低中高收入家庭之间的差异逐渐缩小。第三，在居住消费占比方面，中高收入家庭差异不大，但低收入家庭占比较高，且居住开支压力对其造成较大影响。第四，在家庭设备及用品、交通通信、文教娱乐消费占比方面，高收入家庭最高，中等收入家庭次之，低收入家庭最低。第五，在医疗保健消费占比方面，与居住消费占比类似，中低收入家庭医疗支出压力较大。

因此，中低收入家庭在食品、衣着等基础消费需求的支出占比较高，在居住、医疗保健等方面的支出压力也比较大。高收入家庭在家庭设备、交通通信、文教娱乐等升级消费领域的支出占比较高。

经前文分析，我们可看到收入差距拉大对总体消费水平有显著的负面影响，因此缩小贫富差距，抬高低收入家庭的收入水平，不仅有助于刺激总体消费增长，也有利于促进升级消费占比上升，改善消费结构。

房价对消费的影响

第一，财富效应。由于房地产价值变动，使持有人拥有的财富变动引致的消费需求变动，进而影响经济增长的效应。当房屋价格上涨时，消费者出

[①] 收入水平为所有城镇调查户按人均可支配收入由低到高排队，按10%（最低收入），10%（较低收入户），20%（中等偏下户），20%（中等收入），20%（中等偏上户），10%（较高收入户），10%（最高收入）的比例分为七组。

售房屋，此时获得的财富增值就是兑现财富效应；而消费者继续持有房屋，这则属于未兑现财富效应。

在两种情况下消费者不会兑现财富效应。第一种，当消费者只有一套房产时，房屋以自住为主，他通常不会兑现财富效应；第二种，当消费者拥有多套房产，且房价上涨所产生的财富边际效应大于售出房产所带来的边际效应时，他也不会兑现财富效应。

第二，拉动效应。房地产市场价格上涨一般对应的是房地产市场比较景气，商品房销售热度较高；家电、家具、装潢装饰等消费品可以看作房屋的互补品；房地产的价格上涨将拉动其互补品消费支出增加，这被定义为拉动效应。

第三，抵押信贷效应。当房价上涨时，房产所有者通过抵押房产获得更多的贷款从而增加消费支出；反之当房价下降时，抵押获得的贷款减少从而削减消费支出。与信贷市场较发达的国家的居民相比，中国的居民较少采用抵押贷款消费，因此这部分效应可能在中国体现得不明显。

第四，挤出效应。由于房地产供求的新的增加所导致的部分资金从原来的支出中被挤出的效应。一是，直接挤出效应。对于租房者，当房价上涨推动租金价格上升，租房者将付出更多租金，减少在其他方面的消费支出；对于即将购房者，房价上升意味着将付出更多购房款和还贷资金，这则挤出其他消费支出。二是，间接挤出效应。当房价上涨，政府、个人、企业都会增加对房地产市场的资金投入，这引发整个社会的资金向房地产市场倾斜，从而造成其他部门或市场的资金供给紧张、资金成本上升，消费者会倾向于增加储蓄减少消费，从而挤出其他支出。

从上述效应可以看到，房价通过多种渠道和方式对居民消费产生影响，针对不同的群体，房价带来的影响也存在差异。

房地产周期和消费政策是消费周期性波动的重要来源

从宏观总量层面分析，居民收入增长与经济增长关系紧密，经济增速的周期性波动通过居民收入变动对居民消费带来周期性影响。从微观结构层面分析，房地产在中国居民投资和消费中占据突出而重要的地位，其波动变化对消费影响显著，房地产周期与消费周期（特别耐用品）往往相随而行。在政策层面，政策对消费具有引导性，考虑到中国经济独特的运行机制，政策对经济的影响较为显著。消费刺激政策的推行和退出会引发"政策性消费周期波动"。

家电、汽车是消费周期性波动的主导力量

2009年房地产调控政策放松，一方面，房地产市场景气度逐渐恢复带动家电（拉动效应）、汽车消费（财富效应）改善；另一方面，"家电下乡""汽车下乡"等一系列消费刺激政策的助力，进一步带动相关消费增速上升，拉动整体消费周期性上升。随着房地产调控再次转向、消费政策力度边际减弱，消费增速周期性转弱。因此，房地产调控政策和消费政策是消费周期性波动的重要来源。

家电消费的周期性

上一轮家电行业的刺激政策从2007年年底持续至2013年年中，"家电下乡""以旧换新""节能惠民"三大政策陆续实施，在此期间房价增速波动经历了两轮小周期，家电消费增速基本保持同步变化，且波动幅度较大。

从历史数据来看，若消费刺激政策踏着房地产放松的节奏（金融危机后），那么家电消费增速将被动大幅上升，但2010年后房地产调控政策收紧，

第一章　增长是根基

尽管"以旧换新"政策力度持续加大，但家电消费随商品房销售增速下滑而下降的趋势未能被阻止。也就是说，家电消费的周期性波动主要源于房地产周期，行业刺激政策若与房地产放松政策同步，其增速的波动幅度（放大周期波动特征）将加大，而房地产政策一旦收紧，商品房销售增速下滑，行业刺激政策则无法改变家电消费下行的趋势。

在 2013 年后，家电销售增速仍与房价增速基本保持同步，但波动幅度明显减弱。主要原因在于此期间重大的行业刺激政策没有出台，家电销售主要由房地产销售以及部分更新换代需求所拉动。2018 年随着房地产销售增速逐渐落入个位数，家电销售增速显疲态（图 1–45）。

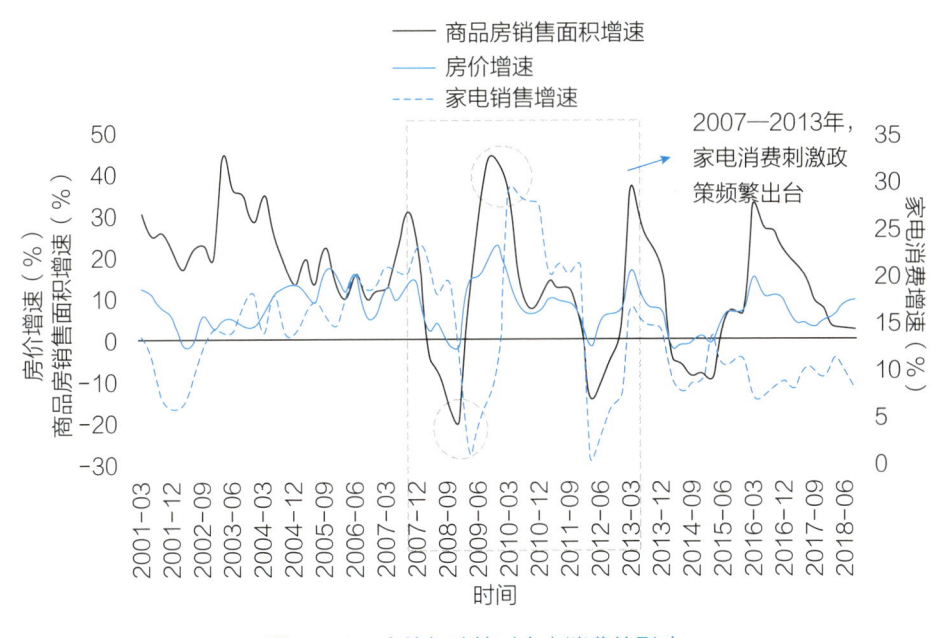

图 1-45　房价与政策对家电消费的影响

汽车消费的周期性

受到 2008 年金融危机的冲击，汽车零售由 2008 年上半年月度平均增速

§ 投资的宏观逻辑

33%快速下滑，11月增速为7.7%，2009年1月增速仅为4.2%。2009年公布的"汽车下乡"这一惠农政策，随后"汽车下乡"具体实施细则公布；同时在税收方面，降低汽车购置税率，助力提振汽车消费。

政策效果迅速释放：尽管人均可支配收入增速受到金融危机影响快速下降，但在巨大刺激政策的影响下，2009年汽车零售增速明显反弹，11月的零售增速达到61%，这远超过去几年的最高点，全年月度平均增速32%。在各方面宽松的经济政策的作用下，经济增长有所恢复，人均可支配收入上升，2010年汽车零售增速在高基数下稍有放缓，但整体仍维持在20%以上。

2010年12月"汽车下乡"政策退出。由于前期政策力度较大，汽车销售在一定程度上被透支，因此，2011—2012年汽车零售增速逐渐下滑至10%附近甚至落入个位数增长区间。2013年1月"摩托车下乡"政策退出，此轮汽车消费刺激政策正式宣告结束（图1-46）。

图1-46　政策对汽车消费增速的影响

2013—2014 年为政策真空期，汽车零售增速基本与人均可支配收入增速同步变化，经济增速不断下滑，汽车消费疲软。2015 年 10 月新一轮汽车消费刺激政策开启，政策允许对购置 1.6 升及以下排量乘用车辆按 5% 的税率（原税率为 10%）减少征收车辆购置税，为期 14 个月。一方面，2015—2016 年经济增长不及 2009—2010 年，居民可支配收入增速降至金融危机后的最低区间；另一方面，此轮刺激政策主要为税率调整，不涉及其他补贴政策，政策力度明显逊于 2009—2010 年，因此对汽车消费的提振不及上一轮。但这一轮的最大提振幅度达到 15 个百分点，对于整体消费的拉动仍然明显。

2017 年税率由 5% 小幅上调至 7.5%，经济出现小周期反弹，汽车零售增速较 2016 年小幅下降。然而 2018 年税率恢复至 10%，刺激政策退出，而且经济增长、人均可支配收入增速再度放缓，因此汽车零售增速承压，从 2018 年 5 月开始，月度销售呈现负增长，且降幅不断扩大。

从以上的分析可知，房价温和上升，对汽车消费有一定的正面影响，即房地产的财富效应占主导。对比房地产周期、政策周期与汽车销售增速，可以看到汽车消费滞后于房价增速变化，即财富效应的体现有一定滞后性；若汽车消费政策与房地产调控政策方向基本同步变化（图 1-47 虚线内时期：2009 年，2015 年），则汽车消费增速的变化与房价增速变化基本保持一致，且波动幅度较大；而在消费政策真空期（2013—2014 年），房地产的财富效应体现在汽车消费增速上，但时滞明显且波动幅度相对较浅。

回顾历史情况，我们发现汽车消费周期性变化与消费政策和房地产周期的关系紧密，而其周期波动幅度取决于消费政策和房地产调控政策的力度和节奏。此外，经济增长、居民收入增长主要影响其长期变化趋势。

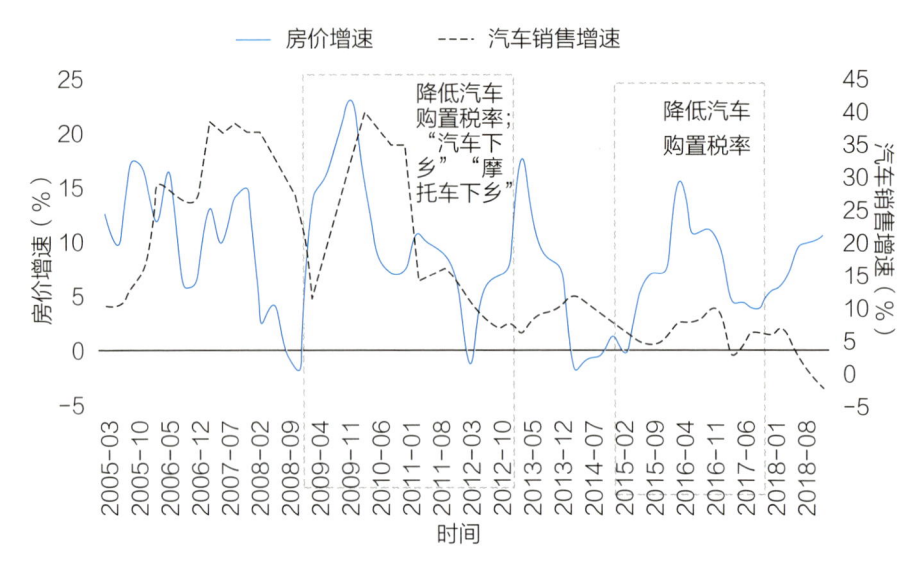

图 1-47 房价与政策对汽车消费的影响

结论

第一，我国消费率在 2010 年后逐渐上升，对 GDP 增长的贡献率和拉动居三大需求之首。消费增速呈现周期性波动。

第二，消费结构变化特征：城镇化助推城镇消费占主导；基础消费占比不断下降；服务消费占比改善但仍偏低；技术进步强化电商渗透程度。

第三，收入的影响：收入增速伴随 GDP 名义增速趋势下行，因此未来消费增速或继续下降；收入差距拉大和不确定性会加剧收入对消费的负面影响；收入增加有助于升级消费占比上升。因此国家政策改革、缩小贫富差距、提高低收入家庭的收入水平，不仅有助于刺激总体消费增长，也有利于促进升级消费占比上升，改善消费结构。

第四，房地产的影响：房地产市场的荣枯变化是消费增速周期性变化的重要来源，房地产景气将带动房地产后端家电、家具等消费增长，财富效应刺激汽车等可选消费增加，然而其也会挤出食品、衣着等基础消费。长期而言，若房价维持温和上升，财富效应大于挤出效应，这将有助于刺激居民消费，且对改善消费结构、促进消费升级有较大作用。

第五，房地产周期和消费政策是消费周期性波动的重要来源：房地产在中国居民投资和消费中占据突出而重要的地位，其波动变化对消费影响显著，房地产周期与消费周期（特别耐用品）往往相随而行。政策对消费具有引导性。考虑到中国经济独特的运行机制，政策对经济的影响较为显著，消费刺激政策的推行和退出会引发"政策性消费周期波动"。其中，家电和汽车消费的周期性最具代表性。

投资的宏观逻辑

第三节　正视人口负增长

我国人口负增长的原因分析

我国人口负增长早有预兆。出生人口数的下降以及死亡人口数的增加共同造成了我国人口负增长的出现[①]。不过由于死亡人口的增加相对平缓，所以出生人口的下降成为造成人口负增长的主要驱动力（图1-48）。

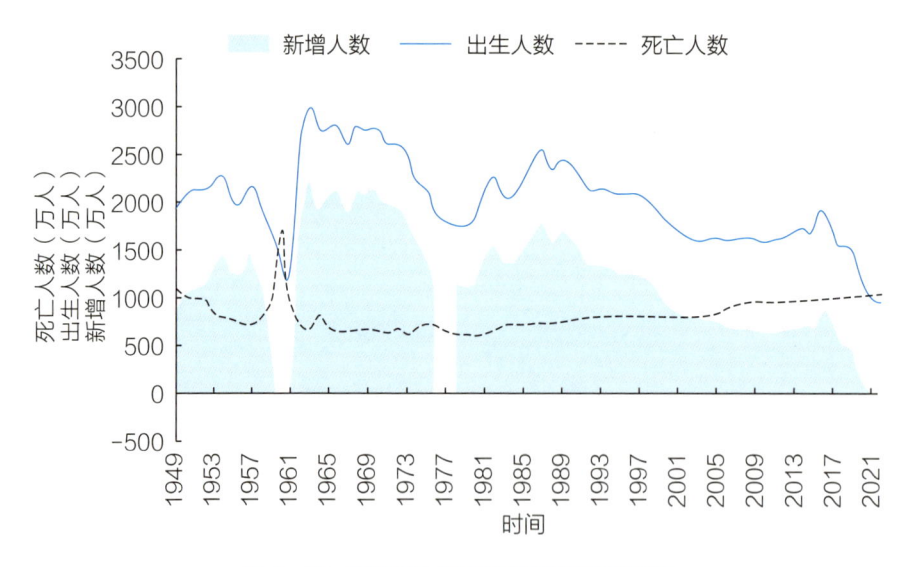

图1-48　时隔61年再度出现人口负增长

[①] 人口规模的变动其实还包括迁移人口，只不过我国当前净迁移人口相对有限，人口规模更多地受出生、死亡人口数影响。

070

自 1992 年起，我国总和生育率^①便开始低于 2.1 的自然更替水平，至今已有 30 余年。2020 年第七次人口普查数据显示我国总和生育率降至 1.3，正式跌破 1.5 的警戒线，2021 年进一步降至 1.15。长期的低生育率积累了大量的负增长惯性，人口负增长的出现几无悬念（图 1-49）。

图 1-49　自 1992 年起，我国总和生育率便低于 2.1

生育意愿下降、育龄妇女数量减少是生育率降低的主要原因。通过简单拆解我们可以将出生率公式转化为生育意愿与育龄妇女占比的乘积。

$$出生率 = \frac{出生人口数}{总人口数} = \frac{出生人口数}{育龄妇女人数} \times \frac{育龄妇女人数}{出生人口数}$$
$$= 生育意愿 \times 育龄妇女占比$$

生育意愿方面，粗结婚率和一孩生育率大幅下行。由于我国婚外生育的比例极低，因此我们可以将结婚率作为生育意愿的近似指标。自 2013 年以来，我国粗结婚率明显下行，从 9.92‰ 下降到 5.40‰，降幅高达 46%。而离婚率

---

① 总和生育率是指平均每对夫妇一生中生育的子女数，国际上通常将 2.1 作为人口世代更替水平、1.5 作为警戒水平。

则是一路上扬，从 2002 年的 0.90‰ 最高上升至 2019 年的 3.40‰。除此之外，平均初婚年龄也逐年抬升，2020 年已升至 28.67 岁（图 1-50）。

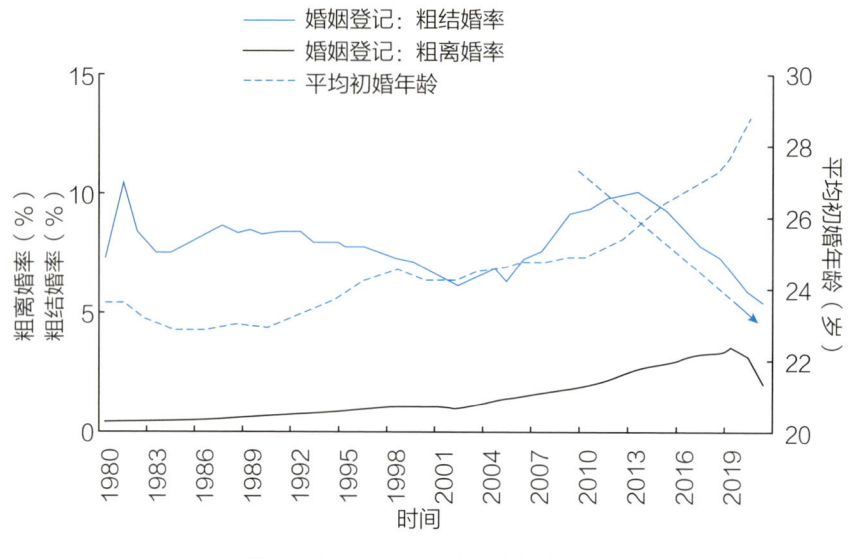

图 1-50 结婚率下降、离婚率上升

分孩次生育率中一孩生育率由于不受生育政策影响，也能较为准确地反映民众的生育意愿。国家统计局的抽样数据显示，自 1990 年以来，我国一孩生育率便持续下行，从 40.70‰ 下降至 2019 年的 18.11‰，目前已经低于二孩生育率。这两个指标均表明我国育龄妇女的生育意愿在不断下降（图 1-51）。

在育龄妇女方面，数量和占比均呈趋势性下滑态势。我们根据国家统计局公布的 15~49 岁育龄妇女抽样人数及抽样占比推算出 2003—2019 年育龄妇女数量。我们可以看出自 2011 年之后，我国育龄妇女数量便呈现出趋势性下滑态势，从 2011 年的 3.83 亿人下降至 2019 年的 3.41 亿人，减少了约 4000 万，累计降幅约 11.0%。并且近年来仍以每年 500 万左右的规模缩减（图 1-52）。

除此之外，疫情扰动也对人口形势造成了短暂影响。在疫情影响下，我国经济承压，居民对于未来不确定性的预期增加，这在一定程度上降低了生育意愿。不过这种影响偏短期，随着疫情影响的消散，我国经济也将重新步入正轨，居民预期得到修复，生育意愿也将回归原有趋势。

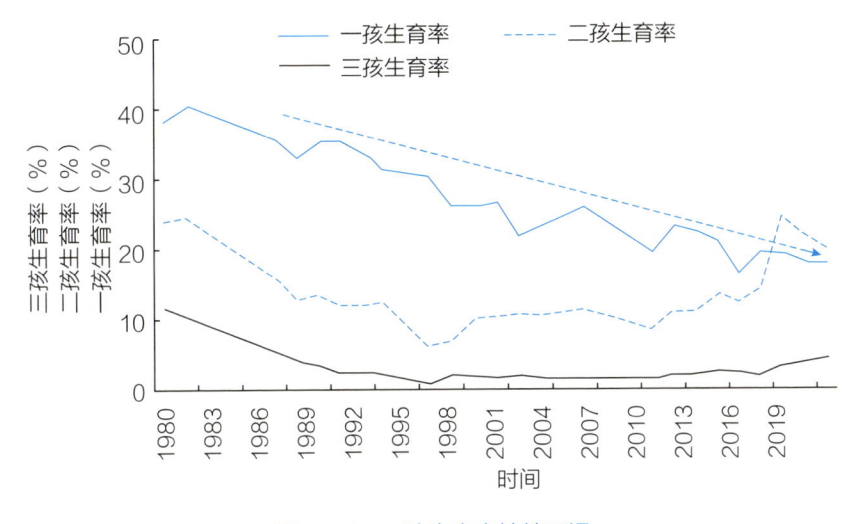

图 1-51 一孩生育率持续下滑

图 1-52 育龄妇女数量和占比趋势性下滑

从总体来看，我国人口负增长的出现并非突然而至，而是长期低生育率积累的人口负增长的惯性使然。不过，当前我国尚处于人口负增长的初期，后续人口数量可能会呈现正负波动的状态，趋势性人口负增长或许还需时日。

直面人口负增长：不必悲观，挖掘潜力

人口负增长难以改变我国人口规模巨大的基本国情。我国目前尚处于人口负增长的初期阶段，每年十万、百万的人口减少量与十四亿多的人口规模相比不在一个数量级，人口自身的惯性使得我国人口规模巨大的基本国情仍会延续相当长的时间。

根据联合国提供的预测数据，在中性情境下，2035 年我国人口总量仍会在 14 亿以上，2050 年仍会在 13 亿以上，即使到 21 世纪末 2100 年也还有近 8 亿人口，与当前美国加欧盟的人口体量大致相当[①]。我国人口规模优势和超大规模市场优势将长期存在。

我国劳动年龄人口仍然相当充裕。国际社会一般将 15~64 岁的人口视为劳动年龄人口。我国劳动年龄人口在 2014 年达到峰值 10.10 亿，随后开始回落，截至 2021 年我国劳动年龄人口规模仍有 9.65 亿，比所有发达国家人口总和还要多（图 1-53）。

随着人口负增长的延续，我国劳动年龄人口数量肯定也会随着减少，但是体量依然庞大。根据联合国提供的预测数据，中性情境下，2037 年我国劳动年龄人口仍有 9 亿以上，2050 年仍有接近 8 亿，即使到 2100 年也有将近 4 亿劳动年龄人口。

传统人口红利并未结束，二次人口红利潜力巨大。传统的人口红利期是指人口总抚养比[②]低于 50% 的阶段，这一阶段抚养负担相对较轻，劳动力较为充足，人口能够为经济发展提供有利的条件；而当人口抚养比超过 50% 时，

[①] 公开资料显示，2021 年美国人口 3.33 亿，欧盟人口 4.47 亿。
[②] 抚养比是指 0~14 岁少年儿童以及 65 岁及以上老年人口占 15~64 岁劳动年龄人口的比重。

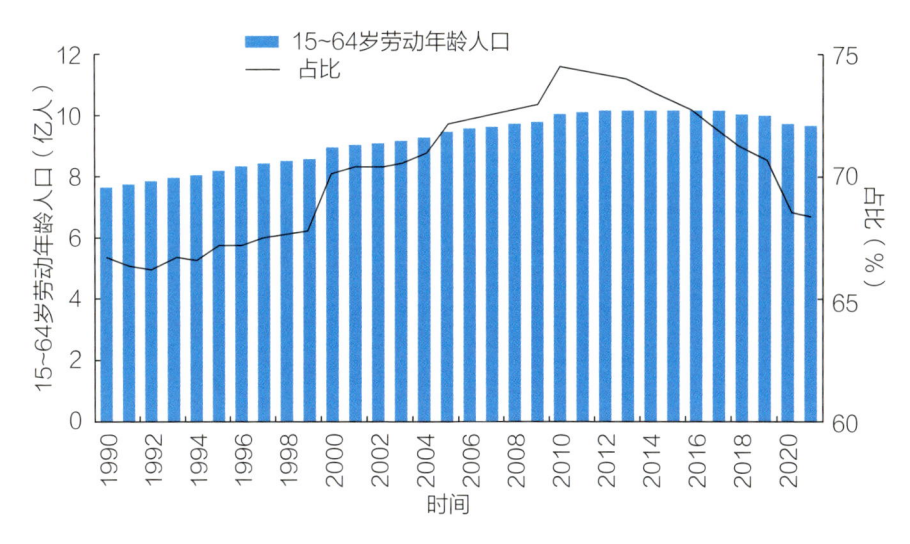

图 1-53　劳动年龄人占比在 2010 年开始回落

人口负担开始加重，老龄化日益加深，人口红利逐步消退。

我国的人口抚养比自 1980 年开始逐步下行，1995 年降至 50% 以下，进入传统的人口红利期，并且在 2010 年附近到达阶段性低点 37.1%，随后逐步回升。2021 年总人口抚养比已经升至 46.4%。根据联合国预测，2035 年附近我国人口抚养比将超过 50%，达到 50.4%。因此，按照传统的定义，我国人口红利仍未结束，并且会延续至 2035 年左右（图 1-54）。

传统的人口红利重点聚焦在人口数量，而忽略了人口质量，这也是二次人口红利的潜力所在。

一方面，我国劳动年龄人口受教育程度逐年提升，人力资本将发挥更大作用。2022 年我国 16~59 岁劳动年龄人口平均受教育年限为 10.93 年，较 2010 年增加了 1.26 年。按照"十四五"以及 2035 远期目标，2025 年我国 15~64 岁劳动年龄人口平均受教育年限将升至 11.3 年，2035 年升至 12 年。劳动人口素质的提升可以在较大程度上抵消劳动人口数量下降带来的负面影响（图 1-55）。

💲 投资的宏观逻辑

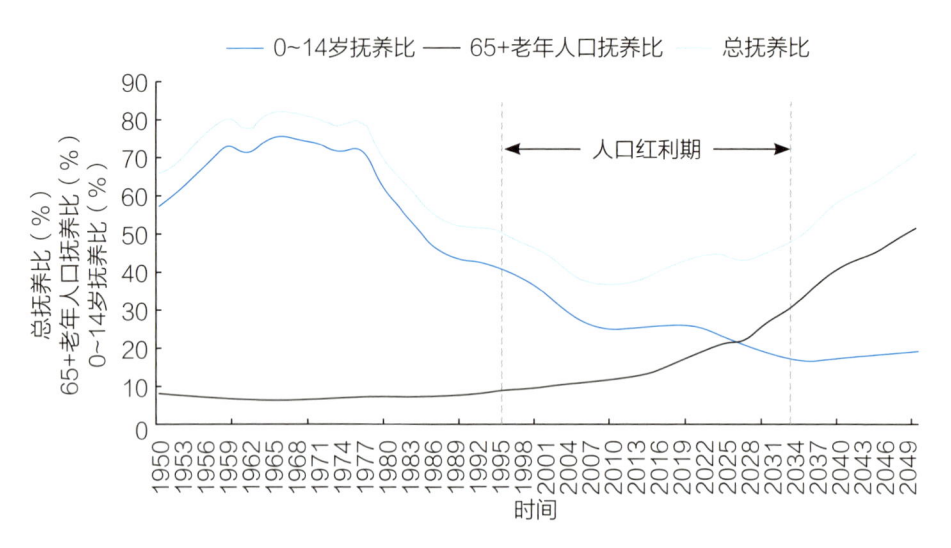

图1-54 在中性情境下，2035年我国人口仍会在14亿以上，2050年仍会在13亿以上

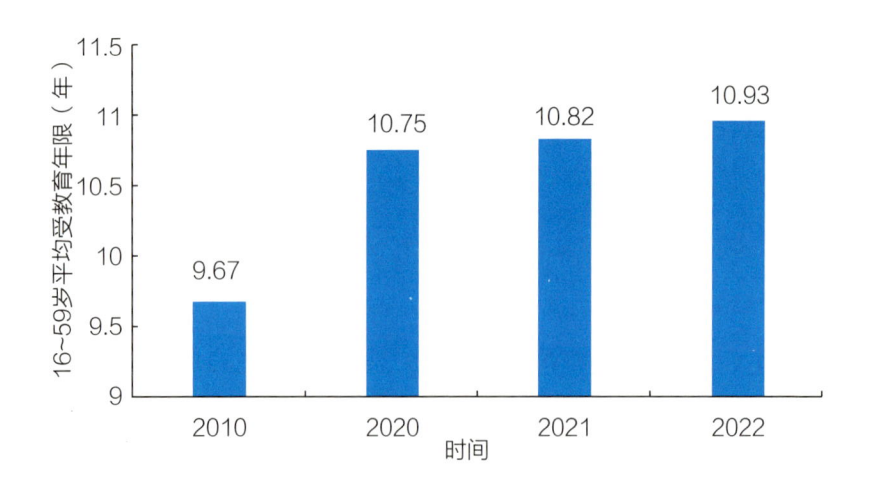

图1-55 16~59岁受教育年限逐年递增

另一方面，我国低龄老年人口占比较大，存在较大人力资源开发空间。2022年我国60岁及以上老人2.8亿人，这其中60~69岁低龄老年人口占比接近55%，这意味着我国老年人口中超过一半是低龄老人，而目前这部分老年

第一章 增长是根基

人口的劳动参与率较低，程杰（2022）的研究指出[①]我国退休人口的劳动参与率仅为4.2%，远低于主要发达国家，其开发空间相当大（图1-56）。

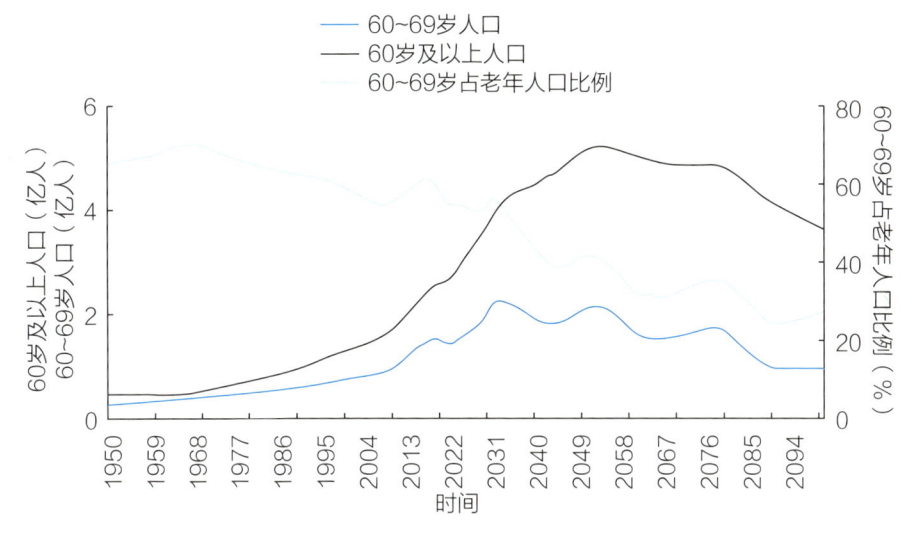

图1-56 我国人口老龄化以低龄为主

以日本为例，在其人口总量出现负增长之后，就业人口之所以还能增加，这在很大程度上要归功于低龄老年人力资源的开发。2010年日本正式进入人口负增长阶段，但是其就业人口数量却不降反升。简单拆分一下其不同年龄段的就业人口我们就能发现，日本65岁及以上老年就业人口数量在2010年之后出现了明显的提升，贡献了相当一部分就业人口的增量（图1-57）。

人口负增长并不必然带来经济下行。当前市场担忧我国人口负增长会对经济产生较大负面影响，其背后的逻辑是人口负增长将导致有效需求下降，储蓄和资本积累也将减少，同时伴随人口负增长而来的劳动力规模缩减和老龄化程度加深都将对经济产生不利影响。

[①] 程杰，李冉. 中国退休人口劳动参与率为何如此之低？——兼论中老年人力资源开发的挑战与方向 [J]. 北京师范大学学报（社会科学版），2022(2):143-155.

投资的宏观逻辑

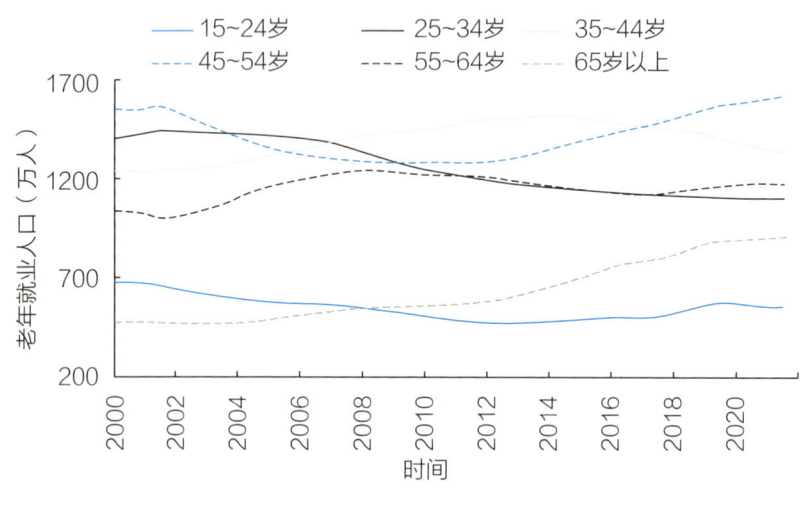

图1-57 日本65岁以上老年就业人口增加明显

不过，我们的确需要重视人口负增长，但却不必过于悲观。虽然人口是经济发展的重要因素，但却不是唯一因素，而且人口规模是经济增长的充分非必要条件，也即庞大的人口规模可以为经济增长提供有利条件（例如我国），但是经济增长也不是必然需要大规模的人口（例如美国）。

人口负增长对于经济也有正面促进作用，劳动力的减少、人力成本的上升会迫使企业加快从劳动密集型向资本、技术密集型转换，进而带动经济增长。

从目前已经经历人口负增长的典型国家来看，在人口负增长之后的短期之内经济增速并未出现明显下行，有些国家的增速甚至还高于此前水平。

日本2010年人口增长率正式转负，而其前后经济增速并没有明显差异，年均GDP增速稳定在1%左右；意大利2015年人口增长率开始转负，而其GDP增速则不降反升，从之前的-0.9%升至0.4%；俄罗斯、波兰GDP增速也在人口负增长阶段保持了较高水平。由此可见，人口负增长并不必然带来经济下行。

第一章 增长是根基

人口负增长下的大类资产配置选择

第一，权益市场关注医药、科技、高端制造等领域。

在人口负增长下，老龄少子化问题会越来越突出，并且可能会对我国产业结构产生长远影响。

生产端：人口老龄化加速了"刘易斯拐点"的到来，劳动力成本将会不断提升，进而倒逼经济发展从劳动密集型生产方式向技术、资本密集型生产方式转变。

消费端：随着老龄化的不断加剧，老年人口针对医疗保健、养老服务等相关的需求将大幅提升，规模效应的产生也会促使相关产业转型升级。

日本近年来的产业发展路径也印证了这一逻辑，以 2010 年日本人口负增长元年为界，前后 10 年各行业就业人口同比均值对比结果显示，日本医疗保健业、信息与通信业、教育、科研等行业就业人数同比增加明显，这反映了相关行业在加速扩张（图 1-58）。

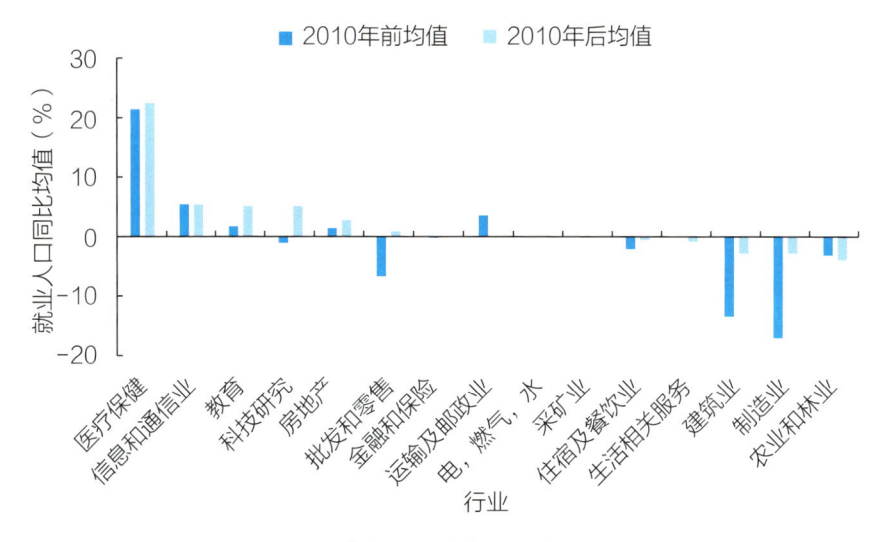

图 1-58 2010 年前后日本各行业就业人口同比均值

079

投资的宏观逻辑

在制造业 GDP 方面，2010 年人口负增长前后，日本以机械、化学制品、电子元器件等为代表的高端制造业增长迅猛，而传统的纺织品、金属制品、纸制品等则出现了明显的负增长（图 1-59）。

图 1-59 日本各制造业 GDP 同比均值变动

日本股票市场的表现也与产业变动情况基本吻合，我们统计了 2010 年以来日本各个板块指数表现情况，发现精密仪器、信息与通信等科技板块和橡胶、化工、机械等高端制造业板块收益率明显高于平均涨幅；另外服务业、零售贸易、保险、医药等板块也取得了不错的涨幅；不过钢铁、石油、电力等传统行业则表现相对较弱（图 1-60）。

第二，债券利率长期将继续下行。

人口负增长带来的人口结构的变动对于利率也会产生一定影响。按照生命周期理论，在青年时期，由于收入水平相对较低，又面临结婚生育、买房置业等客观原因，人们对于资金的需求量较大，因而青年人口占比越高，社会资金的需求也就越旺盛，从而利率上行。

中年时期是个人一生中储蓄的主要阶段。一方面收入水平较青年时期有

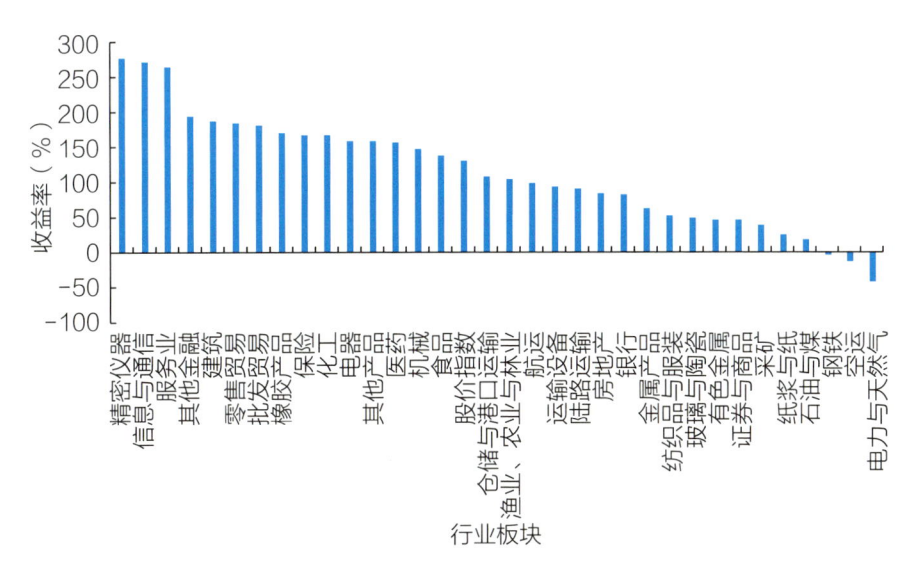

图 1-60　日本 2010 年以来各板块收益率情况

了大幅提升，另一方面中年时期往往会因为抚养子女、赡养老人等进行预防性储蓄，因而中年人口占比越高，社会资金供给也就越多，从而利率下行。

而到了老年时期，由于风险偏好的大幅下降，老年人口进入了资金供需两弱的状态。

全球主要国家的长期利率与人口结构均呈现青年/中年占比越高利率越高，占比越低利率越低的规律。

按照 OECD 的预测，我国青年/中年占比在未来 10 年仍然会继续下行，从 2020 年的 85% 下降至 2030 年的 70%，因此可以预计未来我国长期利率将会继续下行，对债券市场形成一定利好（图 1-61）。

第三，房地产需求或将逐步下降。

供需关系是影响房地产的核心因素，根据我国人口周期判断，2025 年之后房地产需求或将逐步下降。

自中华人民共和国成立以来，我国共经历了两波"婴儿潮"，分别是

⑤ 投资的宏观逻辑

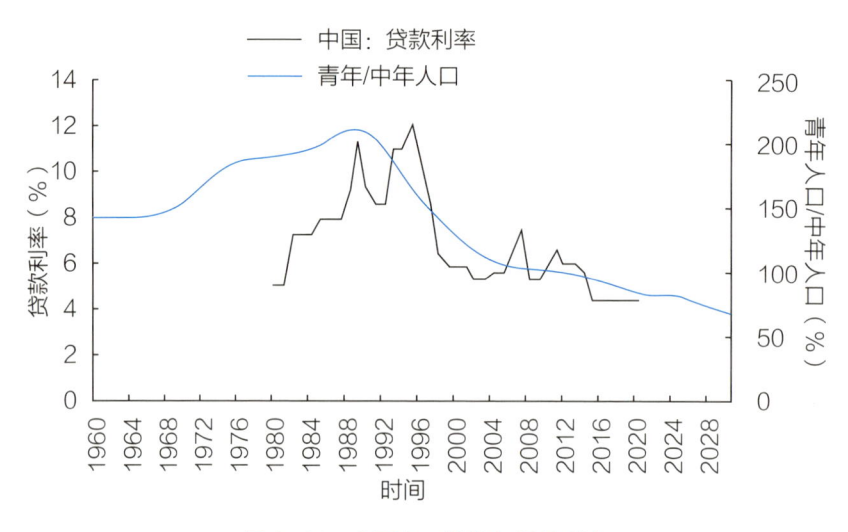

图 1-61 中国人口结构与贷款利率

1962—1973 年和 1982—1993 年。按照生命周期理论以及我国平均结婚年龄推算，25~35 岁是购房置业的主要时期，因此我们可以推算出我国地产需求旺盛的两个阶段集中在 1987—1998 年和 2007—2018 年。

第一个阶段由于我国尚未完成住房分配货币化改革，福利分配仍然占据较大比例，所以需求的扩张对于房价的影响相对有限。

第二个阶段，平均每年新增 2200 万购房黄金期人口的巨大需求使得中国房地产迎来了相当长时间的繁荣期，这批人口也是当前房产购买的主力军。

不过由于受到我国计划生育政策的影响，本应在 2002—2013 年（1982—1993 年第二波婴儿潮进入生育阶段）出现的第三波"婴儿潮"并未出现，出生人口反而有了一个较为明显的下滑。

2000—2015 年，我国平均每年出生人口 1600 万左右，较第二波"婴儿潮"时期平均每年 2200 万左右的出生水平下降接近 30%。而按照时间推算，2000—2015 年出生的人口将在 2025 年左右进入购房黄金期，我们可以预见的是出生人口的大幅减少将会使得房地产需求逐步下降，并且在相当长的一段时间内得不到有效改善（图 1-62）。

　　未来中国的房地产市场将会迎来大幅分化，人口持续流入的城市群、都市圈房地产需求将会得到有效支撑，而人口持续流出的地区则会更多地承担需求下滑带来压力。

图 1-62　1949—2019 年出生人数及出生率

第二章
通胀的韵律

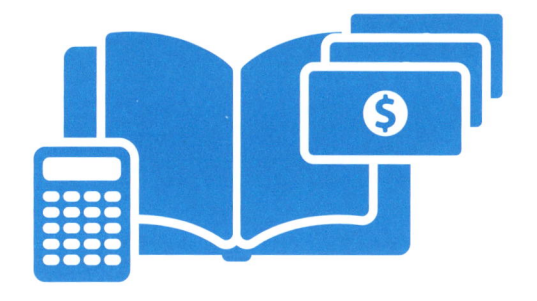

第二章

基础知识

第一节　透视 CPI 的微宏观视角

从微观角度看，我们通过分解核心驱动因素，运用相关诸因素价格变化特征和趋势来分析和预测通胀水平；从宏观角度看，我们分别考察了实体经济产出缺口、M1、人民币有效汇率与物价之间的关联性。实体经济产出缺口，包括：GDP 产出缺口 = 实际 GDP− 长期趋势部分（潜在 GDP）、PMI 产出缺口 =PMI 新订单指数 −PMI 产成品库存指数，它们与通胀之间的关系体现了中国版"菲利普斯曲线"，GDP 产出缺口与 CPI 有较明显同步关系，PMI 产出缺口之于 CPI 有领先关系。M1、人民币有效汇率与 CPI 相关性较强，市场利率与之关系有所减弱。在新的通胀预测框架和模型中，首先基于宏观条件对物价进行预测，再考虑微观驱动因素变化对其进行修正。

CPI 构成品种及因素相关性

微观角度：CPI 构成品种、权重及核心驱动因素

CPI 构成品种及权重

CPI 构成品种可分为食品烟酒及非食品烟酒两大类。其中食品烟酒主要包括粮食、食用油、鲜菜、畜肉类、水产品等；非食品烟酒主要包括衣着、居

住、生活用品及服务、交通和通信、教育文化和娱乐、医疗保健等六大分项。

CPI 食品烟酒及各个分项权重我们根据统计局 2017 年 9 月公布的物价报告推测得出（如：统计局公布某分项价格同比增速为 a，对 CPI 同比拉动为 b，则该项权重为 b/a）。由于数据可得性限制，部分分项权重尚不可知。

CPI 非食品烟酒六大分项权重参考了 WIND2016 年数据，细项权重可进一步由历史数据回归得出（图 2-1，表 2-1、表 2-2）。

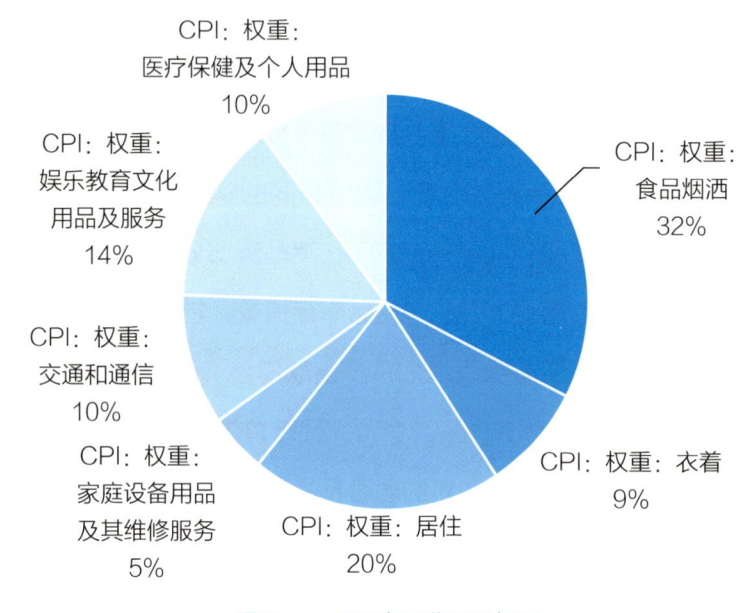

图 2-1　CPI 主要分项及权重

表 2-1　CPI 食品烟酒各分项及权重

各分项	粮食	食用油	鲜菜	畜肉类	畜肉类：猪肉	水产品	蛋类	奶类	鲜果	烟草	酒类	全部分项
权重（%）	1.88	—	2.27	5.00	2.91	1.84	—	—	1.67	—	—	32.50

表 2-2　CPI 非食品烟酒各分项及权重

各分项	衣着	居住	家庭设备用品及其维修服务	交通和通信	娱乐教育文化用品及服务	全部分项
权重（%）	8.51	20.02	4.74	10.35	14.15	68.11

CPI 核心驱动因素：猪肉、鲜菜、原油、服务业价格

在 CPI 食品烟酒分项中，猪肉和鲜菜对 CPI 同比贡献较大。2016 年 1 月—2017 年 8 月，猪肉和鲜菜合计对 CPI 同比的贡献率月度均值可达 46.54%。

在 CPI 非食品烟酒分项中，六大分项对 CPI 同比贡献较为均匀，2016 年后交通和通信、居住、医疗保健、教育文化和娱乐对 CPI 同比贡献有所加大。

将 CPI 非食品烟酒分项拆分成服务类与制造品类，其中制造品类价格受油价影响较大。观察 CPI 非食品烟酒与服务业、油价同比走势，三者走势高度相关，CPI 非食品烟酒分项的主要驱动因素为原油和服务业价格（图 2-2）。

图 2-2 CPI 非食品同比与服务业、油价同比

宏观角度：CPI 与各宏观因素存在一定相关性

仅从微观角度对 CPI 的构成品种、所占权重及核心驱动因素进行分析，难免有"一叶障目，不见泰山"的感觉，因此，我们有必要从宏观角度考察

CPI 与各宏观因素的相互联系。

从宏观角度看，理论上的产出缺口、货币量、利率、汇率等各宏观因素均与通胀水平存在一定关联：

（1）实体经济产出缺口。凯恩斯学派认为，实体经济供需缺口与通货膨胀存在一定正相关关系。实体经济需求较为旺盛、经济增速超过长期潜在增速，这些情况将导致物价水平上涨。菲利普斯曲线较好地描述了两者的正相关关系。

（2）货币量。货币主义学派认为通货膨胀是一种货币现象。过多的货币追逐过少的商品，物价则必然上涨。

（3）其他宏观变量（市场利率、汇率等）。

实体经济产出缺口与 CPI 相关性较强

选取三种指标作为实体经济产出缺口：GDP 产出缺口、工业增加值、PMI 产出缺口。GDP 产出缺口为实际 GDP 中扣除长期趋势的部分，即：GDP 产出缺口 = 实际 GDP– 长期趋势部分（潜在 GDP）。PMI 产出缺口为需求大于供给的部分，即：PMI 产出缺口 =PMI 新订单指数 –PMI 产成品库存指数。

通过进一步的分析我们发现在三者中，GDP 产出缺口与 CPI 相关性最好、约能解释 43% 的 CPI 变动，两者变动基本保持同步；工业增加值同比与 CPI 同比相关性一般，领先 CPI 同比 5~7 个月；PMI 产出缺口与 CPI 拟合效果较好、领先 CPI 同比 10 个月。

鉴于实体经济产出缺口与 CPI 相关性较强，且存在一定领先性，可以以其为基础对未来 CPI 进行预测。更为详细的分析参见本部分中关于菲利普斯曲线的探讨。

M1 与 CPI 相关性较强、领先 CPI 同比 10 个月

观察 M1、M2 同比与 CPI 同比的相关性，M1 与 CPI 相关性更强、传导时滞更短，这证实了"M2 → M1 → CPI"的传导路径。当 M1 领先 10 个月时，其与 CPI 相关性最强，相关系数可达 0.45；当 M2 领先 12~13 个月时，其与 CPI 相关性最强，相关系数为 0.38（图 2-3、图 2-4，表 2-3）。

M1 与 M2 对于 CPI 的传导存在差异，我们可从货币的职能进行理解。根据流动性偏好理论，人们持有货币（M2）的三大动机分别为：交易动机、投机动机及预防性动机，前两者与 M1 密切相关，它们也是造成物价水平上涨的主要推动力。

2016 年 1—12 月，在 M1 同比维持高位的情况下，随后 CPI 同比未见明显上涨，主因是这段时间推动 M1 同比上涨的动因源自政府部门和房地产企业的债务偿还，这两者与物价的相关性较弱。一方面，2016 年地方政府债净融资额较高，部分发行募集资金在置换贷款前以活期存款形式存放，这就推高了 M1；另一方面，2016 上半年房地产销售向好，房地产企业回款速度加快，由于资金用于债务偿还、土地购置等开发支出，大部分以活期存款形式存放，这同样推高了 M1。

图 2-3　M1（领先 10 个月）与 CPI

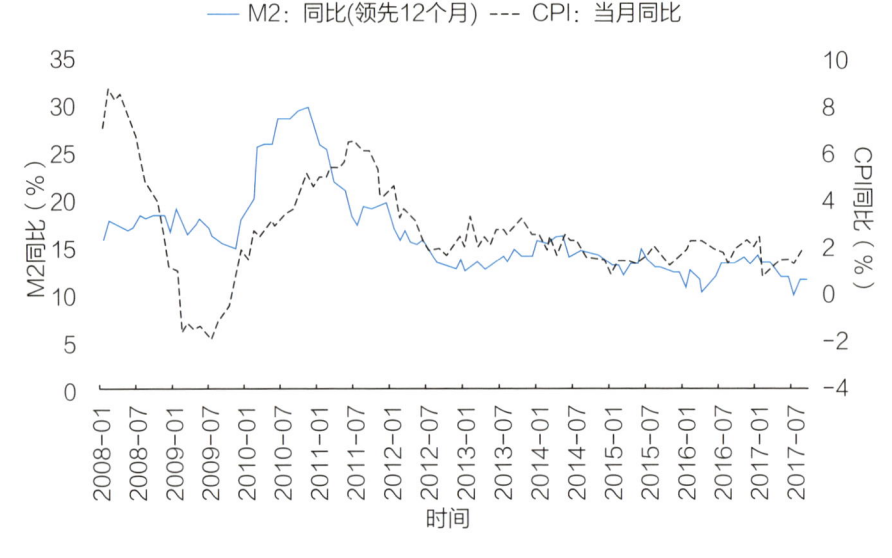

图 2-4　M2（领先 12 个月）与 CPI

表 2-3　M1、M2 与 CPI 相关系数（2008 年 1 月—2017 年 9 月）

时间	同期	领先 5 个月	领先 9 个月	领先 10 个月	领先 11 个月	领先 12 个月	领先 13 个月
M1	-0.1	0.32	0.44	0.45	0.44	—	—
M2	-0.2	0.11	0.32	0.34	0.37	0.38	0.38

市场利率与 CPI 的相关性有所减弱

市场利率与 CPI 的相关性主要表现为：前者反映市场对未来通胀水平的预期。我们分别用"10 年期—1 年期国债收益率""10 年期国债收益率—1 年期基准定存利率"代表市场利率。在 2013 年以前，其相对于 CPI 存在一定的领先性，CPI 几次较大拐点都被基本预测到。

在 2013 年以后，随着影响市场利率的因素日趋多元化和 CPI 波幅的减小，市场利率与 CPI 的相关性有所降低。2014 年、2015 年"10 年期—1 年期国债收益率""10 年期国债收益率—1 年期基准定存利率"的两次倒 V 形剧烈波动，均无法用 CPI 预期来解释。第一，2014 年 1—5 月，期限利差先增大后减小，主要原因在于货币政策变动。2014 年 1—3 月，央行多次逆回购维稳春节前资金面，短端收益率有所下行、带动期限利差增大；2014 年 4—5 月，央行重启正回购，短端收益率转而上行、带动期限利差缩小。第二，2015 年 4—8 月，期限利差先增大后缩小，主要原因在于 2015 年上半年，央行多次降准降息，短端收益率大幅下行、带动期限利差增大；2015 年 7 月的股灾使得短端收益率在流动性压力下有所上行、长端收益率在避险情绪下反而有所下行，期限利差大幅减小（图 2-5、图 2-6）。

人民币有效汇率与 CPI 相关性较强、领先 CPI 2 到 3 个月

汇率与 CPI 之间的相关关系主要表现为人民币升值导致物价水平下跌，而人民币贬值将导致物价水平上涨。根据一价定律，若不考虑交易成本等因素，套利行为将促使同种可贸易商品在各地的实际价格趋于一致，因此人民币相对主要货币升值将导致以人民币计价的商品价格下降。从微观角度看，人民币升值将导致 CPI 组成部分中进口依赖度较高的商品价格下跌（如原油以及部分制造品），进而导致 CPI 同比增速下降。

人民币有效汇率与 CPI 存在一定负相关关系、领先 CPI 2 到 3 个月。世界清算银行公布的人民币有效汇率为贸易加权汇率，是以一国对另一国的贸易额在其对外贸易总额中所占的比重为权数，能较为综合地反映人民币的对外价值和变化情况。计算显示当人民币有效汇率领先 2 到 3 个月时，其与 CPI 的负相关关系最强，相关系数可达 –0.55（图 2-7，表 2-4）。

$ 投资的宏观逻辑

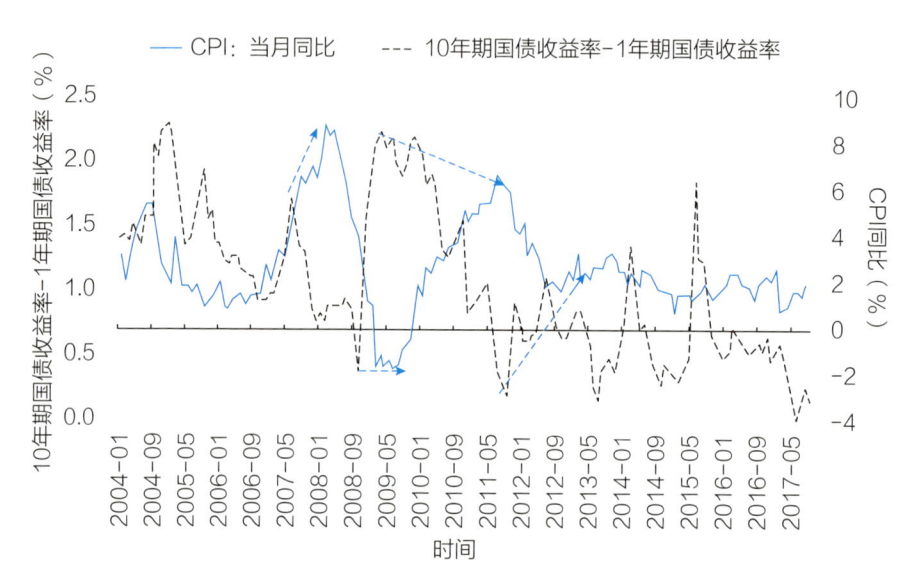

图 2-5　10 年期 -1 年期国债收益率与 CPI

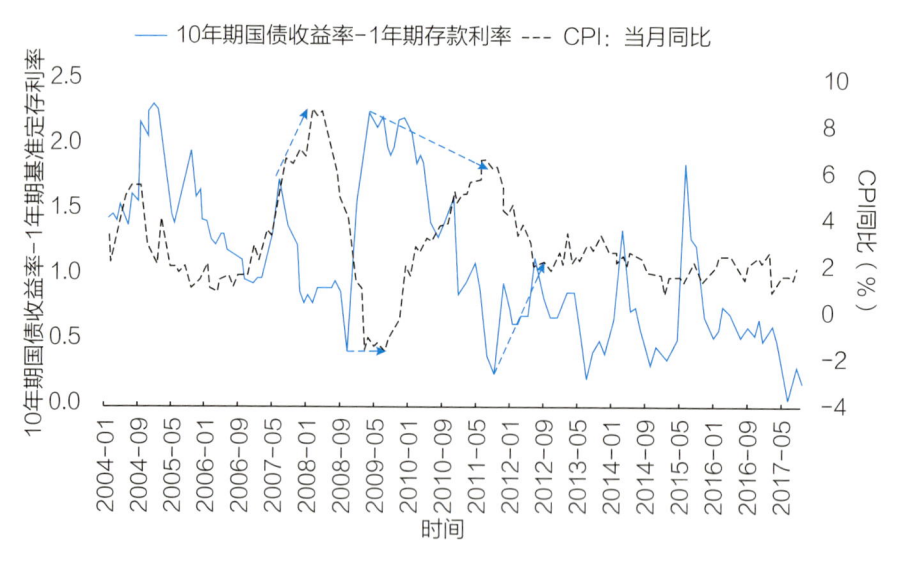

图 2-6　10 年期国债收益率 -1 年期基准定存利率与 CPI

图 2-7　人民币名义有效汇率与 CPI

表 2-4　人民币名义有效汇率与 CPI 相关系数（2008 年 1 月—2017 年 9 月）

时间	同期	领先 1 个月	领先 2 个月	领先 3 个月	领先 4 个月
人民币名义有效汇率	−0.51	−0.53	−0.55	−0.55	−0.54

CPI 核心驱动因素趋势分析

根据上文，CPI 的核心驱动因素主要为猪肉、鲜菜、原油、服务业价格。鲜菜价格主要受气候因素影响，可预见性较差；服务业价格波动相对较为平缓。因此，本部分主要对猪肉和原油未来价格走势进行分析。

供需紧平衡、猪价大概率低位波动

猪肉供需大概率维持紧平衡。2018 年 2 月前，受节假日需求拉动，猪肉价格持续小幅上行；2018年2月后，受益于环保禁养淘汰落后产能、行业龙头持续扩大优质产能，同时生猪饲料供大于求的情况下猪粮比价处于历史较高水平、养殖企业仍有一定利润，猪价存在小幅回落的空间。

供给方面：环保禁养和猪肉价格同比下跌对散户能繁母猪存栏量产生了一定冲击，但规模化养殖龙头受环保因素影响较小、持续扩产能，带动行业PSY提升，这可部分对冲能繁母猪存栏量下降对生猪供给的负面影响。

根据农业部400个监测县信息，自2017年5月以来，能繁母猪存栏量环比持续下跌。一方面，生猪价格持续下降。观察生猪价格与能繁母猪存栏量环比增减，两者基本保持同步。生猪养殖行业约50%为散户，对未来猪价预判更多是顺周期，养殖户会在猪价处于低谷的时候大量淘汰母猪、在猪价位于高峰的时候大量扩产。另一方面，自2015年以来，随着《新环保法》实施，禁养区内养殖场清理工作开始在全国范围内展开，这对散户能繁母猪和生猪存栏量产生冲击。截至2017年6月底，全国累计划定畜禽养殖禁养区63万平方公里，约占国内生猪养殖面积的17.3%。禁养母猪、生猪的流向一般有两种：就地屠宰和转移，草根调研显示两者比例约为各50%。2016年因环保禁养淘汰生猪约3600万头，这一数值占生猪存栏量的5.3%，2017年生猪将被淘汰2000万头，这占生猪存栏量的2.9%（图2-8、图2-9）。

规模化养殖龙头受环保影响较小，持续扩产能，同时较低猪价加快落后产能淘汰速度，行业的PSY提升。一方面，环保禁养的根本目的是提质增效、淘汰落后产能，加速产业升级。在这一过程中，行业龙头扩产能动力较足。如牧原股份在2016年非公开募集资金用于扩大生猪产能，2017全年生猪出栏量约增加140%。另一方面，较低猪价下落后产能被提前淘汰。我们观察生猪养殖行业PSY与猪肉价格，在猪肉价格低迷时期落后产能淘汰力度较大。如2014年年均猪价仅为13.25元/公斤，大量养殖户亏损，PSY从14.28上升至

16.01（表 2-5，图 2-10）。

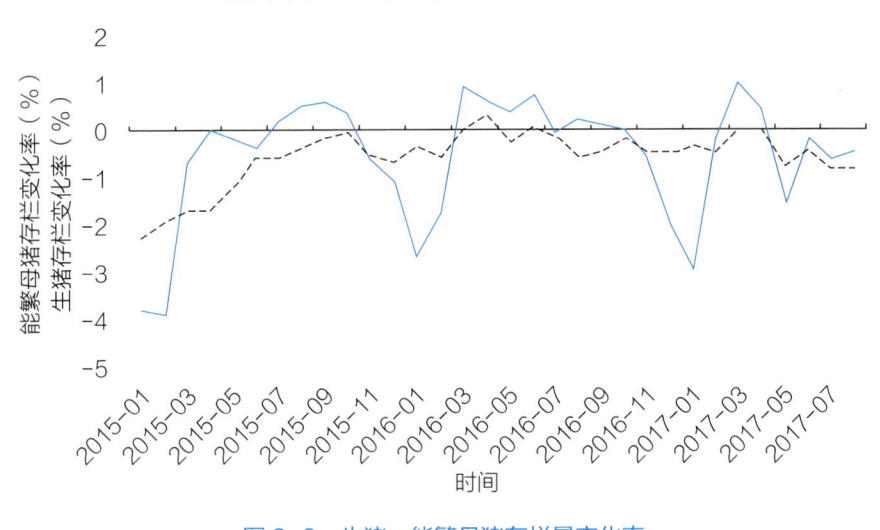

图 2-8　生猪、能繁母猪存栏量变化率

图 2-9　生猪价格与能繁母猪存栏量环比增减

投资的宏观逻辑

表 2-5 养猪类上市公司生猪出栏量

单位：万头

年份 股份	2014	2015	2016	2017H1	2017E	2018E	2019E
温氏股份	1218	1535	1713	897	1885	2075	2280
牧原股份	186	192	311	295	750	1200	1500
雏鹰农牧	147	172	248	119	350	500	650
正邦科技	146	158	226	96	340	450	550
天邦股份	46	41	58	44	120	200	300

图 2-10 PSY 与猪价（头，元/千克）

需求方面：基建和房地产增速逐渐放缓、重体力劳动力需求未见明显增加，猪肉需求大概率维持平稳。

成本方面：自 2016 年 7 月以来，生猪饲料产量同比大幅增长，饲料供给呈过剩局面，这致使生猪饲料均价维持低位。在草根调研中，部分生猪饲料厂商表示，为了解决滞销饲料，他们甚至自行开辟了养殖场进行生猪养殖。9月底最新数据显示，猪粮比价为 8.54，养殖企业有较大利润空间（图 2-11）。

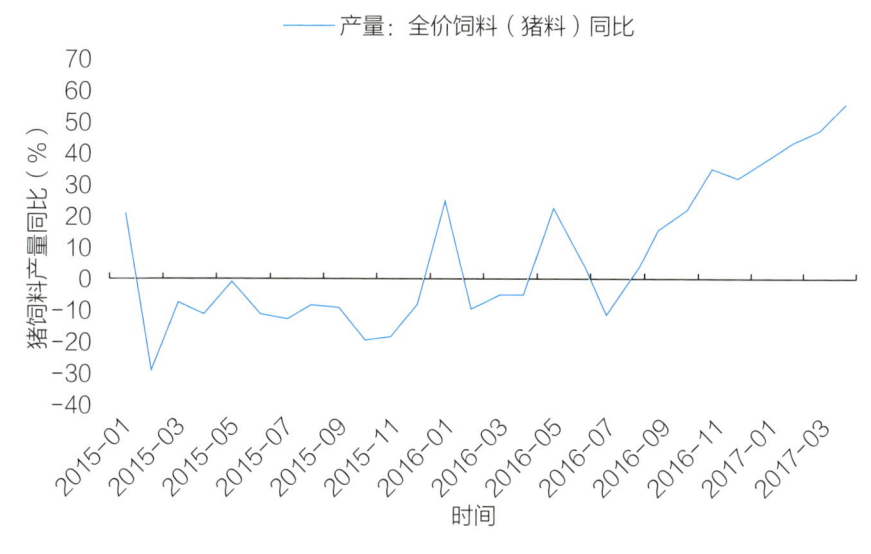

图 2-11 猪饲料产量同比

受季节性因素影响，在 2018 年春节前，猪价持续小幅回升。猪肉消费存在明显的季节性，全年呈现 V 字形走势。在年底国庆中秋双节和年初春节这两个时间段需求会显著提升，然后随着节日结束，猪肉消费走低，需求减少。2018 年 2 月后，受益于环保禁养淘汰落后产能、行业龙头持续扩大优质产能，同时当前猪粮比价处于历史较高水平、养殖企业仍有一定利润，猪价存在小幅回落的空间（图 2-12）。

页岩油产量维持高位、油价区间震荡的走势或长久维持

页岩革命带来的成本曲线扁平化使得 WTI 原油价格在 47~53 美元区间震荡的走势成为新常态，扰动因素会使油价短暂偏离这一区间，但之后油价会快速回归。Evercore ISI 的调研结果也证实了这一点，根据 Evercore ISI 的调研情况，油价均值处于 60~65 美元时，会有大于 1/3 的页岩油企业愿意增加资本开支，而且增加的比例在 10% 以上；而如果油价在 45~50 美元时，几乎 60% 的页岩油企业会选择减少资本开支。页岩油企业的这一反应特性使其已

💲 投资的宏观逻辑

图 2-12 猪粮比价仍处于相对高位

成为实际上的边际供应调节者，这也决定了油价区间震荡的格局将成为新常态（图 2-13）。

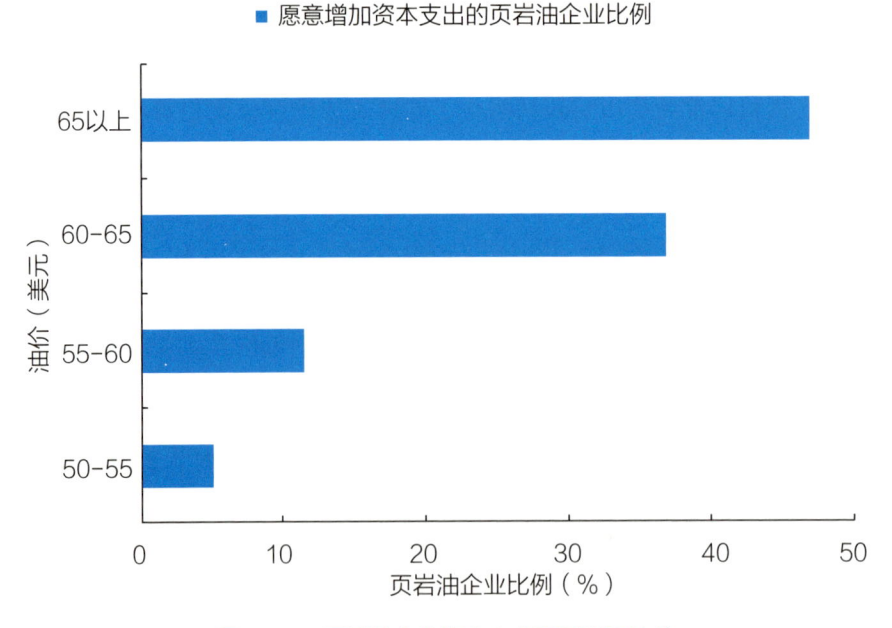

图 2-13 页岩油企业资本支出意愿 VS 油价

通胀预测：基于菲利普斯曲线

中国的菲利普斯曲线：GDP 产出缺口、PMI 产出缺口与 CPI 拟合度较好

根据以上分析，凯恩斯学派认为实体经济产出缺口是导致物价变动的主要原因之一，两者的关系可以用菲利普斯曲线表示。

根据新凯恩斯菲利普斯曲线，当期通货膨胀率由产出缺口和未来通胀预期共同决定。即：

$$\pi_t = \beta E_t \pi_t + 1 + k y^*_t$$

等式中 π 代表通胀水平，y^*_t 代表产出缺口。

本部分我们选用了三种指标作为实体经济产出缺口：GDP 产出缺口、工业增加值、PMI 产出缺口，并探讨其与 CPI 之间的关系。

GDP 产出缺口与 CPI 拟合度较好、两者同步变动

GDP 可分解成长期趋势部分（潜在 GDP）与周期波动部分，周期波动部分即为 GDP 产出缺口。即：GDP 产出缺口 = 实际 GDP − 长期趋势部分（潜在 GDP）。

采用 2000 年一季度至 2017 年二季度 GDP 不变价数据，我们对其取对数后，用 HP 滤波对其进行分解。HP 滤波是学术界常用的分解数据序列长期趋势与周期波动的方法。其原始公式如下：

$$y_t = T_t + C_t$$

$$\min_{T_t} \sum_t (y_t - T_t) + \lambda \sum_t (T_{t+1} - 2T_t + T_{t-1})$$

其中 T_t 代表趋势序列，C_t 代表周期波动序列，λ 代表平滑参数。不同的 λ

值决定了不同周期波动幅度。λ越大，周期的波动越大。一般而言，对于年度数据，λ=100；对于季度数据，λ=1600；对于月度数据，λ=14400。本部分我们采用季度GDP数据，故取λ=1600。

GDP产出缺口与CPI拟合度较好，两者为同步指标。GDP产出缺口约能解释43%的CPI波动。二元回归显示当GDP产出缺口与CPI同比同期时，其对CPI同比拟合效果最好（表2-6）。

表2-6 GDP产出缺口对CPI同比的回归测算

回归方程：CPI同比 =α+β*GDP产出缺口							
时间	滞后6个月	滞后4个月	滞后2个月	同期	领先2个月	领先4个月	领先6个月
回归系数β	−0.10*	0.17*	0.49***	0.61***	0.28*	−0.26*	−0.52***
Adjusted R Square	0.011	0.031	0.269	0.427	0.090	0.077	0.316

PMI产出缺口与CPI拟合度较好、领先CPI同比10个月

工业增加值同比与CPI同比拟合效果一般，领先CPI同比5到7个月。二元回归显示当工业增加值领先5到7个月时，其与CPI同比拟合效果最好，约能解释18%的CPI同比变动（图2-14）。

PMI产出缺口与CPI同比拟合效果较好，其领先CPI同比10个月。PMI各分项中，"新订单指数"主要描述需求，"产成品库存指数"主要描述供给，两者相减得到"新订单指数－产成品库存指数"，这可作为PMI供需缺口（即产出缺口）。考虑到该指标波动幅度较大，我们对其作3个月移动加权平均，采用2008年1月至2017年9月的数据，二元回归显示当PMI产出缺口领先10个月时，其与CPI同比拟合效果最好，约能解释30%的CPI同比变动（图2-15，表2-7）。

第二章 通胀的韵律

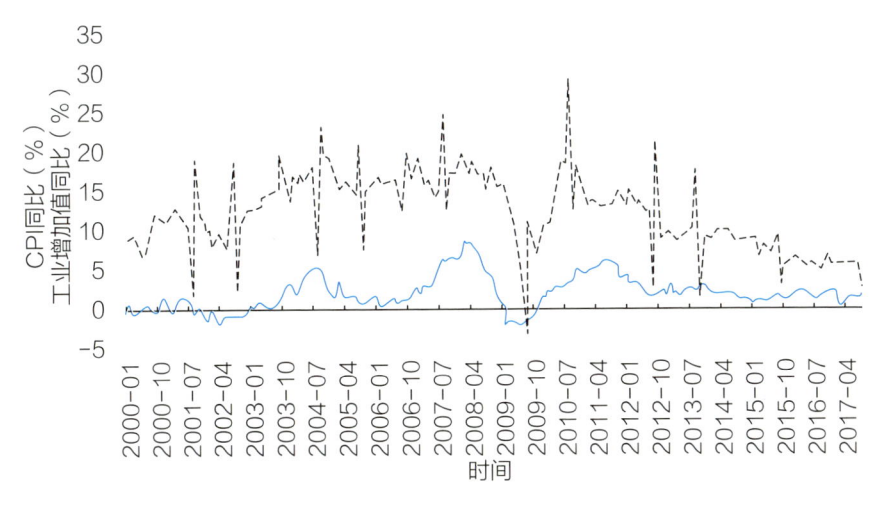

图 2-14 工业增加值同比（领先 7 个月）与 CPI 同比

图 2-15 PMI 产出缺口（领先 10 个月）与 CPI 同比

103

表 2-7　工业增加值同比、PMI 产出缺口对 CPI 同比的回归测算

自变量	时间	同期	领先 3 个月	领先 5 个月	领先 7 个月	领先 8 个月	领先 10 个月
工业增加值同比	相关系数	0.22	0.41	0.44	0.45	0.44	0.44
	回归系数 β	0.095***	0.17***	0.19***	0.19***	0.18***	0.18***
	常数项 α	1.16	0.19	0.02	0	0.02	0.02
	Adjusted R Square	0.04	0.16	0.18	0.18	0.17	0.17
PMI 产出缺口（新订单指数 - 产成品库存指数）	相关系数	0.06	0.38	0.52	0.52	0.53	0.55
	回归系数 β	0.03	0.18***	0.24***	0.27***	0.26***	0.23***
	常数项 α	2.52	1.81	1.51	1.35	1.35	1.45
	Adjusted R Square	-0.00	0.14	0.26	0.29	0.29	0.30

注：回归方程：CPI 同比 $=\alpha+\beta\star$ 工业增加值同比（或 PMI 产出缺口）

PPI 对 CPI 的传导

CPI 食品分项主要由猪肉、鲜菜鲜果驱动，其与 PPI 无直接关系；CPI 非食品分项与 PPI 生产资料分项、生活资料分项相关性较强、传导时滞较短（图 2-16）。

在 2016 下半年，随着 PPI 的回升，CPI 非食品缓慢抬升并持续维持较高位，PPI 对 CPI 的传导效果有所显现（图 2-17）。

PPI 对 CPI 的传导链条主要有两项：一是上游能源价格对 CPI 的直接冲击（主要是原油）；二是 PPI 通过影响工业制成品价格影响 CPI。

PPI 上游能源价格对 CPI 的直接冲击主要体现为油价，其通过影响 CPI 交通工具用燃料和水电燃料分项直接影响 CPI，合计占 CPI 权重约 8.05%。2017 年年初以来原油价格涨幅低于预期，并非此轮 CPI 非食品价格维持高位的主要原因。

第二章 通胀的韵律

图 2-16 CPI 食品分项与 PPI 生产资料、生活资料

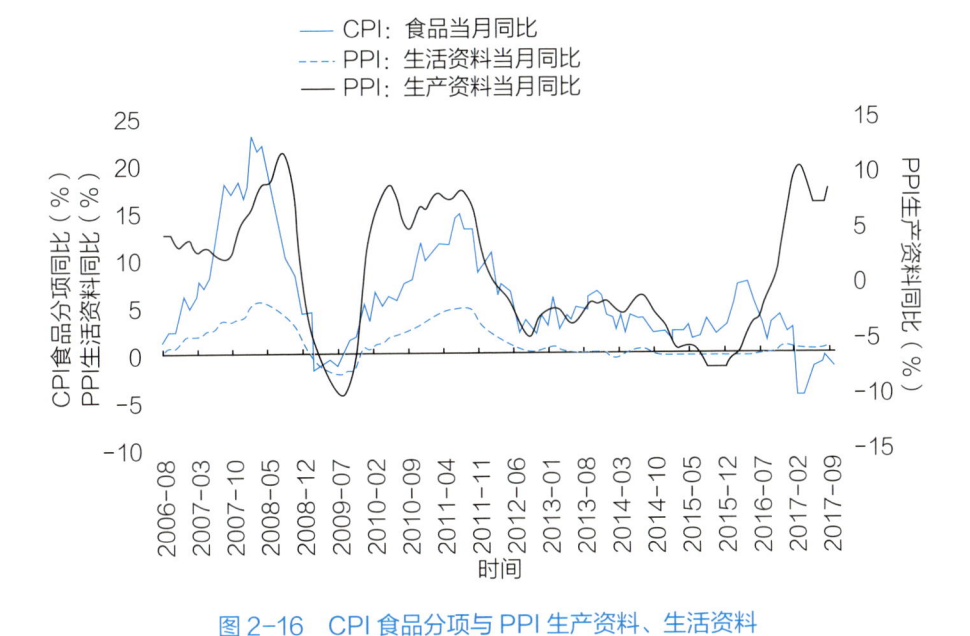

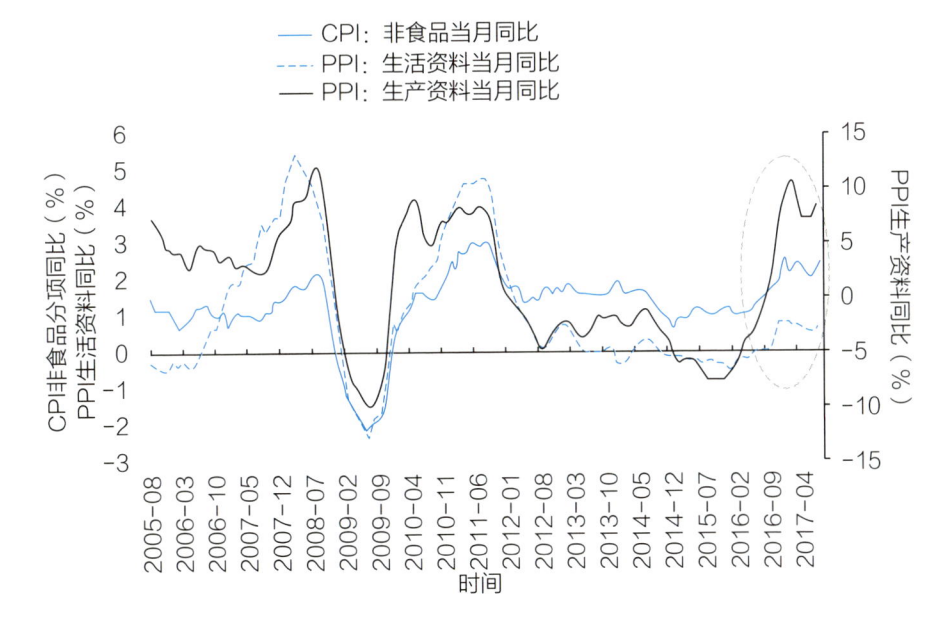

图 2-17 CPI 非食品分项与 PPI 生产资料、生活资料同比

105

投资的宏观逻辑

PPI 通过工业制成品价格对 CPI 的传导存在一定不确定性。总体而言，传导是否顺畅、传导时滞的长短主要取决于下游需求、库存水平以及产品定价机制。CPI 工业制成品主要有四项：交通工具及通信工具、家用器具、衣着、西药，合计占 CPI 权重约 20.38%。

2017 年，上游橡胶、塑料及钢材价格持续上涨的累积效应有所显现，在库存水平相对较低的情况下，部分具有较强溢价能力的家电龙头厂商抬高产品价格，CPI 家用器具分项同比、环比有所上行。历史数据显示 PPI 橡胶和塑料制品业环比通常领先 CPI 家用器具环比两个月，两者相关性较强；此外，PPI 中钢材价格也会对 CPI 家用器具价格产生一定影响（图 2-18、图 2-19）。

自 2016 年下半年以来，受环保限产影响、上游化学原料价格持续上涨，在医药消费升级趋势下消费者对终端产品价格上涨承受能力较强，医药生产厂商存在一定成本传导能力，CPI 西药价格同比持续维持高位（图 2-20）。

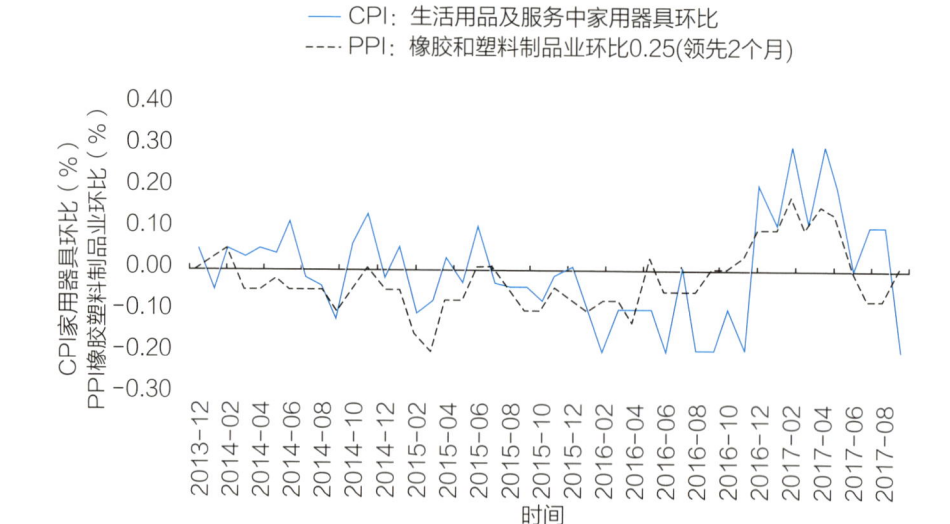

图 2-18 CPI 家用器具与 PPI 橡胶塑料制品业环比

图 2-19　CPI 家用器具与 PPI 橡胶塑料制品业、钢材价格同比

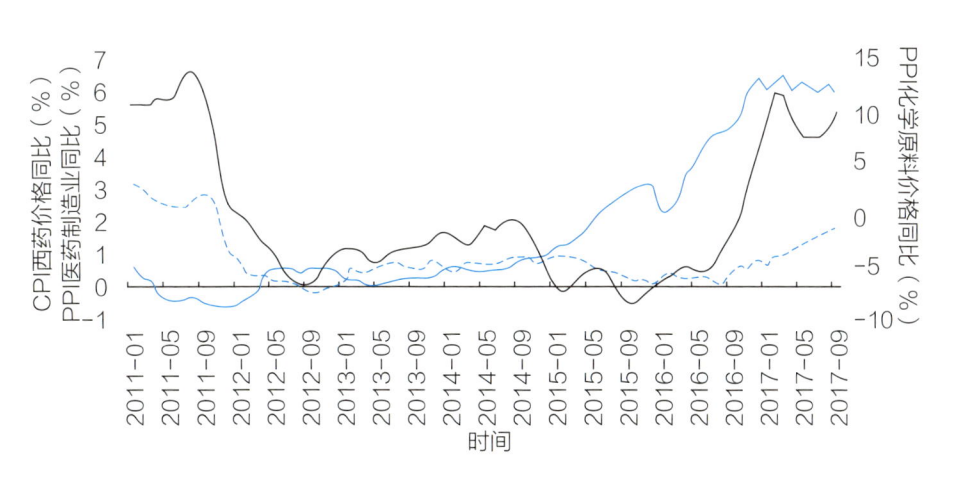

图 2-20　CPI 西药价格与 PPI 医药制造、化学原料价格同比

CPI 交通工具及通信工具价格与上游原材料相关性较弱，2017 年年初以来同比增速持续下跌。交通工具及通信工具价格主要受两方面因素影响：一

投资的宏观逻辑

是产品销售结构。2016—2017年国家针对小排量汽车进行汽车购置税优惠，小排量汽车通常价格相对较低，这拉低了汽车销售的加权平均价格。二是生产技术和品牌溢价。交通工具及通信工具出厂价主要与生产技术、原材料加工成本、品牌溢价有关，钢材、橡胶、塑料等原材料占其出厂价格比重较低，对其影响较小（图2-21）。

图2-21 CPI交通工具、通信工具同比

CPI衣着分项与上游原材料相关性同样较弱，主因是其批发零售链条较长、原材料占其销售价格比例较低。衣着类商品出厂到终端消费之间还有多级批发、代理商零售等多个环节，出厂价到消费价之间需进行门店专柜租金、人力成本、品牌推广费用等加成。以太平鸟、美邦等A股纺织服装上市公司为例，其主营业务成本占营业收入比重一般为45%~60%，管理费用与销售费用占营业收入比重为45%左右（图2-22）。

图 2-22　CPI 衣着与化学纤维制造业价格相关性不强

第二节　原油价格如何传导至 CPI

油价对 PPI、CPI 的传导

原油价格对 PPI、CPI 传导途径

原油价格对 PPI、CPI 的传导，主要有以下两条路径：

一条是油气产品路径，传导路线为"原油价格→国内油气产品价格（汽油柴油等成品油、液化气等）→交通运输业价格、居民燃气价格、用油气工业品价格（玻璃、电厂、钢铁等燃料用油）→ PPI、CPI"。其对物价水平的影响较为直接。

另一条是有机化工产品传导路径，传导路线为"原油价格→国内有机化工产品价格（烯烃类、苯类等化工原料）→塑料、橡胶、化纤等工业品中间价格→以塑料、橡胶、化纤等工业品为原料的加工企业产品价格（家电、汽车、纺织服装等）→ PPI、CPI"。其对物价水平的影响较为间接，传导链条较长。

除此之外，原油价格与粮价亦呈现一定相关性。其传导逻辑在于，第一，现代农业本身就是"石油农业"，与石油相关的化肥、农药、农膜和机械、农用柴油等现代化生产要素在粮食生产运输成本中所占的比例越来越大。石油价格通过成本冲击影响粮价。第二,生物能源的发展也加大了两者价格波动的相关程度。燃料乙醇和生物柴油作为汽油和柴油的替代品,其价格必然是高度关联的。第三,原油和粮食作为大宗商品,都具有一定金融属性,流动性环境、美元指数等宏观环境均会对其造成共同冲击,两者价格变动呈一定联动性(图 2-23)。

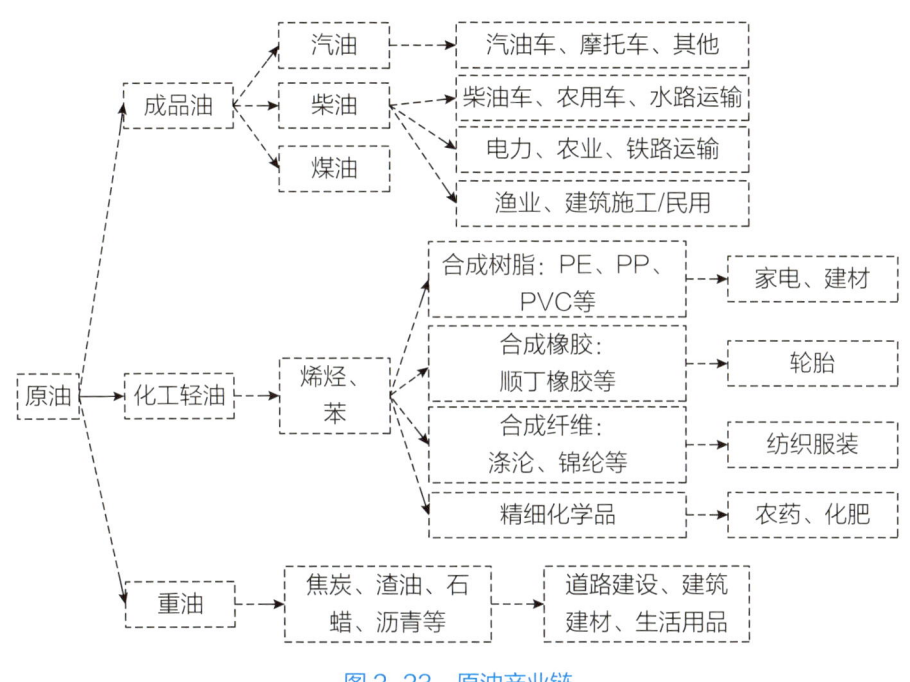

图 2-23　原油产业链

国内原油、成品油价格与国际油价同步性较强

中国是石油进口和消费大国,原油及油品对外依存度逐年上升,截至 2017 年 11 月已达 68%。分地区看,截至 2017 年 11 月,在中国原油进口总额中,OPEC 占比 52.36%,俄罗斯占比 14.0%,阿曼占比 7.1%,南美占比 7.9%(图 2-24、图 2-25)。

💲 投资的宏观逻辑

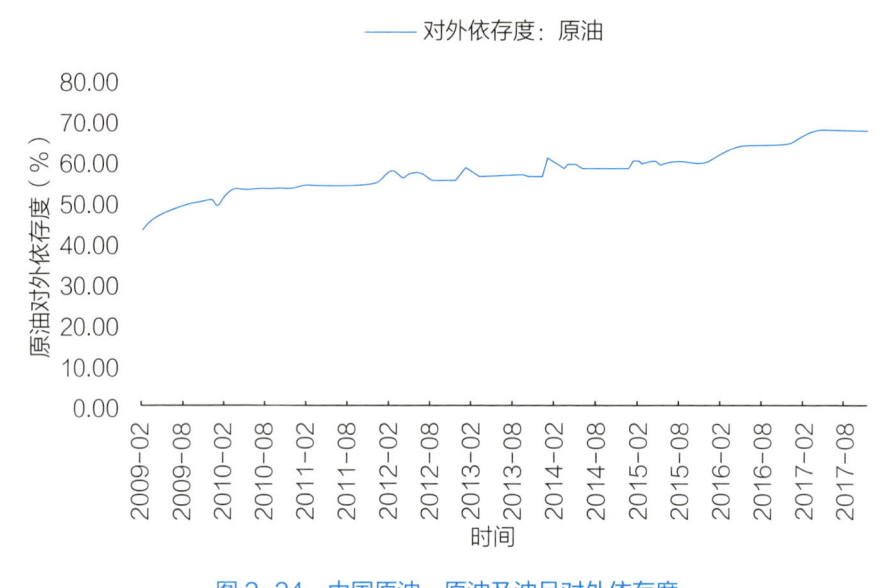

图 2-24 中国原油、原油及油品对外依存度

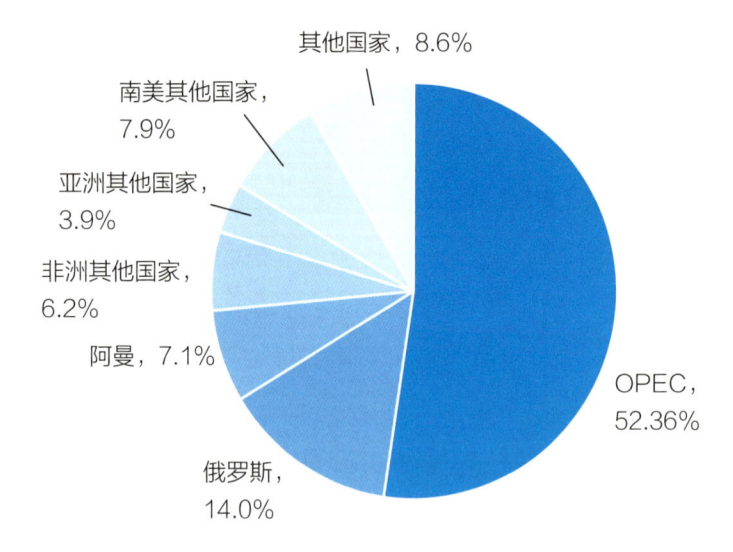

图 2-25 中国原油进口金额比重：分地区（2017 年 11 月）

国内原油价格由企业参照国际市场价格自主制定。中国原油价格制定的历史过程，就是从行政管控到向国际市场价靠拢、从国家制定到企业自主制定的过程。根据国家发改委 2009 年《石油价格管理办法》，目前原油价格由

企业参照国际市场价格自主制定。具体而言，中石油和中石化之间互供原油价格按照购销双方按国产陆上原油运达炼厂的成本与国际市场进口原油到厂成本相当的原则协商确定。中石化、中石油供地方炼厂的原油价格参照两个集团公司之间互供价格制定。中国海洋石油总公司及其他企业生产的原油价格参照国际市场价格由企业自主制定。通过观察2009年以来的每季布伦特原油平均现货价与中石油、中石化原油季末平均实现价格（即销售价格），我们发现三者走势保持高度一致（表2-8，图2-26）。

表2-8 中国原油价格制定历史变迁[1]

时间 价格制定	1955—1981年	1981—1998年	1998—2009年	2009年至今
原油价格	受政府控制，远低于国际市场油价	实行价格双轨制：计划内国家统一定价、市场价格	发改委根据上月国际市场油价确定国产原油基准价格，购销双方在此基础上贴水或升水	由企业参照国际市场价格自主制定

资料来源：国家发改委。

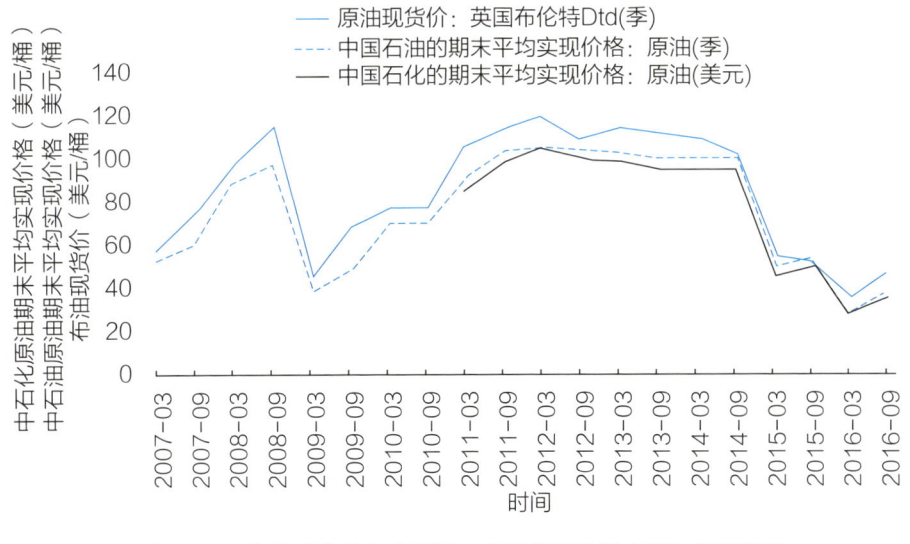

图2-26 布油现货价与中石油、中石化原油期末平均实现价格

---

[1] 部分参见蒋小琴：《石油价格上涨对我国物价的影响研究》，硕士学位论文。

> 投资的宏观逻辑

　　国内成品油零售价由国家发改委制定，其绑定国际原油价格。成品油即汽油和柴油，国内现行成品油价格形成机制开始于2009年，后经过两次修订。根据2016年1月修订的最新《石油价格管理办法》，其基本思路是除非国际油价出现极端情况（低于40美元桶或者高于130美元/桶），国内成品油价格是以国际市场原油价格为基础，由国家发改委考虑国内平均加工成本、税金、合理流通环节费用和适当利润来制定各省最高零售价，其调整频率为10个工作日（表2-9、表2-10）。

表2-9　现行成品油价格管理办法（2016年1月13日）

管理办法 \ 国际油价变动（美元/桶）	油价≤40	40＜油价≤80	80＜油价＜130	油价≥130
国内成品油零售价	原油价格每桶40美元+正常加工利润率	原油价格+正常加工利润率	原油价格+扣减加工利润率（最低为零）	最高零售价格原则上不提或少提
特殊情况	当国内价格总水平出现显著上涨或发生重大突发事件，以及国际市场油价异常波动等特殊情形需对成品油价格进行调控时，由国家发展改革委报请国务院同意后，可以暂停、延迟调价，或缩小调价幅度			
调整频率	每10个工作日调整一次；当调价幅度低于每吨50元时，不作调整，纳入下次调价时累加或冲抵			

资料来源：国家发改委。

表2-10　中国成品油价格制定历史变迁

管理办法 \ 时间	2009年5月—2013年3月	2013年3月—2016年1月	2016年1月至今
国内成品油零售价	国际油价≤80美元/桶，按原油价格+正常加工利润率；80美元/桶＜国际油价＜130美元/桶，按原油价格+扣减加工利润率（最低为零）；国际油价≥130美元/桶，最高零售价格原则上不提或少提	未修订	下限水平定为每桶40美元。即当国内成品油价格挂靠的国际市场原油价格低于每桶40美元时，国内成品油价格不再下调

114

续表

时间 管理办法	2009年5月 —2013年3月	2013年3月 —2016年1月	2016年1月 至今
调整频率	当国际市场原油连续22个工作日移动平均价格变化超过4%时，调整国内成品油价格	调价周期缩短至10个工作日，并取消上下4%的幅度限制。 当调价幅度低于每吨50元时，不作调整，纳入下次调价时累加或冲抵	未修订

资料来源：国家发改委。

通过观察2013年年初至今国内汽油、柴油市场价与WTI原油价格的相关关系，我们发现三者同步性较强，WTI原油价格对国内汽柴油价格的传导时滞在一个月以内（图2-27）。

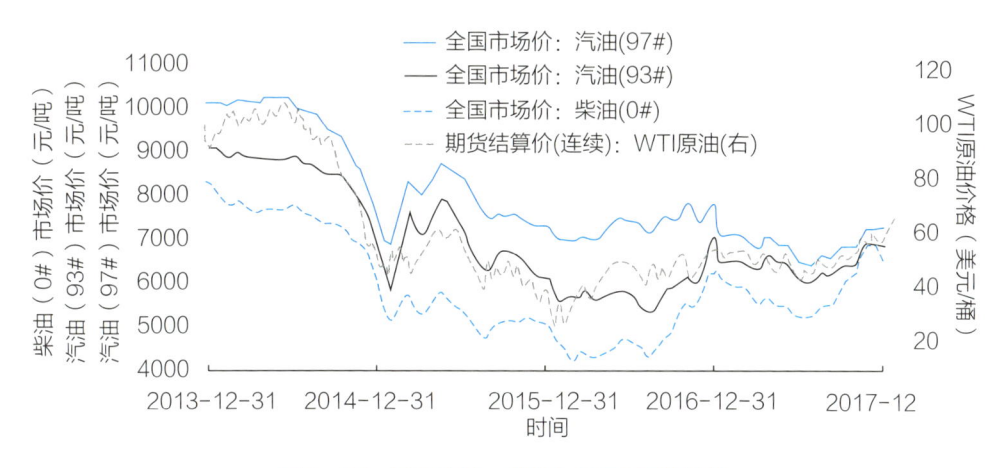

图2-27 国内汽油、柴油与WTI原油价格

投入产出表法用于测算油价变动对物价最大潜在影响

投入产出表测算方法简介

投入产出表全面反映了各部门之间投入的来源、产出的去向，以及部门

与部门之间相互供应、相互消耗的错综复杂的技术经济关系，被广泛用于测算能源价格变动对物价的影响。

其基于以下两个假设：第一，不考虑传导阻滞问题。即假设价格能完全反映成本的变动。第二，不考虑传导时滞问题。即假设成本变动对于价格的影响能在当期及时传导。因此，投入产出法测算出的是油价变动对物价水平的最大潜在影响（图2-28）。

投入 \ 产出		中间产品					最终产品			总产出
		部门1	部门2	…	…	部门n	消费	投资	出口	
中间投入	部门1 部门2 … 部门n			I				II		
初始投入	折旧 劳酬 纯收入			III						
总投入										

图2-28 投入产出表一般表式

根据投入产出表测算油价变动对物价的影响，我们的整体思路是站在生产者角度，测算某一部门价格变动通过成本的传导。为了方便运算，将投入产出表行列转置，假设第i部门产品价格变动了Δp_i，则其引起的第j（$j=1, 2, 3, \cdots, n-1$）部门价格变动模型为：

$$\Delta p_j = \Delta p_i \times a_{ji} + \sum_{k=1}^{n-1} \Delta p_k \times a_{jk} (j=1,2,3, , n-1)$$

其中，$\Delta p_i \times a_{ji}$代表第i部门价格变动对第j（$j=1, 2, 3, \cdots, n-1$）部门价格变动的直接影响，$\sum_{k=1}^{n-1} \Delta p_k \times a_{jk}$代表第$i$部门价格变动通过影响第$j$（$j=1, 2, 3, \cdots, n-1$）部门其他投入品价格，进而对第$j$部门价格变动产生的间接影响。

第二章 通胀的韵律

油价上涨对各部门产品价格的影响

根据中国 2012 年 139 个部门投入产出表，假设油价上涨 100%，我们计算出了其他 138 个部门产品价格因油价变动而上涨的幅度，价格涨幅排名前 20 的部门如表 2-11 所示。分产业看，油价上涨对第一产业影响较小；在第二产业中，油价上涨对石油加工（精炼石油）、能源转换（燃气生产）、石油化工（合成材料、基础化学原料、化纤、塑料、橡胶、涂料、农药、肥料等）、用油工业品（玻璃等）产业影响最大；在第三产业中，油价上涨对交通运输业（航空、水路、道路运输等）影响最大。我们对交通运输业进行细分，受油价上涨冲击最大的是航空运输，其次是水上运输，最后是道路运输。

表 2-11 油价上涨 100% 对各部门价格涨幅影响（前 20 名）

排名	部门	涨幅（%）	排名	部门	涨幅（%）
1	精炼石油和核燃料加工品	70.49	11	农药	13.34
2	燃气生产和供应	52.67	12	塑料制品	12.98
3	合成材料	24.79	13	专用化学产品和炸药、火工、焰火产品	12.37
4	航空运输	23.20	14	肥料	12.01
5	基础化学原料	19.35	15	玻璃和玻璃制品	10.99
6	装卸搬运和运输代理	18.45	16	橡胶制品	10.64
7	水上运输	18.19	17	租赁	10.55
8	化学纤维制品	17.57	18	石墨及其他非金属矿物制品	9.85
9	道路运输	14.37	19	管道运输	9.68
10	涂料、油墨、颜料及类似产品	13.92	20	砖瓦、石材等建筑材料	9.22

资料来源：统计局 2012 年投入产出表。

一些部门受石油价格上涨冲击较弱，这主要集中在第三产业和能耗较低的第一、第二产业。在第一、二产业中，烟草制品、废弃资源回收、畜牧产品等受油价上涨冲击较小；在第三产业中，油价上涨对房地产、资本市场服务、娱乐保险教育等影响较弱（表 2-12）。

表 2-12　油价上涨 100% 对各部门价格涨幅影响（后 20 名）

排名	部门	涨幅（%）	排名	部门	涨幅（%）
1	房地产	1.21	11	货币金融和其他金融服务	2.12
2	资本市场服务	1.40	12	社会工作	2.16
3	烟草制品	1.55	13	餐饮	2.24
4	社会保障	1.58	14	电信和其他信息传输服务	2.26
5	娱乐	1.84	15	屠宰及肉类加工品	2.64
6	废弃资源和废旧材料回收加工品	1.84	16	卫生	2.82
7	保险	1.89	17	文化艺术	2.86
8	批发和零售	1.90	18	渔产品	2.88
9	教育	2.02	19	煤炭采选产品	3.07
10	畜牧产品	2.11	20	软件和信息技术服务	3.11

油价上涨 100% 将带动 PPI、CPI 分别上涨 11.50%、4.75%

将各部门价格涨幅按比例加权，我们可计算出油价上涨对 PPI、CPI 的影响。根据投入产出表中各部门产出用于工业消费的量占全部工业消费的比重，我们测算出油价上涨 100% 将带动 PPI 上涨 11.50%。其中油价上涨对 PPI 的直接冲击为 3.18%，通过其他部门对 PPI 的间接冲击为 8.33%；根据各部门产出用于城镇和农村消费的量占总消费的比重，我们测算出油价上涨 100% 将带动 CPI 上涨 4.75%，其中油价上涨对 CPI 的直接冲击为 0，通过其他部门对 CPI 的间接冲击为 4.75%（表 2-13）。

表 2-13　油价上涨 100% 对 PPI、CPI 冲击

物价指数	投入产出表对应权重	涨幅（%）
PPI	产出用于工业消费比重	11.50
CPI	产出用于城镇和农村消费比重	4.75

分部门看，在油价冲击导致的各部门价格上涨对 PPI 的贡献中，贡献较大的行业依次有：石油开采及加工（石油和天然气开采产品、精炼石油）、能源转换（电力、热力生产）、石油化工（合成材料、基础化学原料、化纤、塑料、橡胶等）、钢铁有色（钢压延产品、有色金属）、石油化工及钢铁有色下游产品（电子元器件、汽车零部件、金属制品）等（表 2-14）。

表 2-14　油价冲击导致的各部门价格上涨对 PPI 贡献（前 20 名）

排名	部门	对 PPI 贡献（%）	排名	部门	对 PPI 贡献（%）
1	石油和天然气开采产品	3.18	11	专用化学产品和炸药、火工、焰火产品	0.21
2	精炼石油和核燃料加工品	1.62	12	金属制品	0.16
3	基础化学原料	0.56	13	农产品	0.15
4	合成材料	0.53	14	棉、化纤纺织及印染精加工品	0.15
5	电力、热力生产和供应	0.40	15	有色金属压延加工品	0.14
6	钢压延产品	0.31	16	化学纤维制品	0.14
7	道路运输	0.30	17	黑色金属矿采选产品	0.13
8	塑料制品	0.29	18	砖瓦、石材等建筑材料	0.12
9	有色金属及其合金和铸件	0.28	19	汽车零部件及配件	0.11
10	电子元器件	0.23	20	商务服务	0.10

在油价冲击导致的各部门价格上涨对 CPI 的贡献中，贡献较大的行业涵盖了第一、第二、第三产业。在第一产业中，油价上涨 100% 导致的农产品价格

上涨对 CPI 贡献达 0.2%，这主要是因为一方面油价影响农业机械、抗旱排涝用油成本，另一方面影响化肥、农药生产成本；在第二产业中，贡献较大的行业主要有石油加工（精炼石油）、能源转换（燃气生产、电力热力生产）、石油化工下游产品（纺织服装、家用器具、汽车整车等）；在第三产业中，油价上涨主要通过影响道路运输价格影响 CPI。油价冲击导致的房地产价格上涨对 CPI 的贡献排第八位，主要是其在居民消费中所占权重较高（达 10.41%）（表 2-15）。

表 2-15 油价冲击导致的各部门价格上涨对 CPI 贡献（前 20 名）

排名	部门	对 CPI 贡献（%）	排名	部门	对 CPI 贡献（%）
1	精炼石油和核燃料加工品	0.82	11	批发和零售	0.12
2	燃气生产和供应	0.36	12	居民服务	0.11
3	道路运输	0.30	13	电力、热力生产和供应	0.11
4	农产品	0.20	14	家用器具	0.11
5	卫生	0.15	15	医药制品	0.09
6	纺织服装服饰	0.14	16	屠宰及肉类加工品	0.09
7	汽车整车	0.14	17	畜牧产品	0.08
8	房地产	0.13	18	鞋	0.08
9	餐饮	0.12	19	蔬菜、水果、坚果和其他农副食品加工品	0.08
10	其他食品	0.12	20	教育	0.07

油价波动对 CPI 的影响愈加显著。沈中元、任泽平、蒋小琴等人曾用 1987—2007 年的投入产出表计算油价波动对 PPI、CPI 的影响。计算结果显示，油价波动对 CPI 的影响自 1987 年以来愈加显著，在 2007 年达到峰值后小幅减弱。而通过观察中国原油消费量占煤炭、原油、天然气三大能源消费量比重，我们发现自 1970 年以来其围绕 20% 上下波动，未见明显上升趋势。油价波动

对 CPI 的影响愈加显著，部分原因可能是耗油量较高部门在居民消费中占比有所提升（如家庭汽车购置数量上升导致耗油增加）（表 2-16，图 2-29）。

表 2-16　油价上涨 100% 对 PPI、CPI 影响的历史比较

单位：%

年份 物价指数	1987	1997	2002	2007	2012
PPI	—	—	4.56	12.14	11.50
CPI	1.6	2.2	3.03	5.40	4.75

注释：1987 年、1997 年数据引自沈中元计算结果，2002 年数据引自任泽平等人计算结果，2007 年数据引自蒋小琴等人计算结果。

图 2-29　中国原油消费量占煤炭、原油、天然气三大能源消费量比重

油价通过油气产品的传导

投入产出法不考虑传导阻滞和时滞问题，我们假设油价变动能通过成本

瞬间、完全地传导到物价水平上，因此测算出的是油价变动对物价水平的最大潜在影响。而在现实中，油价变化导致的成本变化对于价格的传导并非完全顺畅，其取决于以下因素：

第一，定价机制。相比行政化定价，在市场化定价下，生产者更加容易将成本上涨转嫁到下游。

第二，竞争格局（市场结构）。一般而言，相比完全竞争市场，寡头垄断市场中的生产者更加容易将成本上涨转嫁给下游。

第三，供需格局。一般而言，相比供过于求、产能过剩的买方市场，供不应求下的卖方市场中生产者更加容易将成本上涨转嫁给下游。通常可用产能利用率、库存水平、库销比等判断行业供需情况。

因此，用产业链分项法测算油价对物价的影响更为合理。

原油价格与CPI交通工具用燃料同步性增强、同步时滞缩短

原油价格约占汽油、柴油成本的70%，而汽油、柴油成本一般占运输成本70%左右。2009年5月—2013年3月，WTI原油价格同比与CPI交通工具用燃料同步、滞后一个月、滞后两个月相关系数分别为0.72、0.90、0.92，存在1~2个月传导时滞；自2013年3月以来，发改委修改了《石油价格管理办法》，将国内成品油调价周期由22个工作日缩短至10个工作日，并取消上下4%的幅度限制，CPI交通工具用燃料与成品油价格变动同步性增强、同步时滞显著缩短，2013年4月—2017年12月，两者同步、滞后1个月、滞后2个月相关系数分别为0.92、0.93、0.87，传导时滞缩短到1个月以内（表2-17）。

交通工具用燃料占CPI比重约为1.449%。使用2013年4月—2017年12月的数据，根据回归测算，WTI原油价格同比变动50%，将引起同期CPI交通工具用燃料变动15.50%，进而引起同期CPI变动0.225%（图2-30）。

第二章　通胀的韵律

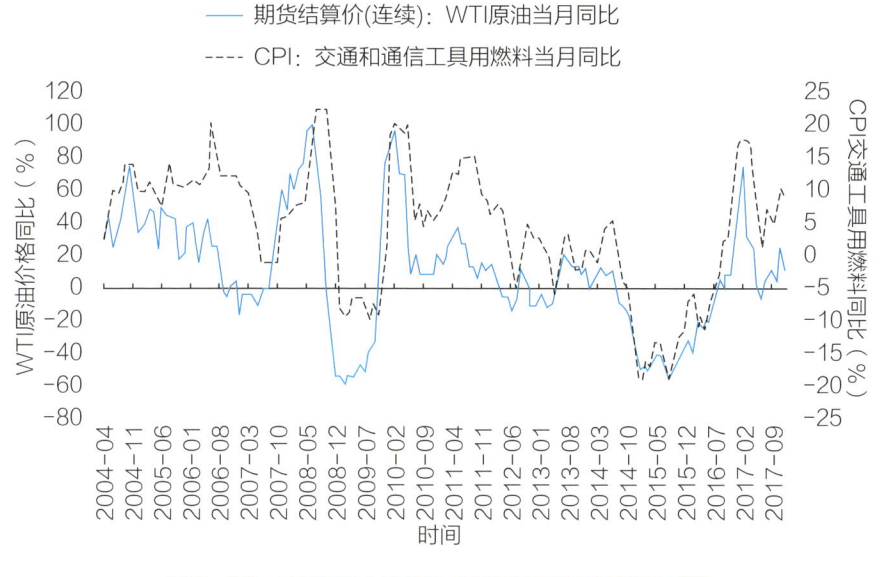

表2-17　WTI原油价格与CPI交通工具用燃料同比相关系数

相关系数 \ 时间	2009年5月—2013年3月	2013年4月—2017年12月
WTI原油价格同比与CPI交通工具用燃料（同步）	0.72	0.92
WTI原油价格同比与CPI交通工具用燃料（滞后1个月）	0.90	0.93
WTI原油价格同比与CPI交通工具用燃料（滞后2个月）	0.92	0.87

图2-30　WTI原油价格与CPI交通工具用燃料同比

原油价格对CPI水电燃料影响较为显著

CPI水电燃料分项包括水电费、液化石油气、管道燃气（即天然气）和煤气等其他燃料。其中，水电费受国家管制变动较为稳定。发电来源中约七成是煤电，根据现行煤电价格联动机制，煤电标杆上网电价依据上一年11月至当年10月电煤价格平均数和上一年度煤电企业供电标准煤耗测算，当调整水

123

平不足 2 元 / 兆瓦时将不作调整。这使得国内电价变动呈现出两个特点：一是变化频率低、相对稳定，二是煤价变化对电价传导较为迟缓。

在水电费较为稳定的情况下，CPI 水电燃料分项主要受油价和煤价影响。观察三者走势，油价对 CPI 水电燃料分项影响更为显著。利用 2013 年 4 月—2017 年 12 月数据，我们根据回归测算，WTI 原油价格每上升 50%，将影响 CPI 水电燃料分项 2.15%。估计水电燃料占 CPI 权重约为 6.6%，据此测算我们得到 WTI 原油价格每上升 50%，将通过水电燃料分项影响 CPI 同比 0.142%（图 2-31）。

图 2-31 WTI 原油价格、煤炭价格与 CPI 水电燃料同比

油价通过有机化工产品的传导

油价对塑料、橡胶、化纤价格影响较为显著

WTI 原油价格对于塑料、橡胶制品、化学纤维的传导较为顺畅，前者领

先后三者出厂价格变动约 1~9 个月。具体而言，原油价格对化学纤维的传导时滞最短，为 0~3 个月；其次是塑料制品，为 0~7 个月；传导时滞最长的为橡胶制品，为 0~9 个月（图 2-32）。

图 2-32　PPI 塑料、橡胶制品业与 WTI 价格同比（2014 年前）

传导路径有两条：一是通过影响生产成本进而影响塑料、橡胶、化学纤维出厂价格，二是在对未来价格预期下引发下游行业大规模补库存或者去库存需求（图 2-33、图 2-34）。

开工率较高、完全竞争环境下价格调整较为灵活，是塑料、橡胶、化纤行业价格对成本变动敏感的主要原因。以塑料行业为例，国内塑料行业虽多为民企，但企业库销比较低、产能过剩并不严重，2016 年底主要产品种类 PE 和 PP 的开工率维持在 80% 以上（图 2-35、图 2-36）。

💲 投资的宏观逻辑

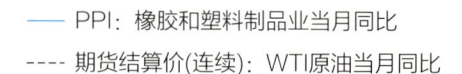

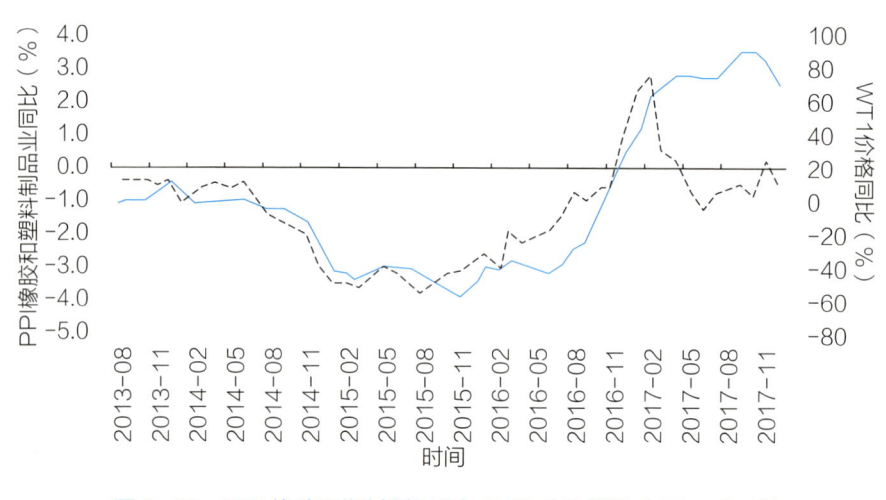

图 2-33　PPI 橡胶和塑料制品业与 WTI 价格同比（2014 年后）

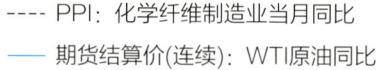

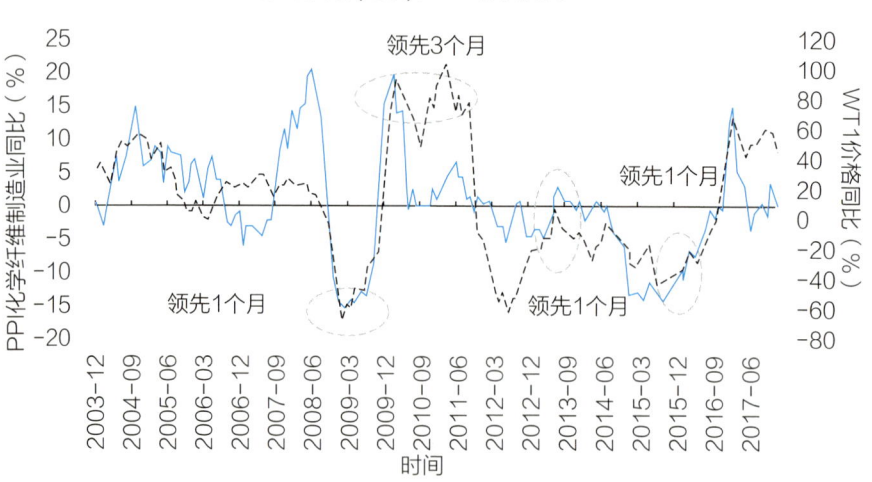

图 2-34　PPI 化学纤维制造业与 WTI 价格同比

第二章 通胀的韵律

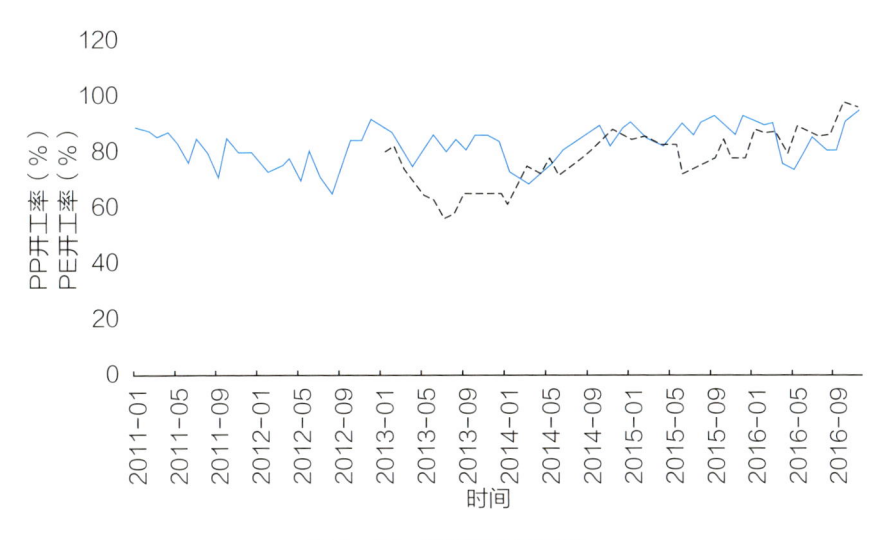

图 2-35 塑料行业开工率

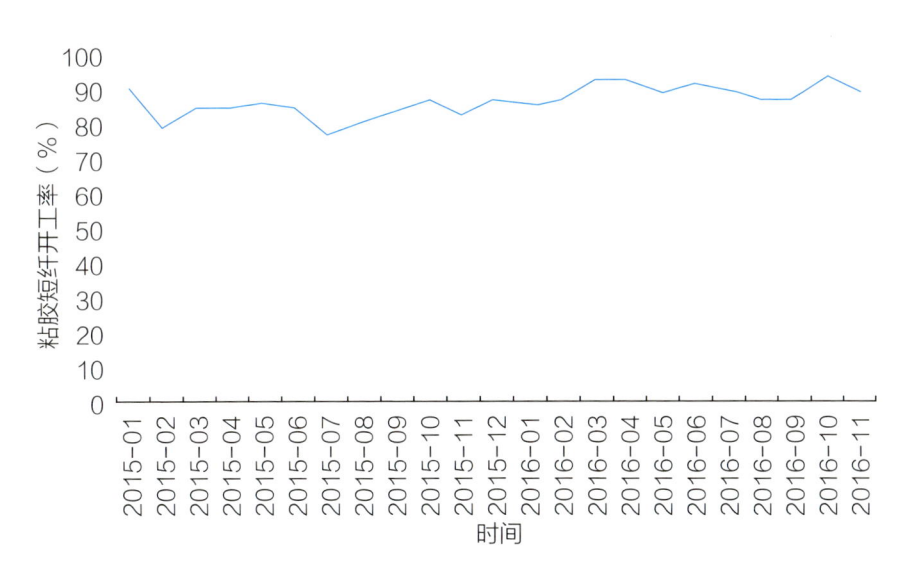

图 2-36 粘胶短纤开工率

塑料、橡胶价格变动对终端消费价格传导较为明显

塑料对于 CPI 的传导链条为:"PPI 塑料制品业出厂价→CPI 家用器具"。CPI 家用器具价格对 PPI 塑料制品业出厂价变动较为敏感,存在 1-6 个月传导时滞(图 2-37)。

图 2-37　PPI 塑料制品业与 CPI 生活用品及服务

橡胶对于 CPI 的传导链条为:"PPI 橡胶制品业出厂价→轮胎价格→PPI 汽车制造业出厂价→CPI 交通工具价格"。观察价格走势我们可以发现,橡胶制品业出厂价对轮胎价格影响较大,对 PPI 汽车制造业出厂价和 CPI 交通工具价格传导也较为顺畅。CPI 交通工具价格对 PPI 橡胶制品业出厂价变动较为敏感,存在 1~3 个月传导时滞(图 2-38、图 2-39)。

使用 2009 年 1 月—2017 年 12 月的数据,我们根据相关系数和回归测算,从传导时滞上看,WTI 原油价格对 CPI 家用器具分项存在约 6 个月传导时滞,对 CPI 交通工具分项存在 3~4 个月传导时滞;从对 CPI 最大影响看,WTI 原油价格同期同比变动 50%,对 CPI 家用器具分项最大影响为滞后第六个月,

数值为 0.70%，进而引起 CPI 变动 0.010%；WTI 原油价格同比变动 50%，对 CPI 交通工具分项最大影响为滞后第三至四个月，数值为 0.47%，进而引起 CPI 变动 0.014%（表 2-18）。

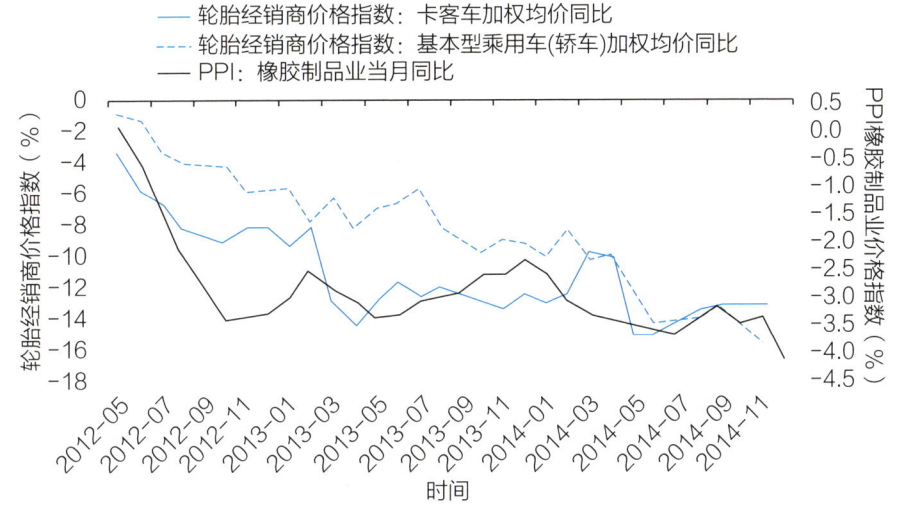

图 2-38 PPI 橡胶制品业与轮胎价格指数

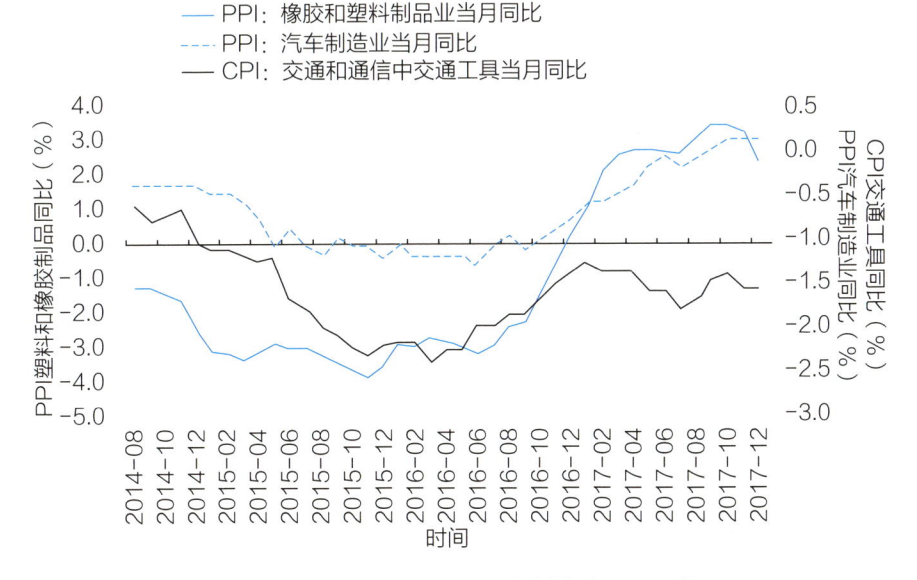

图 2-39 PPI 塑料橡胶与 PPI 汽车制造业、CPI 交通工具

表 2-18 WTI 原油价格变动对 CPI 交通工具、家用器具分项影响的回归测算

相关系数	时间	同期	滞后一个月	滞后两个月	滞后三个月	滞后四个月	滞后五个月	滞后六个月
CPI家用器具分项	相关系数	-0.13	-0.03	0.08	0.20	0.32	0.40	0.46
	回归系数	-0.0042	-0.0008	0.0025	0.0063	0.0098***	0.0124***	0.0139***
	Adjusted R Square	0.01	-0.01	0.00	0.03	0.10	0.16	0.21
CPI交通工具分项	相关系数	0.38	0.47	0.52	0.56	0.56	0.54	0.49
	回归系数	0.0064***	0.0078***	0.0087***	0.0093***	0.0093***	0.0088***	0.0079***
	Adjusted R Square	0.14	0.21	0.27	0.31	0.31	0.28	0.24

注：***、**、* 分别表示 WTI 原油价格对 CPI 分项的影响在 0.01、0.05、0.1 的置信区间显著。星号越多代表自变量对因变量影响越显著。
Adjusted R Square 表示总离差平方和中可以由回归平方和解释的比例。数值越大表示模型越精确。

化纤价格变动对终端消费价格的传导并不明显

化学纤维作为衣着类主要原材料，对 CPI 的传导链条为："PPI 化学纤维出厂价→ PPI 衣着类出厂价→ CPI 衣着类消费价"。观察三者走势我们可以发现，两个价格传导链条都不顺畅，无论是 PPI 衣着类出厂价与化学纤维出厂价还是 CPI 衣着类消费与 PPI 衣着类出厂价，相关性均不强（图 2-40）。

化纤占衣着类生产厂商成本比重较低，是化学纤维出厂价到衣着类出厂价相关性较弱的主要原因。国内外衣着纤维消费以棉花为主，棉纤维价格对衣着类生产厂商成本影响更大（图 2-41）。

衣着类出厂价到消费价相关性较弱，主因是其批发零售链条较长。衣着类商品出厂到终端消费之间还有多级批发、代理商零售等多个环节，出厂价到消费价之间需进行门店专柜租金、人力成本、品牌推广费用等加成。以太平鸟、美邦等 A 股纺织服装上市公司为例，其主营业务成本占营业收入比重

一般仅为45%~60%，管理费用与销售费用占营业收入比重高达45%左右。

图2-40 PPI化学纤维制造业、PPI衣着类出厂价与CPI衣着同比

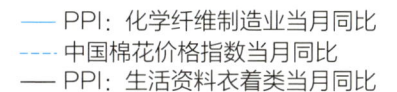

图2-41 PPI化学纤维制造业、棉花价格指数与PPI衣着

油价对粮食价格的传导

库存较高、原油价格对粮价传导显著走弱

如上文所述，原油价格变动通过成本冲击、生物能源传导至粮食价格。此外，原油和粮食作为大宗商品，都具有一定金融属性，流动性环境、美元指数等宏观环境均会对其造成共同冲击，两者价格变动呈一定联动性。

从国际粮食期货价格看，长期以来，CBOT 小麦、玉米结算价与 WTI 原油价格走势高度相关，这可能是由于国际大宗期货市场高度发达所致（图 2-42）。

图 2-42 WTI 原油价格与小麦、玉米结算价

从国内粮食现货价格看，2014 年后，WTI 原油价格和 CPI 粮食分项同比相关性显著走弱，2009 年 1 月—2013 年 12 月，CPI 粮食分项同比与 WTI 原油价格相关系数高达 0.46；2014 年 1 月—2017 年 12 月，该相关系数降至 -0.14。一方面，金融危机导致全球粮价暴跌，中国开始大量收储，使得粮

第二章 通胀的韵律

食库销比较高、粮价难涨；另一方面，由于最低收购价的托底作用，同时国家严格限制进口，中国小麦和水稻现货价格并非完全市场化，且与国际期货价格相关性较弱。但在 2015 年 11 月，国家下调玉米临储价格，国内玉米与进口玉米价格相关性有所增强（图 2-43~图 2-46）。

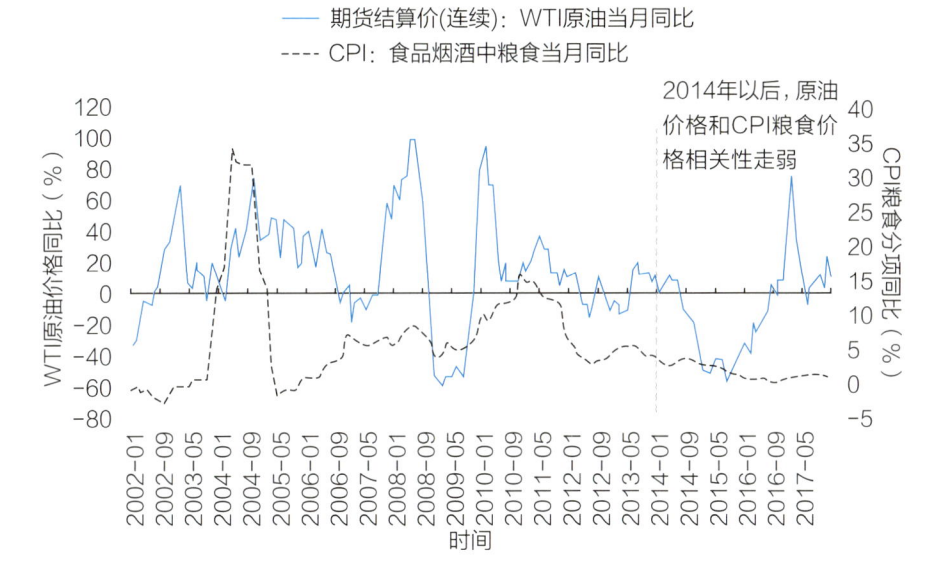

图 2-43 WTI 原油价格与 CPI 粮食分项同比

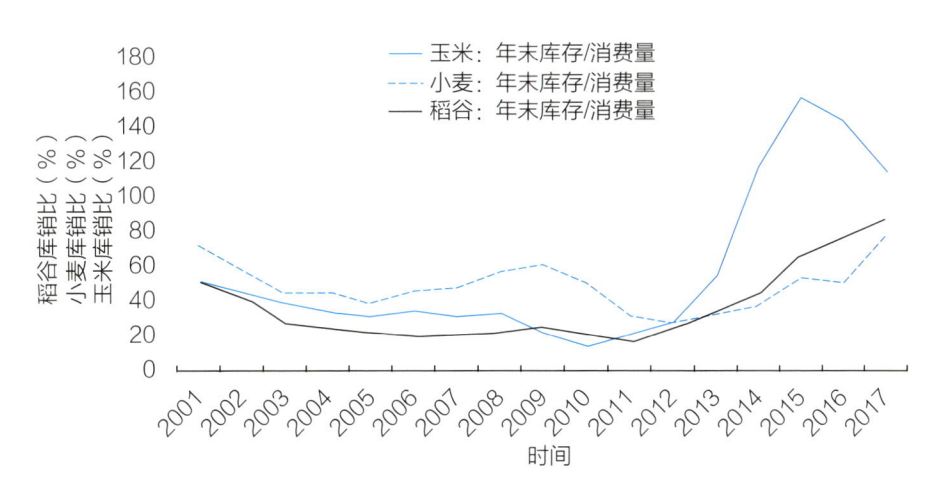

图 2-44 中国三大口粮库销比维持较高水平

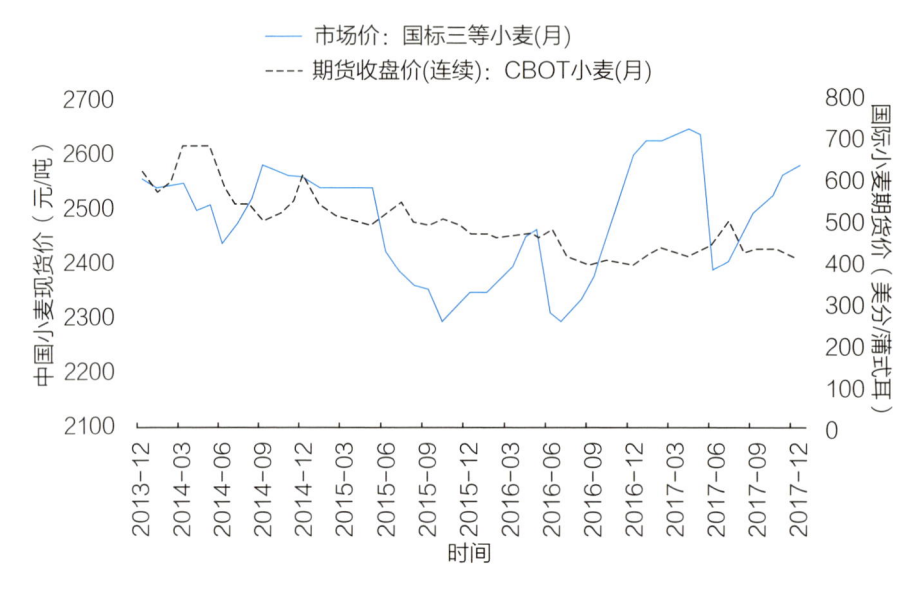

图 2-45 国际小麦期货价与国内现货价相关性较弱

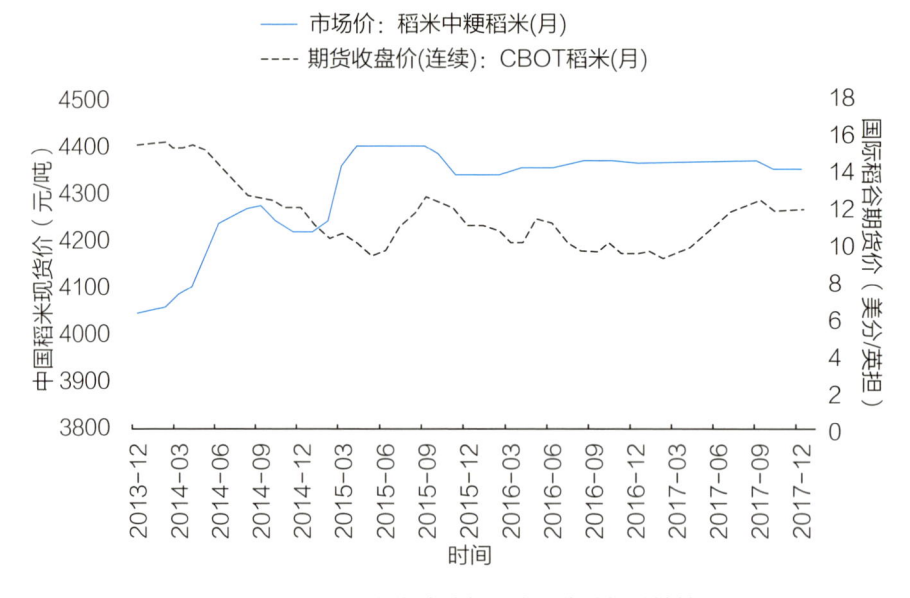

图 2-46 国际稻谷期货价与国内现货价相关性较弱

油价上涨 50% 将带动 CPI 上涨 0.40%

上文将 CPI 进行拆解、分项研究油价上涨对细分行业冲击，计算结果汇总见下表。原油价格上涨 50%，将通过影响 CPI 交通工具用燃料、水电燃料、交通工具、家用器具分项合计影响 CPI 上涨 0.39%（表 2-19）。

表 2-19 分项测算油价变动对 CPI 冲击

单位：%

CPI 分项	占 CPI 权重	油价上涨 50% 对该分项影响	油价上涨 50% 通过该分项对 CPI 影响
交通工具用燃料	1.45	15.50	0.225
水电燃料	6.60	2.15	0.142
家用器具	1.42	0.70	0.010
交通工具	2.90	0.47	0.014
合计	12.37	—	0.39

投资的宏观逻辑

第三节　大宗飞扬后受伤最重的行业

工业行业对大宗原材料消耗的静态分析

工业行业延续复苏态势，但原材料价格上涨让中下游承压

2021年，随着美国和欧元区的经济复苏对全球经济的拉动，在全球大规模货币宽松的刺激下，大宗商品工业品价格进入一轮上升周期。其中原油价格涨幅最为明显，布伦特原油突破70美元；螺纹钢、铜铝期货价格也于2021年4月先后创下10年来新高。截至2021年5月，CRB现货综合指数已经上涨约20%，需求端呈明显复苏态势（图2-47）。

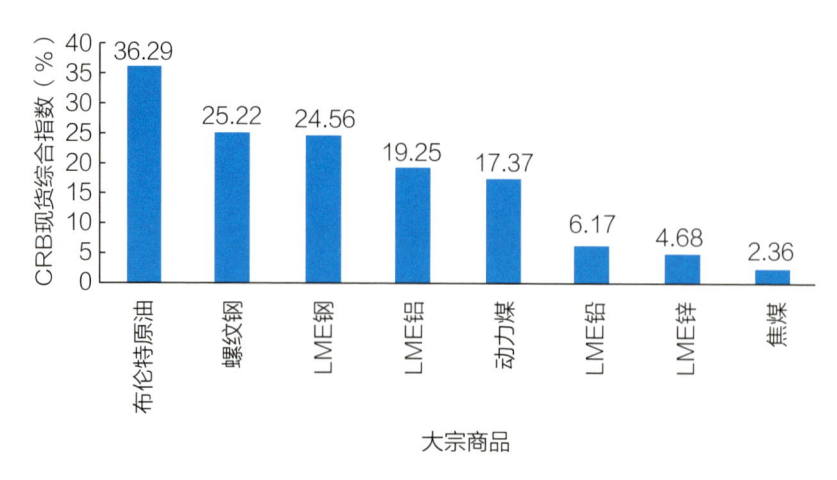

图2-47　主要大宗商品2021年来最大涨幅

第二章 通胀的韵律

我国大宗商品多品种对外依存度较高，因此工业行业也对大宗商品的价格波动较为敏感。根据国家统计局数据，2021年第一季度全国规模以上工业企业实现利润总额18253.8亿元，同比增长1.37倍。其中上游行业对工业行业整体的利润增速贡献较大，其中有色金属冶炼和压延加工业增长4.71倍，黑色金属冶炼和压延加工业增长3.88倍，化学原料和化学制品制造业增长3.43倍。在中下游行业方面，除了汽车制造业利润总额同比增长8.43倍高于整体，电气机械和器材制造业增长1.67倍，专用设备制造业增长1.46倍，计算机、通信和其他电子设备制造业增长1.41倍，通用设备制造业增长1.19倍，这些均低于上游行业的利润总额增长。在营业成本方面，汽车制造业、电气机械和器材制造业等大多数中下游行业则上升较快。综合近期大宗商品连续上涨的行情来看，工业企业总体虽延续增长恢复的态势，但中下游行业或正承受原材料价格不断上涨带来的压力（图2-48、图2-49）。

图2-48 规上工业行业2021年Q1利润总额同比增速前10名

投资的宏观逻辑

图 2-49 规上工业行业2021年Q1营业成本同比增速前10名

营业成本同比增速（%）排名：其他采矿业、废弃资源综合利用业、汽车制造业、电气机械和器材制造业、金属制品业、通用设备制造业、黑色金属冶炼和压延加工业、专用设备制造业、黑色金属矿采选业、仪器仪表制造业。

石油煤炭加工行业重度依赖上游，化工行业或受最大影响

为了进一步研究大宗商品原材料价格上涨对工业行业的影响，通过国家统计局发布的2018年全国投入产出表，我们计算出重点工业行业产品部门之间的完全消耗系数并以此来分析各部门之间的依存关系。具体地，我们将工业行业部门按照对工业品原材料的使用情况分上中游和下游讨论，上中游部门主要为石油开采、煤炭洗选、原矿采选及其对应的加工和合金产品部门，下游行业则选取了具有代表性的七个工业部门行业，包含化工、汽车、高新医疗器械、家电、计算机、通信及电子元器件。

"完全消耗系数"是指在某种产品生产过程中，对各种相关产品的直接消耗和间接消耗的总和。完全消耗系数表则展示了横向表头的部门在生产一单位的最终产品，需要完全消耗纵向表头中各部门所有的产品或者服务的数量。例如在"工业行业上、中游主要行业完全消耗系数表"中，精炼石油和核燃料加工品行业每生产价值10000元的产品，需要直接和间接消耗6630元的石油和天然气开采产品，这反映了石油加工行业对上游原材料消耗较大，依赖

程度较高。在我们分析的五个原材料加工行业中，对上游原材料消耗居第二名的是煤炭加工品行业，每生产价值 10000 元的煤炭加工品，需要完全消耗 4936 元的上游煤炭开采和洗选产品，其次分别是有色金属、铁和钢。其中钢对黑色金属矿采选产品与煤炭开采和洗选产品都有显著的消耗，这也印证了螺纹钢今年以来的价格涨幅与黑色系金属和煤炭原材料价格的攀升有着必然联系。主要大宗商品的涨幅情况，石油、煤炭、有色金属加工品行业因对上游原材料消耗程度大，所受影响也很大（表 2-20）。

表 2-20 工业行业上、中游主要行业完全消耗系数表

上游原材料 \ 原材料加工行业	精炼石油和核燃料加工品	煤炭加工品	钢	铁及铁合金产品	有色金属及其合金
石油和天然气开采产品	0.6630	0.0208	0.0273	0.0313	0.0615
煤炭开采和洗选产品	0.0203	0.4936	0.1201	0.0898	0.0682
黑色金属矿采选产品	0.0051	0.0067	0.2644	0.2937	0.0176
有色金属矿采选产品	0.0050	0.0068	0.0111	0.0497	0.3077

资料来源：国家统计局，华西证券研究所。

通过"工业行业下游主要行业完全消耗系数表"，我们则可以分析大宗商品原材料价格上涨对工业行业下游的传导作用、测算原材料价格涨幅对工业行业下游行业的影响。虽然石油作为"工业之心"，在工业行业中主要下游行业对其有着普遍较高的完全消耗系数，但其中对石油及其加工品消耗最大、依赖度最高的是以基础化学原料为代表的化工行业，石油价格的超大涨幅也必将为化工行业的下游行业带来较大压力。另外，化工行业对于煤炭的消耗系数也显著高于其他工业行业。对于钢和钢压延产品，消耗较大的为汽车整车、医疗仪器设备及器械和家用器具行业，结合今年以来螺纹钢价格涨幅仅次于石油，这三个工业行业下游行业预计也将受到压力。选取的主要工业行

💲 投资的宏观逻辑

业对于黑色金属、铁以及铁合金消耗较为平均，而对于今年涨幅同样较大的有色金属，家用器具、计算机、通信及电子元器件行业都有着显著较高的消耗系数（表2-21）。

表2-21　工业行业下游主要行业完全消耗系数表

原材料＼工业行业	基础化学原料	汽车整车	医疗仪器设备及器械	家用器具	计算机	通信设备	电子元器件
石油和天然气开采产品	0.1764	0.0315	0.0318	0.0408	0.0330	0.0321	0.0332
精炼石油和核燃料加工品	0.1638	0.0401	0.0404	0.0515	0.0421	0.0404	0.0416
煤炭开采和洗选产品	0.1249	0.0269	0.0289	0.0335	0.0269	0.0274	0.0305
煤炭加工品	0.0243	0.0083	0.0074	0.0088	0.0050	0.0050	0.0057
钢	0.0025	0.0088	0.0098	0.0088	0.0040	0.0038	0.0045
钢压延产品	0.0177	0.0737	0.0561	0.0628	0.0259	0.0249	0.0290
黑色金属矿采选产品	0.0061	0.0191	0.0166	0.0186	0.0083	0.0080	0.0094
铁及铁合金产品	0.0033	0.0105	0.0120	0.0137	0.0052	0.0051	0.0058
有色金属矿采选产品	0.0272	0.0276	0.0250	0.0386	0.0301	0.0296	0.0375
有色金属及其合金	0.0282	0.0957	0.0814	0.1298	0.1027	0.1014	0.1288

资料来源：国家统计局，华西证券研究所。

👆 工业行业利润受大宗涨价影响的历史分析

2010年至2021年4月，工业品价格集中在3个阶段出现上涨：从南华工业品指数看，第一轮涨价周期在2010—2011年；第二轮涨价周期在2016年，受到供给侧改革大宗品供给下降影响；第三轮涨价周期出现在2020年年末至2021年4月（图2-50）。

第二章 通胀的韵律

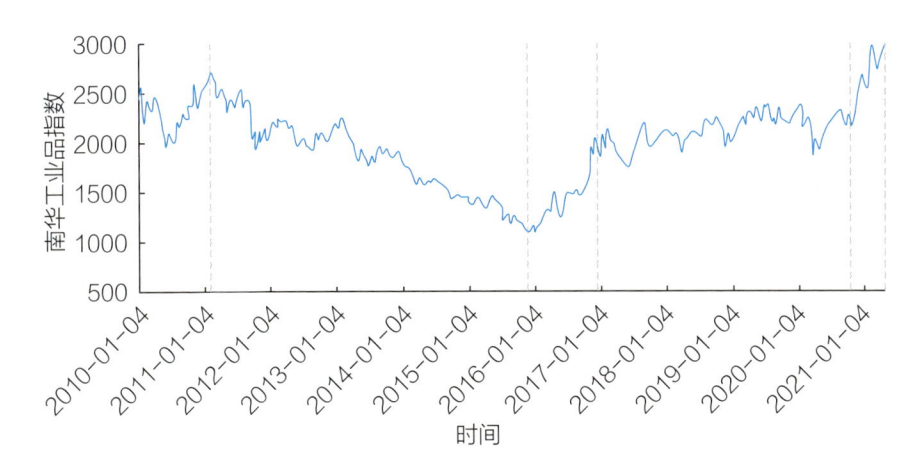

图 2-50 2010—2021 年 4 月的 3 轮工业品涨价周期

工业品价格的上涨源自大宗品价格的抬升。具体地，我们参考 WTI 原油价格指数、动力煤平仓价以及 LME 铜、LME 铝期货官方价等指数的既往价格。

首先，我们可以看出 WTI 原油价格从 2010 年 5 月到 2011 年 5 月处于平稳上升通道。之后，从 2016 年 2 月起自低点开始逐步回调（图 2-51）。

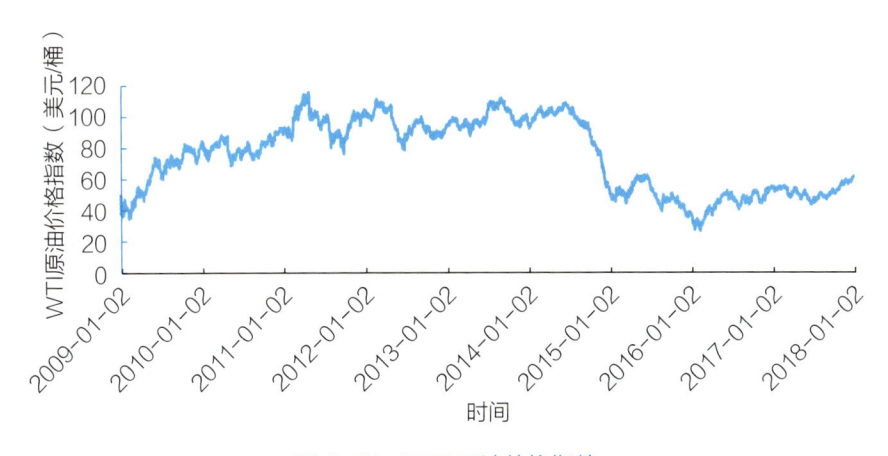

图 2-51 WTI 原油价格指数

动力煤价格具有类似趋势，2010 年年初开始震荡上升，直到 2011 年 10 月迎来拐点。2016 年下半年又重启了跨越式的价格上涨，逐渐稳步升高（图 2-52）。

图 2-52 动力煤 Q5500：秦皇岛平仓价

相比之下，有色金属整体的变化更为平稳。其中铝的价格波动较小，铜价则与原油和煤价的上涨周期较为一致，在 2009 年年底短暂下跌后，2010年 6 月开始快速显著上涨，这一趋势持续到 2011 年 8 月，再之后是长达五年的价格回调。2016 年 10 月开始，铜的价格再度上涨，进入缓步上升的阶段（图 2-53）。

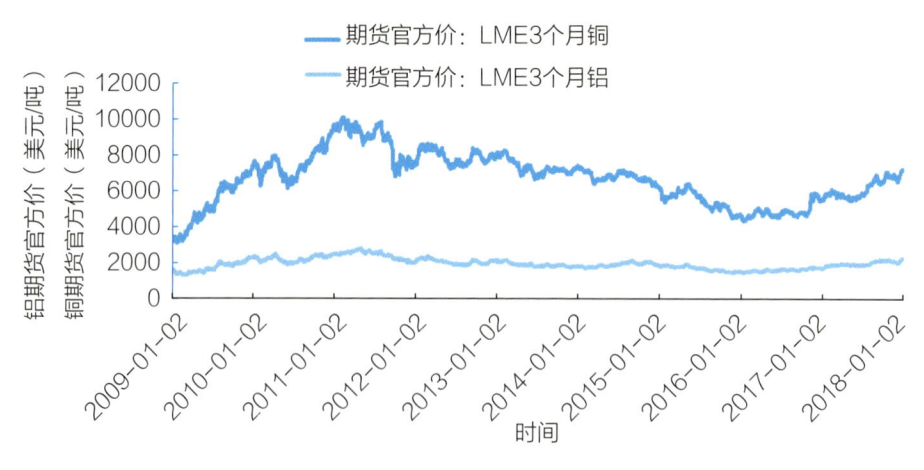

图 2-53 有色金属大宗商品期货官方价（铜、铝）

从整体来看，历史上大宗商品市场的价格上涨周期在 2010 年年中已经基本开始，并于 2011 年后半年结束。2016 年年初迎来第二次价格上升，并进入

第二章　通胀的韵律

一个长期缓步增长的区间。不同具体商品价格上涨的涨幅及起止时期虽有细微差异，但基本都处在这两轮周期中。

有了静态分析得出的工业行业对大宗品消耗系数和大宗品历史价格上涨周期为基础，我们接下来将从国家统计局每月公布的工业企业利润数据和上市公司盈利数据两个角度，对大宗品价格上涨对工业企业利润的影响幅度及滞后时间进行分析。

工业企业利润角度

从国家统计局口径的工业企业利润数据看大宗品涨价对企业利润的侵蚀情况，我们可以发现：在2010—2011年的大宗商品涨价行情中，上中下游主要行业在利润上对价格的反应都较为显著；但在2016年的上涨行情中，各主要行业虽在利润上有所波动，但所受影响并未十分显著，且回弹迅速。

自2010年5月起，石油加工、炼焦及核燃料加工业利润由长期的增长转入长达两年的持续下降中，直至2012年11月利润同比转升，利润总额累计同比降幅一度在2012年10月达到1561%。在2016年2月原油价格转入上涨通道的当月，石油加工、炼焦及核燃料加工业利润出现回落，累计同比跌至−185.7%。但自2016年4月开始，石油加工、炼焦及核燃料加工业利润转升，且在全年保持高增速。原油涨价对该行业利润的影响是短期回落，中长期利润增长。

对石油及其加工品依赖程度较高的化学原料及化学制品制造业利润整体受大宗商品涨价影响较小，且影响存在滞后。2010—2011年大宗商品的价格上涨对该行业利润的冲击在2012年才开始体现。

化学纤维制造业利润增速变化存在相似的趋势：该行业利润受2010—2011年大宗商品涨价的侵蚀在2012年体现。该行业利润自2016年2月结束

投资的宏观逻辑

了长期稳定的快速增长，出现利润下降，在同年 8 月利润才出现明显改善。相比之下，化学原料及化学制品制造业利润未明显受 2016 年的原油价格上涨影响（图 2-54）。

图 2-54 化学原料及化学制品制造业、化学纤维制造业利润增速

消耗钢和钢压延产品较多的汽车制造业利润增速从 2010 年 8 月起迅速下挫，并一直处于低增速状态直至 2012 年年底。此后 2016 年的大宗商品涨价并未明显影响汽车制造业的利润，其利润增长维持着较为稳定的水平。

同样具有较高钢和钢压延产品消耗程度的仪器仪表业的利润整体处于平稳上升的趋势，未明显受到两次大宗商品价格上涨的影响。其利润累计同比曾在 2012 年 2 月和 3 月有所下跌，降幅分别为 18.7% 和 3.5%，但持续时间短暂且跌幅较小，这反映出该行业对大宗品价格上涨的敏感度较低。与之类似的还有家具制造业，其在利润上基本没有体现出受到这两次大宗涨价的冲击（图 2-55）。

对有色金属消耗系数较高的计算机、通信和其他电子设备制造业的利润在 2011 年 3 月结束高速增长，累计同比降至 5.5%，并在 7 月出现同比回落。

这显示出该行业对有色金属的价格上涨反应较为迟滞。此外，该行业利润受 2016 年有色金属涨价周期的冲击同样存在约 1 年的滞后，自 2017 年年底出现持续半年的利润下降（图 2-56）。

图 2-55　汽车制造业与仪器仪表制造业利润增速

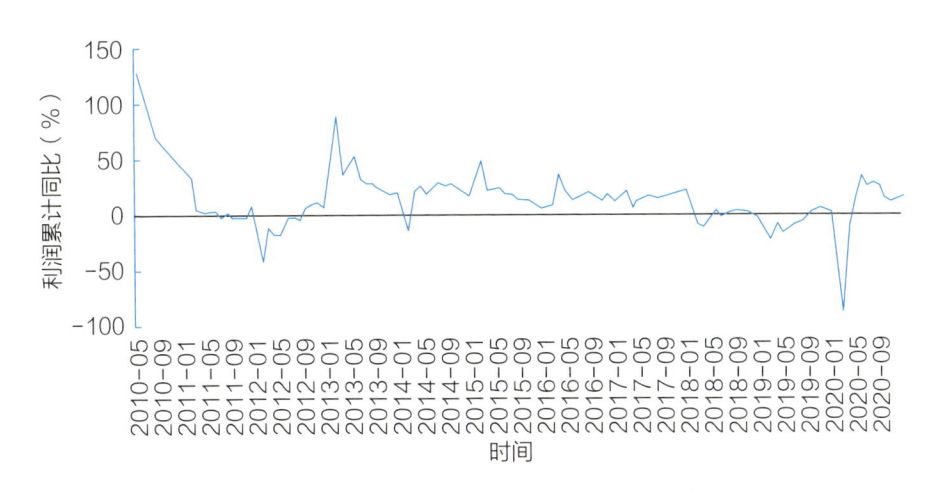

图 2-56　计算机、通信设备业利润累计同比

综上，石油加工、炼焦及核燃料加工业受上游原料涨价影响最为显著，

两次大宗涨价行情均迅速反映在其利润波动上。化学原料及化学制品制造业对价格变动作出反应的时间较为滞后，化学纤维制造业也具有类似特点，且由于 2016 年原油价格上涨造成了利润持续性下降。而汽车制造业利润仅在 2010 年对大宗商品价格上涨后产生了跌幅，对 2016 年的大宗涨价未受明显冲击。仪器仪表业与家具制造业在两次大宗涨价行情中均无利润上的显著反应；计算机、通信和其他电子设备制造业整体对有色金属的价格上涨反应较为迟滞，且利润波动较小。

上市公司利润角度

除了从国家统计局口径对工业企业利润进行考察外，我们对申万行业分类中的化工、电气设备、机械设备、家用电器和汽车五个行业的上市公司利润同比增长率和销售毛利率两个指标进行分析，考察这五个行业利润受到 2010—2011 年以及 2016 年两波大宗品涨价行情的影响。行业利润同比增长率和销售毛利率采用行业内上市公司区间内平均市值加权的方式计算获得。

从上市公司利润同比增长率看，在 2010 年除机械设备制造业外的四个行业利润增长率均较 2009 年有明显下滑，且五个行业利润普遍呈现低增速或负增速直至 2012 年，这说明 2010—2011 年的大宗品价格上涨对不同工业行业的企业利润冲击存在普遍性和显著性。分行业看：电气设备、汽车以及化工制造业利润增速在 2010 年和 2011 年持续下降，并在 2011 年出现利润负增长，这表明这三个行业利润受到大宗涨价的冲击具有持续性。机械设备制造业利润在 2010 年不降反升，但在 2011 年和 2012 年利润增速持续下降，且在 2012 年出现利润明显负增长，这说明机械设备制造业受大宗品价格波动的冲击存在明显滞后。家用电器制造业利润在 2010 年受到明显侵蚀，出现利润负增长，但自 2011 年该行业上市公司利润恢复正增长。

第二章 通胀的韵律

2016年五个行业上市公司利润均呈现同比正增长，且增速普遍存在改善。2017年除汽车制造业利润小幅下降外，其余四个行业利润继续保持增长，其中家用电器以及机械设备制造业利润出现明显上升。这说明2016年的大宗品涨价对上市公司利润增长率没有形成明显冲击（表2-22）。

表2-22 五个工业行业上市公司利润同比增长率

单位：%

年份 工业行业	2009	2010	2011	2012	2015	2016	2017
化工	175.58	69.15	-186.39	-3.59	-130.53	36.38	11.52
电气设备	897.21	29.11	-17.23	-115.94	42.65	19.35	11.70
机械设备	31.73	78.03	15.89	-142.38	-108.51	71.66	133.84
家用电器	96.49	-425.85	7.58	55.72	-33.68	41.71	457.33
汽车	473.70	56.87	-8.72	-6.43	32.34	219.98	-2.21

资料来源：WIND，华西证券研究所。

从上市公司销售毛利率看，2010—2012年五个工业行业上市公司销售毛利率普遍处于下行通道，2010—2011年大宗涨价对上市公司销售毛利率影响明显且具有持续性。分行业看，化工与电气设备制造业销售毛利率在2010—2012年持续下降，大宗价格对这两个行业毛利率的影响具有持续性；汽车和机械设备制造业销售毛利率在2010年有所上升，随后在2011年和2012年连续下滑，这说明大宗价格对这两个行业的影响存在一定时滞；与利润增长率的情况类似，家用电器制造业毛利率在2010年受到的冲击最为明显，但在2012年成为五个行业中唯一毛利率回升的行业，这说明大宗涨价对该行业利润的影响较为短暂。

2016年除机械设备制造业销售毛利率出现明显下降外，其他四个工业行业销售毛利率呈现持平或上升趋势。与利润增长率的结论类似，2016年的大宗品涨价对工业上市公司销售毛利率没有造成明显侵蚀（图2-57）。

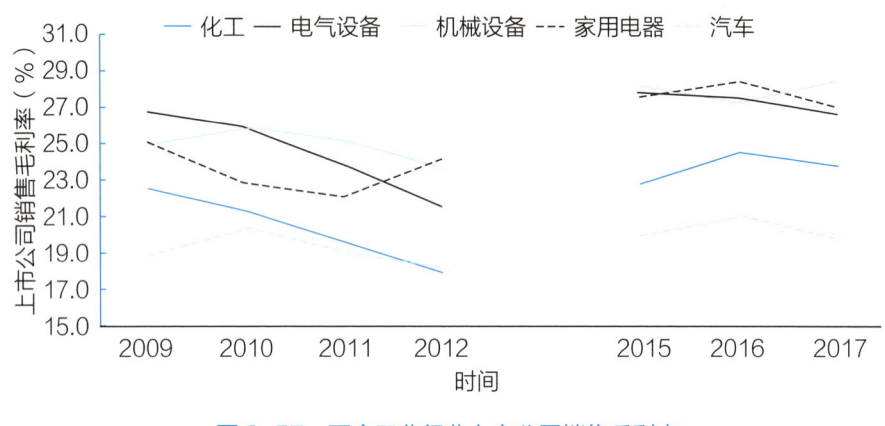

图2-57　五个工业行业上市公司销售毛利率

2020年年末—2021年上半年大宗涨价对工业利润的影响较为明显

通过前文的分析，参照历史，2020年年末至2021年上半年大宗品价格上涨对工业行业利润影响较大。

分行业看：

家用电器制造业利润受冲击在短期内较快显现，但持续时间短暂；化工、汽车、电气设备制造业利润受冲击较为持续和显著；机械设备制造业利润受影响有所滞后，且比较显著；仪器仪表制造业与计算机通信设备制造业受影响较弱。

第三章
神秘的货币流动性面纱

第一节 美联储政策的逻辑与启示

美联储前主席、2022年诺贝尔经济学奖获得者伯南克的新著《21世纪货币政策》是继其《通货膨胀目标制：国际经验》和《行动的勇气：金融危机及其余波回忆录》之后的第三本经典著作。

该著作的研究主题是"第二次世界大战后，现代美联储在履行其主要职责、追求其宏观经济目标过程中，政策工具、政策框架和沟通方式的变化"。这可谓是一部1951—2021年美联储政策实践和评估史[1]。不再受制于金本位制及1951年《财政部－美联储协议》的达成[2]，这两项条件使美联储可以自由运用货币政策追求经济目标，现代货币政策历程得以开启。

美联储政策工具、框架及沟通方式的变化主要受三大经济发展因素共同作用，当然，政治因素和社会环境也会对政策产生影响。如图3-1所示，我们看到三大经济因素包括：通胀行为的持续变化，特别是通胀与就业的关系；自然利率的长期下行趋势；系统性金融不稳定风险的增加。

著作的内容分为两个部分：1951—2021年现代美联储政策实践历程；

---

[1] 在研究时间的跨度上，这本书正好与另一部经典货币经济学著作相衔接，即《美国货币史（1867—1960）》（米尔顿·弗里德曼，安娜·J.施瓦茨）。
[2] 该协议允许美联储逐步取消固定利率（低利率），不再仅仅服务于财政债务融资需求，可以根据稳定经济（包括控制通胀）的需要自由调整利率。

⑤ 投资的宏观逻辑

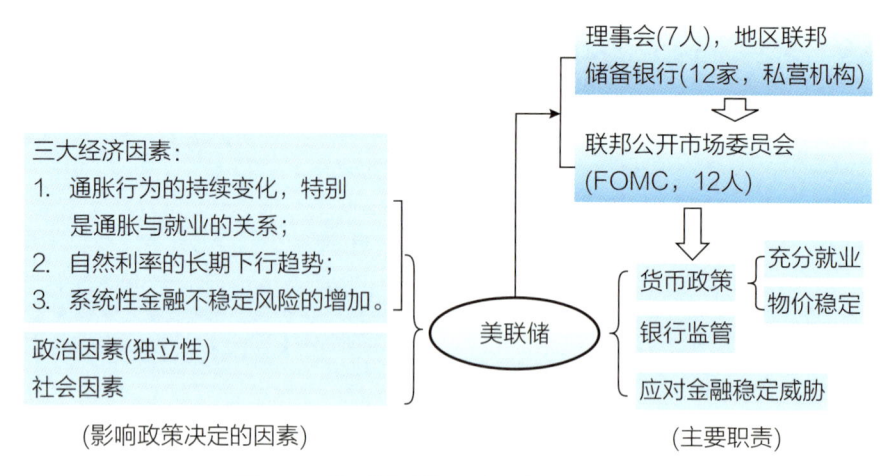

图 3-1 美联储政策影响因素及主要职责

2008 年大危机后货币政策创新工具和新框架评估及未来展望。

1951—2021 年，7 位主席依次执掌美联储，他们的管理风格各异。从通胀的角度看，在这段时期美国经历了温和通胀、大通胀、通胀大缓和三个阶段。各位主席政策操作要点、遭遇的政治压力和解决主要经济问题的策略被概括在下面的表 3-1 中。

经济基本面研究的核心主题

菲利普斯曲线：演变、偏离与平坦化

1951—2021 年，美国通胀①与失业率关系明显脱离传统菲利普斯曲线②的

---

① 美国的通胀衡量方法有两种：第一，消费者价格指数（CPI），假设主要商品和服务的支出份额是固定的（权重只会周期性调整）；第二，个人消费支出价格指数（PCE），由美国经济分析局作为其 GDP 计算的一部分编制的，该指数能更好地考虑消费者购买商品和服务组合的持续变化。历史地看，两个指数走势密切相关，但 PCE 比 CPI 低零点几个百分点。
② 传统菲利普斯曲线显示通胀和失业率存在反向关系，高通胀伴随着低失业率。

第三章 神秘的货币流动性面纱

表3-1 1951—2022年美联储历任主席及政策特征

美联储主席	执政时间（年）	政策操作评估	通胀问题
威廉·麦克切斯尼·马丁	1951—1970	创造了现代央行运作的范本，20世纪50年代的货币政策针对经济周期进行逆势操作并在必要时对通胀先发制人。 名言："当聚会渐入佳境时收走大酒杯"。 20世纪60年代后期，受政治压力影响，收紧政策经常前后矛盾，有所延误。	1952—1965年通胀温和。 1966—1981年通胀高企且剧烈震荡。高通胀原因： 1）凯恩斯经济思想主导下，财政持续扩张（减税、增支）； 2）政治因素：总统连任诉求和社会目标诺对货币政策产生干扰，美联储独立性受影响； 3）油价持续大幅上涨； 4）通胀预期形成并自我实现，通胀高波动，不可预测
阿瑟·伯恩斯	1970—1978	受到显著政治压力影响，同时不相信通胀主要是由货币因素引起，抗击通胀采用"断时续"模式：通胀飙升时收紧政策，但在失业率开始上升时又立即放松，导致政策无效，通胀和通胀预期逐步上升，美联储信誉受损。	
G.威廉·米勒	1978—1979	不是货币专家，为过渡性人物。	
保罗·沃尔克	1979—1987	1979年10月—1982年10月强力收紧货币政策来抗击通胀：通过调整银行准备金、控制货币供应量（数量目标为主），带来短期利率快速飙升。 美联储政策独立性增强。 成功抗击通胀，重建了美联储信誉，提升了货币政策可信度，为随后数十年经济"大稳健"发展打下了基础。 强紧缩政策的副作用：失业率显著上升；美元大幅升值，引爆"拉美国际债务危机"；冲击储贷行业。	通胀（CPI）从1980年的13%左右下降至1983年的4%左右，随后稳定下来

153

续表

美联储主席	执政时间（年）	政策操作评估	通胀问题
艾伦·格林斯潘	1987—2006	在格林斯潘任期内，美联储政策独立性和声誉达到新高度。介入财政事务。选择"含糊其词和模棱两可"的相机抉择策略和"先发制人"的通胀治理方式。具有超越指标经济数据的洞察力（如：经济结构特征、生产力变化）。在任期内，"股市互联网泡沫"和"房地产市场泡沫"出现，泡沫破灭对经济产生重大影响。原因：在金融风险控制方面存在盲点，对市场力量约束金融机构和市场从事冒险行为的能力过于自信。	1989—1990年，通胀短暂有所回升。1992—2020年，美国通胀（CPI）最大值3.8%，最小值-0.4%，均值2.2%，可谓"温和、稳定通胀时代"。
本·伯南克	2006—2014	应对2008年金融大危机及随后的经济衰退，降息至0%，推出非常规货币政策（量化宽松：QE）。2012年完善政策框架——引入"通胀目标"，增强前瞻性指引，提高货币政策透明度。2010年成立金融稳定办公室，加强金融监管。	
珍妮特·耶伦	2014—2018	典型"鸽派"人物，安排QE退出，慢节奏，小步伐加息。	
杰罗姆·鲍威尔	2018年至今	2018年，加息缩表；2019年保险性降息，并再次扩表；2020年应对新冠疫情冲击，降息至0%，开展大规模量化宽松（QE）；为应对通胀快速上升，2022年快节奏、大幅度加息，并快速缩表。遭遇特朗普频繁批评，施压主货币政策。2020年8月改革货币政策框架，采用"灵活的平均通胀目标"，更加积极主动来确保充分就业。	2021—2022年，新冠疫情冲击后，通胀显著回升

资料来源：《21世纪货币政策》（伯南克），WIND资讯，华西证券研究所。

第三章　神秘的货币流动性面纱

情况发生过两次：20 世纪 70 年代的"大滞胀"时期（高通胀伴随高失业率）和 90 年代的"新经济"时期。

经历了 20 世纪 70 年代大通胀，经济学家对传统菲利普斯曲线进行修正，形成"现代菲利普斯曲线"——主要是区分了需求侧冲击引起的通胀和供给侧冲击引起的通胀，其引入核心通胀指标，重视通胀预期的影响。其内涵包括：

当需求增长超越相应的供给增长速度时，经济扩张最终将导致更高的通胀，包括工资和物价。（传统菲利普斯曲线）

供给侧的冲击是滞胀型的，在一段时间内会提高通胀、降低产出和就业。

在保持失业率和供给冲击的影响不变的情况下，家庭和企业对通胀预期的增加会导致实际通胀按照相同比例上升。更高的通胀反过来又会证明更高水平的通胀预期是合理的，这样两者形成恶性循环。

在 20 世纪 90 年代（1993—1999 年）的"新经济"时期，美国迎来了"通胀温和且有所回落，失业率持续下降"良好局面。时任美联储主席的格林斯潘对此的解释是：当时正处于技术变革加速的时代，生产力持续提高，这一方面带来经济稳健增长并降低失业率，另一方面有助于抵消工资增长对商品和服务成本的影响，有助于控制通胀。正是基于上述敏锐的洞见，格林斯潘主政的美联储没有采取"先发制人"策略去抑制经济扩张。所以，经济供给侧的正向力量（新技术变革与扩散）和政策制定者（格林斯潘）对经济特征的准确把握共同造就了新经济时代[①]通胀–失业率组合对传统菲利普斯曲线的偏离。

在大危机之后的经济复苏中，2012—2019 年"失业率持续下降，通胀相

[①] 格林斯潘盛赞新经济时代，认为美国 GDP 的"重量"远低于过去：过往老式的、以制造业为基础的经济生产的是沉甸甸的物质产品，而基于互联网的经济生产很轻或是完全没有重量的无形产品。

投资的宏观逻辑

对疲弱"的情况出现了，即通胀对失业率的变化不敏感，菲利普斯曲线变得平坦化。经济学家提供了一些解释，包括：第一，在全球化背景下竞争加剧，企业较难提高产品价格；第二，消费者有更多的支出花费在不受市场力量影响的商品和服务上，如医疗保健，它们的价格往往由政府决定；第三，弹性工作种类增多，人们更自由进出劳动力市场，劳动力供给更有弹性，工资变化较过去小（图3-2）。

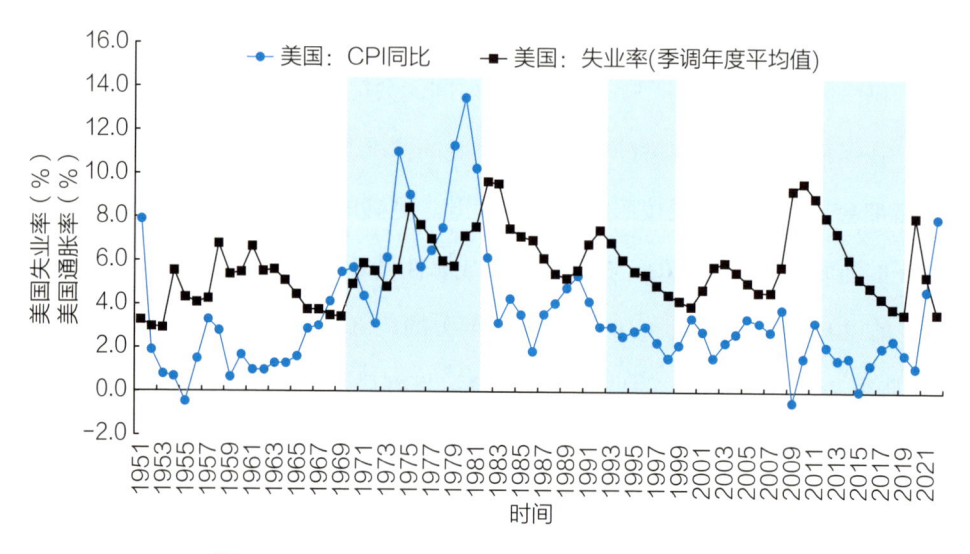

图3-2　1951—2021年美国通胀（CPI）与失业率

中性利率的趋势性下行

中性利率，即自然名义利率 R^*（自然实际利率为 r^*），指在充分就业和合宜、稳定通胀情况下，内生的短期利率[1]。中性利率 R^* 与合宜通胀[2] P^*（亦称为通胀

---

[1] 由经济基本特征决定，而非政策设定利率。
[2] 需要注意的是，没有所谓"自然通胀"，从长期来看，通胀其实是货币政策（和财政政策）制定者行动的反应。

目标，当前设为2%[①]）正相关（+），与自然失业率 u^* 负相关（-），所以：

$$R^*=f(P^*_+, u^*_-)$$

中性利率 R^* 也可以描述为：在通胀稳定情况下，经济增长在其潜在增速水平（y^*）所内生的短期利率。显然，中性利率 R^* 与经济潜在增速 y^* 正相关（+）。所以：

$$R^*=f(P^*_+, y^*_-)$$

中性利率 R^* 是货币政策的指路牌，其可以用于判定美联储的政策是在刺激经济还是在抑制经济。因为根据泰勒法则，美联储的政策利率 R，其设定法则为[②]：

$$R=R^*+\alpha(P-P^*)-\beta(u-u^*)$$

其中，P 和 u 为统计公布的通胀水平和失业率。

在通胀 P 高于目标 P^*，就业较为充分时 $u \leqslant u^*$，显然我们应该提高 R，将其设定在高于 R^* 的水平上抑制经济，给通胀降温。反之，在通胀 P 低于目标 P^*，就业不充分时 $u \geqslant u^*$，显然我们应该调降 R，将其设定在低于 R^* 的水平上刺激经济，促进就业。

对合宜通胀 P^* 和自然失业率 u^* 的科学分析和测算，以及在此基础上对中性利率 R^* 的趋势性分析和阶段性预测是较为重要的，这是避免政策误操作的关键。基于国际和美国通胀经验，美联储将合宜通胀 P^* 设定为2%，自然失业率 u^* 的分析和选择则较为复杂。自然失业率主要由货币政策控制之外的

[①] 美联储选择2%的通胀目标旨在能够平衡其双重任务：该数值低到足以确保物价稳定，但又能高到提供降息的空间以追求充分就业目标。
[②] 根据奥肯定律，失业率 u 与经济增速 y 显著相关，所以泰勒法则亦可表述为：$R=R^*+\alpha(P-P^*)+\beta(y-y^*)$，$y^*$ 为经济潜在增速。

投资的宏观逻辑

因素决定[1]，这些因素包括[2]：人口结构、劳动力技能、企业的需求和战略（如，对自动化的依赖度），以及劳动力市场中雇主与雇员的匹配效率。

自21世纪80年代中期以来，美国中性利率 R^* 呈现趋势性下降特征[3]（图3-3）。原因在于：

第一，沃尔克成功制服"大通胀"以及格林斯潘高技巧、艺术性地很好地管理了通胀，带来通胀预期持续稳定，通胀保持温和水平（导致 P^* 处于温和低水平）。

第二，美国潜在GDP增速的趋势部分在不断降低，这主要是人口结构变化（人口老龄化带来劳动力增长放缓和全要素生产率不断下降）、重大科技变革步伐放缓，以及经济"轻量化"对实物资本需要的减弱造成的。

上述两方面共同导致对新的生产资料需求疲弱和整体经济增长的疲软，这又进而抑制资金需求，降低中性利率（y^* 的持续下降牵引着 R^* 回落）。

第三，伯南克提出"全球储蓄过剩"导致储蓄（投资）回报率下降。储蓄的增加来源于中国和其他快速增长的东亚国家的高储蓄倾向，以及诸如沙特等高收入产油国的储蓄，而储蓄的消耗主要是新资本投资需求（私人部门）和政府赤字（公共部门）。自21世纪以来，储蓄的增长显然快于投资的扩张需求（资金供求关系）。

---

[1] 尽管货币政策在短期内确实会影响失业率。
[2] 由此我们可以看出，自然失业率的估计难度较大，精确度不高，为了辅助决策，美联储前主席耶伦强调一系列替代性劳动力市场指标，如劳动力参与率、愿意从事全职工作的兼职人员人数，以及自愿辞职率（工人对自己找到新工作的能力的信心指标）。
[3] 伯南克在著作中以10年美国国债收益率来描述中性利率，其逻辑在于：短期利率可以被认为是衡量当前货币政策立场的指标，而长期利率——未来短期利率的预期平均水平的反映，其可以被视为中性利率 R^* 的代表。这里延伸出收益率曲线倒挂（短期利率高于长期利率）的讨论，这意味着短期利率高于中性利率，这要么代表当前货币政策是紧缩性的，要么预示着未来经济将放缓，甚至衰退，远期有降息的可能。

图 3-3　美国国债收益率：10 年

货币政策研究的核心主题

政策框架：从"稀缺准备金体系"到"充足准备金体系"

2008 年，为了应对大危机和经济衰退，美联储将政策利率降至 0~0.25%，其接近"有效下限"[①]，这是为了提供进一步的有效政策支持，推行"量化宽松政策"。这带来美联储货币政策操作框架从"稀缺准备金体系"到"充足准备金体系"的转变。

在稀缺准备金体系下，美联储通过在公开操作市场上买卖国债来调节银行系统的准备金供应，进而引导、控制联邦基金利率，使其在政策目标利率附近运行。这就是 2008 年之前美联储货币政策操作的基本模式。

---

① 有效下限：指政策临界值，突破此下限，政策将丧失效果，或者适得其反。

💲 投资的宏观逻辑

在充足准备金体系下，由于美联储购买了大量证券，银行体系相应囤积了充裕、超额准备金。如果要宽松加码，美联储无非就进一步增加证券购买量。然而，如果要紧缩政策，提高联邦基金利率，其操作将与传统方法不同，主要通过隔夜逆回购（ON RRP）[①]操作及利率设定和超额储备金利率（IOER）调整引导基准利率达到目标区间，将隔夜逆回购利率设置在基准利率的下限水平上，将超额储备金利率设置在基准利率上限水平上。当然，紧缩政策自然包含"缩表"。

充足准备金体系带来的变化和产生的影响：不需要持续监测和调整准备金供应以保证政策利率在其目标水平；量化宽松（QE）成为"常备"政策工具；银行体系保持较高准备金水平，在恐慌期间银行不易受到短期资金损失的影响；美联储的资产负债表将永远保持比过去大得多的规模。

充足准备金体系带来的新挑战：美联储扩表容易，缩表难；缩表时期，资产负债表的理想水平只能通过试错来确定[②]。美联储在推行量化宽松扩表中，其已成为国债、MBS市场主要参与者，宽松时间较长，市场结构就会被重塑，反向缩表将给市场结构带来冲击，引发较强波动。另外，扩表主要是购买国债，在货币宽松中，往往伴随着财政扩张，货币为财政融资提供支持，由于受财政赤字持续存在、政府债务"只增不减"约束，这将对缩表产生阻力，影响其缩表节奏和规模。

量化宽松和前瞻性指引的机理和效果

受中性利率 R^* 趋势性下行影响，短期利率 R 向下调整空间收窄，这很容

[①] 又称"反向回购协议"，通过设定回购利率，以美联储所持证券作为抵押品，向证券交易商和其他非银行类金融机构借款（针对非银金融机构）。
[②] 2019年9月美国货币市场动荡显示美联储前期缩表已经过度了，这就是一次试错的反映。

第三章　神秘的货币流动性面纱

易触及政策利率有效下限。在大危机应对及后续经济刺激中，为了提供新的政策空间，美联储实践了两种新工具：第一，大规模量化宽松（QE），旨在降低长期利率；第二，越来越明确的前瞻指引，旨在引导市场塑造对未来货币政策的预期来影响金融状况。

对于量化宽松，由于美联储主要购买的是美国国债，在财政赤字扩大的过程中，要实现政策效果，美联储往往需要购买大量国债；同时，量宽的最直接受益者是相应资产的发行主体，所以其对财政赤字融资的支持力度最大，可视为"迂回的财政赤字货币化"。

我们提供了一个理解量化宽松与财政债务关系的经典视角：合并美国财政部和美联储的资产负债表，将二者视为一个"大政府部门"，那么量化宽松就相当于将长期政府债务（政府债券）转换为短期政府债务（付息的银行准备金）。从这个角度看，量化宽松对资产价格的影响类似于财政部决定缩短其发行债券的平均期限。显然，财政部从中将获得融资成本下降的好处（图3-4）。

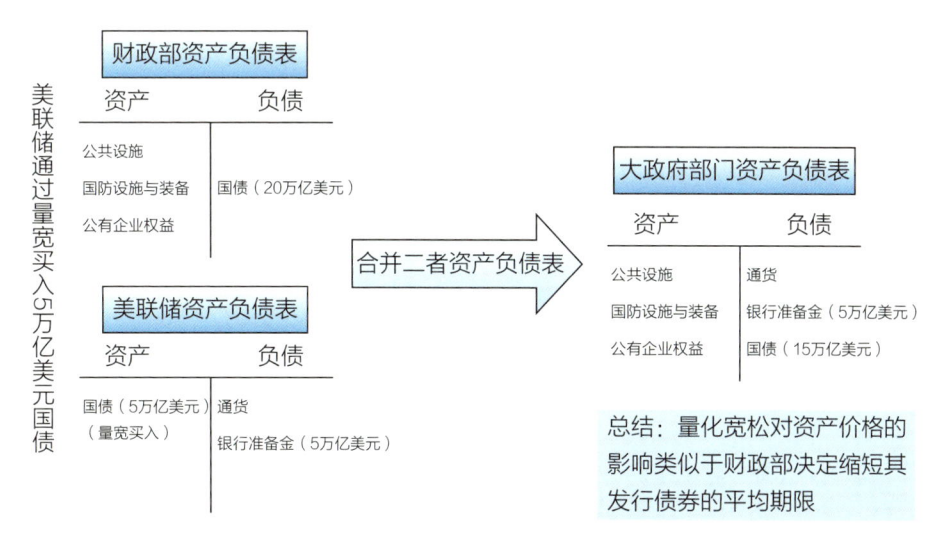

图3-4　从合并财政部和美联储资产负债表视角研究"量化宽松"

投资的宏观逻辑

对量化宽松的效果评估的争议比较大。因为其目标是压低长期利率，进而刺激经济需求[1]，但长期利率和股票等资产价格一样，会对货币政策以外的许多因素做出反应，包括财政政策、全球经济状况和情绪变化。另外，量宽压低长期利率的程度，取决于：央行已经累积购买的资产规模；当前的购买速度；市场对央行未来购买行为和持有资产时间长度的预期。

我们综合了对既有大危机后三轮量宽效果的研究，认为该段时期的量宽带来10年美债收益率下降超过1个百分点，相当于联邦基金利率下调3~4个百分点。因为相关研究得出一条经验法则：10年美债收益率下降1个百分点，其刺激作用相当于联邦基金利率下降3个百分点。从历史经验看，长短端利率存在"三分之一法则"：在一个降息（加息）周期中，长端利率下行（上行）幅度大约是短端利率下行（上行）幅度的三分之一（表3-2）。

可供参考的货币政策新工具

中性利率 R^* 的趋势性下降并维持在低位水平，政策空间受限，通过借鉴其他发达经济体近些年的政策创新和最新政策研究成果，我们对可储备的政策工具及政策框架优化进行了归纳和评估（表3-3）。

---

[1] 长期利率下降，将通过如下渠道刺激经济：第一，带动房贷利率下降，较低的房贷利率将刺激住房需求，或增加现有房主收入（再融资减少月供），带动消费支出；第二，带动公司债利率下降，降低融资成本，刺激投资需求；第三，提高房屋和股票等资产价格，通过财富效应刺激消费；第四，带动美元贬值，促进出口。

第三章 神秘的货币流动性面纱

表 3-2 量化宽松和前瞻性指引的基本要点

货币政策工具	定义	政策传导渠道与作用机制	效果评估	政策收益、成本与风险
量化宽松（QE）	央行大规模购买长期证券，旨在降低长期利率，缓解金融状况，并最终实现充分就业和价格稳定等宏观经济目标。	投资组合渠道：央行购买长期证券就会减少相应证券对公众的供应，从而推高价格，压低收益率。其中，美国国债是普遍投资者偏好的资产。 信号传导渠道：大规模量化宽松计划的宣布会强烈暗示决策者在长期内保持货币宽松以及维持短期利率低位运行。即量化宽松的官方宣布可能是一种有效的前瞻性指引形式，会强化政策制定者保持低利率的承诺。	大危机后三轮量宽带来10年美债收益率下降超过1个百分点，相当于联邦基金利率下调3~4个百分点。	收益：量化宽松辅之以承诺较长时间采取更低利率政策的前瞻性指引，可以提供相当于额外约3个百分点的政策空间（联邦基金利率降低3%） 成本与风险： 1）量化宽松和前瞻性指引会鼓励投资者承担过度的风险，购买风险较高的资产； 2）超宽松政策会降低普通储户的利息收入，而通过推升股票、房产等资产价格让富人受益，加剧贫富分化（建议提高资本利得税）
前瞻性指引	政策制定者就他们对经济的判断和政策路线方向与市场进行沟通。沟通方式包括：政策会议纪要、经济预测摘要及定期出版物、政策制定者的演讲和证词。 分为：时间依赖性指引和状态依赖性指引。	基本逻辑：金融状况不仅取决于当前的短期政策利率，还取决于市场对未来利率预期。 货币政策是98%的空谈和2%的行动。 "更低且更久"策略：通过说服市场参与者相信决策者将短期政策利率维持在比预期时间更长的低水平，从而对长期利率施加下行压力。	前瞻指引效果依赖央行的信誉，特别央行行长的个人声誉和沟通技巧。两个提升央行可信度的因素：更广泛的政策框架和央行在短期政治压力下的独立性。	

资料来源：《21世纪货币政策》（伯南克）、华西证券研究所。

表 3-3　货币政策新工具的特征与效果

货币政策新工具	核心内容	特征及评估
购买更广泛金融资产的量化宽松	央行购买包括公司债、商业票据、担保证券、甚至包括私人公司的股票和房地产投资信托的股票（日本央行）。	效果：购买会压低目标证券的收益率，并鼓励相关行业的借贷和支出活动；降低相关领域违约风险；产生溢出效应。 阻力：法律限制、国会压力
融资换贷款计划	央行以最优惠的低利率，甚至是负利率给银行提供再贷款，但这类再贷款规模取决于银行对非金融企业和家庭的信贷增量。 目的：帮助那些无法进入股票或债券市场、严重依赖银行信贷的家庭或小企业借款人。	特征：结构性、精准化、直达性。 效果：降低了银行融资成本，增加了对私营部门的贷款，并改善了其他货币政策行为对经济的传导
负利率	央行对其账户上的银行存款准备金不支付利息，反而收取费用，鼓励银行放贷或投向其他资产。	效果：陷入低通胀陷阱的经济体，负利率可能是有用的，因为衡量投资回报或借贷成本并非名义（或市场）利率，而是实际利率（名义利率减去通胀）。 风险：要警惕负利率下的"反转利率"风险，低于该利率的负利率对银行资本和银行贷款的不利影响可能会导致经济净收缩
收益率曲线控制	当前日本央行的做法。 通过固定短期政策利率和锁定长期债券收益率的范围来控制多种期限的政府债券利率。 是一种与标准方法相反的量化宽松：政策制定者先为债券收益率设定一个目标，但让市场来决定为了达到此目标而必须购买的债券数量。	潜在优势：1）可以让政策制定者更精确地衡量其所希望提供的刺激力度；2）如果市场参与者相信央行的决心和能力，那么债券收益率可能会在目标水平上稳定下来，这样央行反而不必购买大量证券。（可以作为一种前瞻性指引） 由于美国国债体量过于庞大，美联储很难去控制长端利率，但可以通过控制 2~3 年的国债收益率（中期），进而去加强引导远期利率

资料来源：《21世纪货币政策》（伯南克）、华西证券研究所。

货币政策－财政政策协调

无论是量化宽松和前瞻性指引，还是上面提到的各种货币政策新工具，他们都是在政策利率有效下限约束下，对货币政策自身潜力的探索和挖掘。

第三章　神秘的货币流动性面纱

如果在这些工具逐步都被投入使用中，经济遭遇冲击陷入深度衰退，政策该如何应对？

相关研究指出，考虑到低利率盛行时代货币政策的局限性，财政政策应该成为对抗经济衰退的主要工具，而货币政策最多只能起到辅助作用。

与货币政策相比，财政政策在稳定经济上的优点和弊端归纳如下[①]：

优点：第一，在中性利率较低时，财政政策的有效性并不会降低；低利率会降低政府债务融资成本，反而利于进行扩张性财政政策；第二，财政政策能更精确地锁定需要帮助的群体或行业。

弊端：政府支出和税收政策不容易改变。一是这些政策是在复杂的政治环境中被制定的，是博弈和妥协的结果，要改变就易于引发争议，很难达成一致，除非在特殊时期；二是财政收支是在联邦预算下落实的，项目众多，是反映了不同目标、长期承诺和精心制订的折中方案，一旦落实，短期内缺乏调整灵活性。相反，货币政策则可以根据经济前景变化迅速且适当地做出调整。

鉴于财政政策和货币政策上述优缺点，在实践中，两大宏观经济政策的协调配合就尤其重要。我们对"直升机撒钱"[②]和现代货币理论[③]（MMT）做了评论，认为在货币政策空间受限情况下，财政政策充分发挥作用就相当重要，但是也要把握好度，过度强调财政政策主导地位、误解"财政赤字不重要"导致财政政策超限度扩张，将会给经济带来风险。

---

① 货币政策和财政政策之间的分界线并不是固定的，实际上这取决于政治、规范和制度安排。如果情况需要，立法机关也可以改变两者界限。
② 直升机撒钱：本质就是货币为财政融资，财政赤字货币化。
③ 现代货币理论：主张财政主导地位制度化，消除央行独立性，将利率保持在一个固定低水平上；财政政策目标之一就是确保经济稳定，包括价格稳定。

货币政策和金融稳定

我们换个角度来看金融稳定，即金融不稳定有哪些表现？金融不稳定往往跟局部金融市场剧烈动荡有关，而动荡有时会由局部向整体蔓延带来系统性的风险上升；金融动荡过度将产生危机，危机跨市场传染将生成全面危机。从全球金融发展历史看，金融动荡和金融危机往往与"泡沫[①]"相关，其间交织着极度乐观和过度恐惧等情绪因素，在泡沫的迅速聚集和破灭崩溃中，非理性的心理因素甚至是主导力量。

什么样的金融动荡或者资产价格崩盘需要决策者重点关注和警惕？关键看会不会引发广泛的信贷市场崩溃。比如，股市崩盘如果是一个孤立事件，那么其导致经济收缩概率比较小。但是，如果股市崩盘后，伴随而来的是银行和信贷市场广泛压力的增加，那么将会对经济产生实质性冲击。房地产市场崩盘为什么会带来严重的经济后果，原因在于住房财富是普通大众的重要资产，房屋净值变化对总消费支出的影响远远大于股票价值变化的影响，更为重要的是住房市场与银行信贷市场紧密相连，房地产市场崩盘将直接引发信贷市场恐慌，导致信贷收缩，经济衰退。

货币政策与资产价格泡沫的关系。宽松的货币政策会提升贷款人、借款人和投资者的风险偏好，这就是货币政策的风险承担渠道。长时间持续的货币宽松环境易于滋长资产泡沫。我们可以看到，货币政策的风险承担渠道是把双刃剑，既有提升风险偏好、扩张信贷，刺激经济恢复的一面，也有促使

[①] 一个标准的"泡沫"定义是：在泡沫中，人们购买资产完全基于他们相信其价格将继续上涨，而不是因为其有利的基本面。

信贷过度膨胀、催生资产泡沫的一面。"金融加速器[①]"机制在其中发挥了重要作用：宽松的货币政策在初步改善经济和提高资产价值后，借贷双方的资产负债表相应改善，这又会进一步鼓励更多的信贷扩张。

货币政策能用于处理资产泡沫吗？货币政策肩负着实现"充分就业"和"通胀稳定"的职责，在处理资产泡沫方面存在一些短板。我们认为：

第一，美联储没有信心可靠地识别出泡沫，在任何情况下，美联储都不应试图成为股票或其他资产"正确"价格水平的仲裁者。

第二，当前对货币政策与稳定风险之间联系的理解过于有限，无法有效地形成指导政策。从历史上看，试图用货币政策刺破泡沫往往会导致崩盘，而非温和地下降。

第三，货币政策是一种钝器：利率的变化会影响整个经济，而不能以一组狭窄的市场或几个过热的行业为目标。

最后，我们认为：在大多数情况下，监管和宏观审慎政策是应对金融稳定风险的最有效、最容易理解和最具针对性的工具。

对认识当前宏观经济与政策的启示

不一样的经济冲击和不一样的组合宽松政策

从 2020 年至今，美国经济的变化路径可以概括为：经济从新冠疫情[②]冲

[①] "金融加速器"理论是伯南克的经典理论：该理论指出在商业周期中，家庭、企业和银行资产负债表强度的变化较为关键，在经济上升中，它们的财务状况改善，这将会鼓励更多的贷款、借款和投资。这就是典型的"依据资产负债表状况的信用顺周期加速机制"。

[②] 2022 年 12 月 16 日，国家卫健委发布公告：将新型冠状病毒肺炎更名为新型冠状病毒感染。——编者注

击下的阶段性停摆和间歇性停摆向疫后正常状态回归。

新冠疫情及封控策略对经济的冲击与历史上曾经发生的战争、金融危机等对经济的冲击不同，其突出特征在于导致经济阶段性直接停摆，瞬间深度衰退，但是生产要素基本是完整保存的。疫情之下的经济总体呈现"疫情冲击时经济迅速冷冻，疫情后经济快速修复"的情况。

为了应对疫情对金融市场和实体经济的冲击，美联储和美国财政部进行了一轮组合大宽松政策：美联储降息至0%，推行了超大规模量化宽松，美联储资产负债表从疫情前4万亿美元扩大至9万亿美元（2022年年初），净增加5万亿美元；美国财政部在一年时间内推出了5万亿美元的财政援助，为家庭、企业、州和地方政府提供资金支持（图3-5）。

与大危机时期的美联储和美国财政部通过组合宽松政策救助金融机构不同，新冠疫情期间的组合大宽松政策"直达实体经济"，其中美国家庭部门累积了超过2万亿美元的超额储蓄，组合政策导致美国M2增速快速大幅上行（图3-6）。

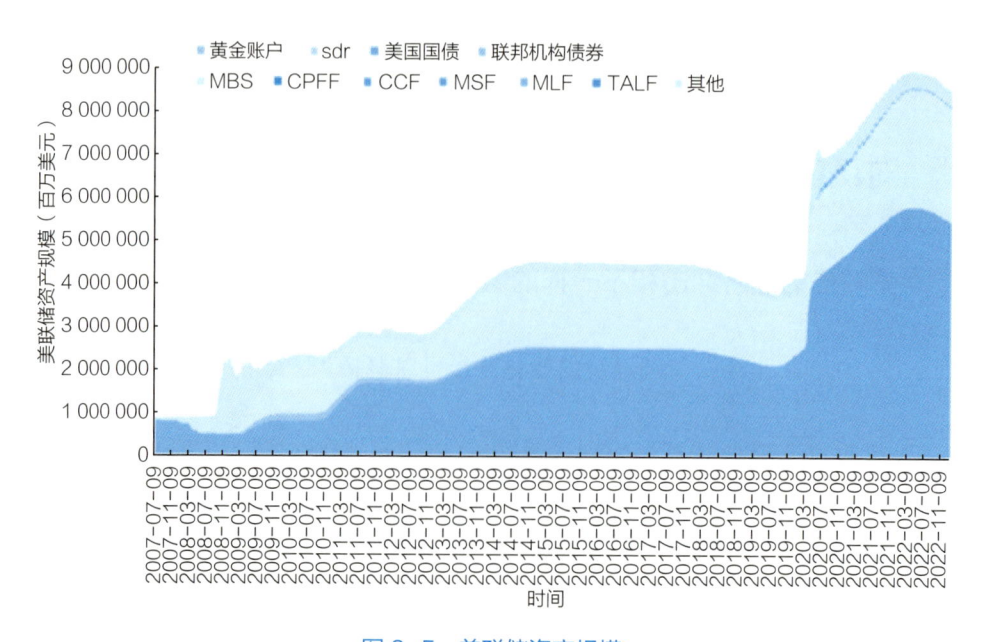

图3-5 美联储资产规模

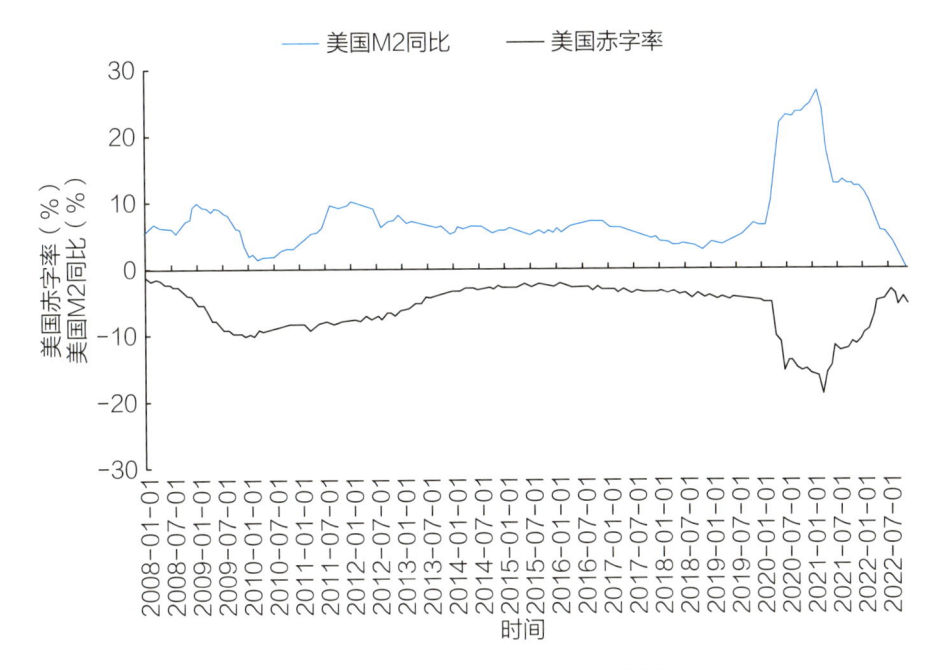

图 3-6 美国财政赤字率和 M2 增速

通胀的快速上行和治理

美国本轮通胀超预期上行（2021年第二季度—2022年第三季度），从直观上看，这是货币增速快速上升向物价的有效传导所致，其本质上是疫情期间超大规模货币–财政刺激政策在经济重启后的价格反映。当然，通胀回升也有一些其他因素：全球及美国内部疫情不平衡放开导致的供应链"瓶颈"问题；俄乌冲突导致油价上涨；美联储初始对通胀形势误判导致政策收紧延迟，没能及时遏制通胀预期的形成和扩散。

自 2022 年第四季度以来美国通胀开始回落，但到 2023 年年中回落总体节奏较慢。

从菲利普斯曲线的角度看，通过对上文梳理，我们可以知道，在历史上其形态总是处于动态变化中。2021 年第二季度—2022 年第三季度美国通胀和失业率的组合似乎又回到了传统菲利普斯曲线的状态，通胀快速上行、失业率显著回落。预计 2024 年以后，美国菲利普斯曲线会向疫情前的平坦化状态回归，初始是通胀进一步回落、失业率有所回升，后面是通胀对失业率变化呈现不敏感状态（图 3-7）。

图 3-7 美国 M2 增速和通胀（核心 PCE）水平

未来美联储货币政策展望

短期，美联储将继续加息，直至总需求扩张有所放缓，劳动力市场紧张局面有所缓解，终点利率可能在 5.5%。

中期，2024 下半年美联储有可能进入"降息"阶段。其逻辑如下：

第一，中性利率 R^* 仍处于低位，在通胀及通胀预期回落、回归目标水平下，政策利率 R 需要适应性向中性利率 R^* 靠拢。从美联储对美国 GDP 潜在增速的展望看，预估值在 2% 附近，自然失业率的水平约 4%，预计中性利率

R^* 在 2.5% 附近。

第二，美债利率倒挂，特别 10 年期和 3 个月期长短端国债利率倒挂对经济和政策的指示意义较强，当前二者倒挂幅度处于 1982 年以来的极值水平，这预示着经济放缓概率较大（不一定衰退），降息将是必要的。

第二节　信用供给与增长、通胀和杠杆率

思考的起点

考察和研究经济发展史，回顾和反思经济思想史，对于商品经济，或者说市场经济，财富积累和经济增长与货币形态和信用形式是永恒的研究主题。各自的内涵与演变逻辑，以及相互之间的关系，受时代背景、逻辑起点和研究方法的不同，形成了诸多的派别，也正是在这些不同派别的争论、批判和综合之下，经济研究大厦的构造建设、修复完善得以推进。

关于经济增长与货币及信用的关系，两者是相伴而共存，如同一枚硬币的两面。对于经济增长我们更多强调其要素结构和制度模式，对于货币及信用则强调其媒介作用和融通性。

现代货币体系是银行信用货币体系，其接近一种"公私合营"的制度安排，基本架构是"央行+商业银行体系"。银行作为经营性企业，根据市场化原则配置信贷资源，央行（政府设立）负责从公共利益出发提供支持与约束。

在现代信用货币体系下，特别是2008年大危机以后，货币和信用体系的稳定性引起了人们极大的关注。一方面，由于次贷危机及紧随而来的金融大危机本身就是货币和信用体系扭曲和不稳定的灾难性后果；另一方面，危机爆发后，大规模的财政与货币政策扩张和超常规货币政策工具运用也使得大

家较为担心其后遗症。基于此，我们对货币信用的供求关系进行了深度研究。

信用供求的形式与结构：逻辑推演

基本事实：第一，经济增长与货币及信用关系：经济增长是在一定货币及信用条件下实现的，二者共生共存；第二，货币及信用规模相较于经济体量的程度，可以用"信用倍数"来描述和衡量。即：

$$Dr = \frac{M}{Y} \qquad (1)$$

其中，M 为存量信用规模，对应于现有的"存量社融规模"，Y 为名义GDP 规模，Dr 为信用倍数。从投入–产出角度看，Y（GDP）可近似视为经济活动的毛利润，M 可视为获取产出回报（GDP）所动用各类资源的信用形式（总和）。

M/Y（Dr）为单位产出回报所需的信用，Y/M（$1/Dr$）为信用回报率，自然地，经济信用倍数越高，信用回报率越低。前者（Dr）被用于衡量经济金融风险，后者（$1/Dr$）被用于衡量经济金融效率。

对于信用倍数 Dr：在一个股权融资占比较小，债权融资占比居于绝对主导地位的经济体中，信用倍数近似于经济杠杆率（债务倍数）。从目前主要经济体的融资结构看，除了美国股权融资占比较高外，其他经济体股权融资占比均较低，所以，对于大部分经济体，特别目前阶段的中国，Dr 基本就是经济杠杆率。

为了动态研究融资（信用）增速与经济增速和债务压力（杠杆水平变化）之间的相互关系，对式（1）进行转化：

$$Dr = \frac{M}{Y} \rightarrow M = Y \cdot Dr \rightarrow \ln M = \ln Y + \ln Dr \qquad (2)$$

对式（2）微分：

$$\frac{\Delta M}{M} = \frac{\Delta Y}{Y} + \frac{\Delta Dr}{Dr} \tag{3}$$

令：$m = \frac{\Delta M}{M}, y = \frac{\Delta Y}{Y}, dr = \frac{\Delta Dr}{Dr}$，则：

$$m = y + dr \tag{4}$$

其中，m 为存量信用扩张速度，即社融增速；y 为名义 GDP 增速；dr 为杠杆率变化。

对于名义 GDP 增速 y：可表述为：名义 GDP 增速（y）= 实际 GDP 增速（y^*）+ 价格变化（p），即：$y = y^* + p$。

对于经济杠杆率变化 dr：其受两个因素决定，刚性存量债务规模（D）和融资成本（R）。

何为刚性存量债务？有两种举债类型存在于经济体中，一类是债务到期后通过自有资金对债务进行清偿，另一类是债务到期，债务人需要通过借新还旧，持续滚动。前一类债务到期偿还会导致杠杆率下降，后一类债务的滚动会导致杠杆率保持既有水平，或者上升。

刚性存量债务是指在后一类债务中，到期利息亦无法通过自有资金偿还，需要举借新债偿付。这部分债务往往由政府信用和特殊主体信用作背书，较少违约，其或者说考虑其违约风险较大而难于违约，其呈现一定刚性，需要融资体系持续提供信用支持。其债务存量一般呈现持续增长态势。

典型的如政府债券、城投平台债券和贷款。刚性存量债务是经济杠杆率易升难降的主导因素，亦是影响"财政－货币"关系的主要因素，要求信用体系对其作"偿还"支持和补充。

融资成本（R）是与刚性存量债务相对应的加权利率水平，其受宏观利率影响。

所以，经济杠杆率变化（dr）为刚性存量债务规模（D）和融资成本（R）的函数：dr=u（D，R）。经济杠杆率变化与债务偿还（特别地，债务利息偿付）相关。

综上分析，可得：

$$m=y+dr \rightarrow m=y^*+p+dr \quad (5)$$

结合具体经济指标，将（5）式描述为：

$$\underbrace{存量社融增速（m）}_{信用供给} = \underbrace{名义GDP增速（y）+债务偿还系数（利息偿付）（dr）}_{信用需求}$$

（经济杠杆系数）

= 实际GDP增速（y^*）+价格变化（p）+dr［刚性存量债务规模（D）·融资成本（利率）（R）］

即： $m=y^*+p+dr$

其中，dr=u（D，R）。

信用供求方程式的经济学解释

第一，$m=y^*+p+dr$，这本质上就是一个信用供求方程式。

等式左边为信用供给，为各类融资渠道提供的信用支持，一方面受央行政策的调节影响，另一方面受各类金融机构（银行为主体）基于经济预期的信用投放意愿影响，可表述为：$m=v（m_b）$，m_b为基础货币，函数结构形式代表经济体的金融结构和制度安排。

等式右边为信用需求，主要为两部分需求：经济增长和债务偿还各自对货币信用的需求。在实际经济活动中，信用需求主体有居民、企业和政府三类，各类主体筹借信用的最终用途有两个：投入经济增长活动（消费、投资）

和债务偿还中，前者与经济增长相关，后者与债务风险相关。

与增长相关的货币信用，在支持、维护和融通实物与服务生产、交易活动的同时，也诱发价格的变化，主要体现其交易融通属性。与债务偿还相关的货币信用，用于维护债权–债务关系的稳定，避免债务违约，主要体现其财富代表属性。

第二，该式为自然等价式，供给程度自然决定了需求获取和满足程度。但是，自然等价并不意味着平衡和稳定。

实际 GDP 增速（y^*）受经济要素、技术和制度决定（即潜在 GDP 增速），货币信用的显著扩张或收缩，会对短期经济增速形成拉动或抑制，使经济增速高于或低于潜在增速，同时带动价格（p）上升（通胀）或下降（通缩）。

债务偿还系数（经济杠杆系数）对货币信用增长设定约束条件，如果条件不能被满足，将引发债务风险，导致信用加速收缩，加剧风险并对经济增长构成威胁。

第三，该式可用于测算评估"什么样的货币信用（社融）增速是适宜的"。

即从等式右边诸变量的数值范围去预判等式左边的信用增速的水平。这要求对经济实际增速、物价水平变化和债务偿还压力有较为精确的量化预估，在此基础上，我们基于对信用增速的预判，跟实际水平比较，来判断流动性环境的松紧程度。这也是该式的实用价值所在。

与传统货币数量方程式的对比：拓展与丰富

从 $Dr=M/Y$ 到信用供求方程式 $m=y^*+p+dr$ 的分析，涉及货币信用与实际经济增长、物价和债务偿还之间的关系。传统经典的货币交易方程式：$MV=PQ$（M：货币，V：货币流通速度，P：商品价格，Q：商品数量），这揭示了货币与商品交易规模、价格和货币流通速度之间的关系。对比二者，可以发现：

相同之处：货币交易方程式揭示了交易性货币需求规模的决定因素。在货币流通速度相对稳定的情况下，货币需求主要受商品交易数量和商品价格影响。信用供求方程式 $m=y^*+p+dr$ 中，y^*+p 同样代表了实际经济规模（商品和服务）和价格对货币需求的影响，在上文分析中我们已指出这部分需求主要满足交易。这是二者共同之处。

不同之处：

第一，货币交易方程式能够显示货币流通速度，即货币使用效率，而信用供求方程式不能体现。

第二，信用供求方程式 $m=y^*+p+dr$ 显示债务偿还需求是货币信用需求的重要部分，该部分受刚性债务规模和融资成本（利率）影响。这可视为对货币交易方程式的重要拓展，特别地，将重要宏观变量"利率"体现于方程式中。

第三，货币交易方程式揭示出，如果货币供给过多，最终这将反映在商品价格上面，即通常所说的"通货膨胀就是货币现象"。信用供求方程式 $m=y^*+p+dr$ 揭示出，在经济要素较为充分利用的情况下，如果货币供给过多，一方面这将会反映在物价上面，引发通胀；另一方面这可能会提升经济杠杆率变化速度，加速经济的债务化程度，因为在充裕货币环境下，利率下降，经济主体会加速负债。信用供求方程式 $m=y^*+p+dr$ 告诉我们"通货膨胀和债务杠杆膨胀均是货币现象"。

信用供求方程式下再思考：宏观研究什么？

结合宏观经济基本理论和经济统计学概念，我们对信用供求方程式进行细化：

$$m=y^*+p+dr$$

投资的宏观逻辑

$$\begin{cases} y^* = A \cdot f(l,k) = g(c,i,e) & \text{①} \\ p = h(cpi, ppi) & \text{②} \\ dr = u(D, R) & \text{③} \\ m = v(m_b) & \text{④} \end{cases}$$

其中，m 为存量信用扩张速度，即社融增速；y^* 为实际 GDP 增速；p 为价格水平，GDP 平减指数；dr 为杠杆率变化；A 为全要素生产率（TFP）；l 为劳动；k 为资本；c 为消费；i 为投资；e 为净出口；cpi 为消费者价格指数；ppi 为工业品出厂价格指数；D 为刚性存量债务规模；R 为融资成本（利率水平）；m_b 为基础货币。

上述方程式组揭示了宏观经济研究的主要内容：经济增长；价格水平，或通胀水平；经济债务–杠杆水平及压力；基于央行基础货币调节下，金融体系信用投放和创造机制；信用的供求平衡关系：信用供给与经济增长、价格水平和经济杠杆之间的稳定性。

在对单项因素（每个变量）研究中，我们需要从趋势与周期、总量与结构、存量与流量等维度综合分析。

在上述研究内容中，经济增长是内核，其他项的研究围绕其而产生。对于经济增长，研读投入产出表我们可以对经济活动的供求关系和产业链关联有直观而全景式的认识。式①：$y^*=A \cdot f(l, K)=g(c, i, e)$，就是基于投入产出关系，从供给和需求两个维度对经济增长进行描述。

从经济增长的动力来看，供给 $y^*=A \cdot f(l, k)$ 居于主导地位，需求更多是被挖掘、被创造和被开拓的。经济增长的优化主要在于供给优化，在于基本经济要素数量的增加和质量的提升，在于制度完善和技术进步，在于要素使用和组织方式的创新（熊彼特式创新：供给函数形式的变化）。需求 $y^*=g(c, i, e)$ 的关注点在于：在遭遇冲击的情况下，其将出现不稳定；政策往往着力于维护和稳定需求（表3-4）。

第三章 神秘的货币流动性面纱

表3-4 投入产出表（简化样表：参照2012年数据）

产出投入\投入	部门名称	部门代码	中间使用 一产：农产品 01001	中间使用 二产：汽车整车 01002	中间使用 三产：电信服务 01003	中间使用合计	最终使用 居民消费	最终使用 政府消费	最终使用 消费小计	最终使用 固定资本形成总额	最终使用 存货增加	最终使用 资本形成总额	最终使用 出口	最终使用合计	进口	总产出	差
中间投入	一产：农产品	01001	4 965.6	0.0	51.8	38 789.4	9 339.7	0.0	9 339.7	0.0	1 697.7	1 697.7	640.2	11 677.6	3 841.5	46 940.5	314.9
中间投入	二产：汽车整车	01002	0.0	2 220.8	0.0	2 997.0	5 664.5	0.0	5 664.5	20 056.3	10.4	20 066.7	1 125.4	26 856.7	3 162.4	26 803.7	112.5
中间投入	三产：电信服务	01003	13.8	17.8	1 629.6	9 079.1	5 762.1	0.0	5 762.1	0.0	0.0	0.0	124.6	5 886.7	177.8	14 806.8	18.8
中间投入	中间投入合计	TII	16 724	21 518	6 609.6	1 064 827	198 537	73 182	271 719	237 751	10 639	248 390	136 666	656 774	122 027	1 601 627	20 523
增加值	劳动者报酬	VA001	30 761	1 798.3	1 553.2	264 134.1											
增加值	生产税净额	VA002	-1 848	1 305.2	298.9	73 606.2											
增加值	固定资产折旧	VA003	1 302.8	460.8	2 812.0	71 682.0											
增加值	营业盈余	VA004	0.0	1 720.8	3 533.1	127 377.9											
增加值	增加值合计	TVA	30 216	5 285.2	8 197.2	536 800											
	总投入	TO1	46 941	26 804	14 807	1 601 627											

说明：
1、纵为生产供给，横为消耗需求
2、总投入＝总产出＝中间使用＋最终使用－进口＋误差（总需求）
3、最终使用＝消费（居民＋政府）＋固定资本形成＋存货）＋出口
4、中间投入＝中间使用（单部门，单行业等式不成立）
5、国内生产总值（GDP）＝各部门增加值合计＝总产出（总产出）－中间投入
　＝总需求＋资本形成＋投资＋最终使用－进口＋误差
　＝消费＋资本形成（政府）＋固定资产折旧（资本）＋出口－进口）
6、增加值＝劳动者报酬＋生产税净额＋固定资产折旧（资本）＋营业盈余

179

投资的宏观逻辑

信用供求方程式下杠杆率与其他变量关系

在大危机以后，经济增速逐步回落、趋于收敛，通胀总体温和，信用供给与经济杠杆率成为互相牵制的两大主要宏观变量。信用供给是"央行－商业银行体系"背景下，基于央行提供的基础货币和政策引导，商业银行及其他商业金融机构的信用创造和供给总和。在本节我们将对经济杠杆率指标及特征，对货币政策周期下社融、经济增长、通胀和经济杠杆率相互关系及规律进行研究。

社融/GDP是衡量经济杠杆率的较好指标

2019年年底，央行将国债和一般地方政府债券纳入社融口径，社融衡量的信用供给覆盖范围明显扩大[①]，以"社融/GDP"衡量经济杠杆率的指示意义显著提高。比较"社融/GDP"和国际清算银行（BIS）统计公布的杠杆率指标，二者数值较为接近。这也说明"社融/GDP"比"M2/GDP"能更好地反映杠杆率水平。

中国经济杠杆率变化的历史特征：2003—2008年总体趋势是稳中趋降，2009—2019年持续上升。自大危机以来，居民、企业和政府杠杆率都有较为明显上升，特别是居民和政府杠杆率基本是"一路上行"，企业杠杆率在2016年第二季度—2018年有所回落（图3-8、图3-9）。

根据前面章节的分析，2009年以来杠杆率的持续上升意味着信用回报率的不断下降。

将社融/GDP的同比增速与杠杆率变化（社融增速－名义GDP增速）进

[①] 目前，央行只把2016年以后的国债和一般地方政府债数据加入到社融中，我们根据政府债券托管量数据对2015年以前的数据也作了补充完善。

第三章 神秘的货币流动性面纱

行比较，二者数值水平基本一致。在社融/GDP 能较好衡量宏观经济杠杆率的情况下，信用供求方程式中的杠杆率变化（dr）项自然成为测度经济杠杆水平变化的精确指标（图 3-10）。

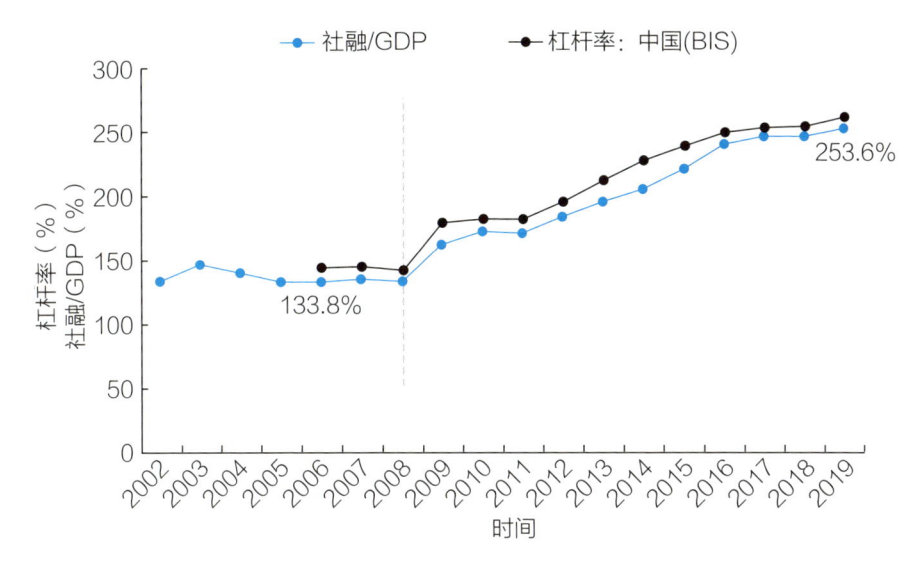

图 3-8 社融与 GDP 比例

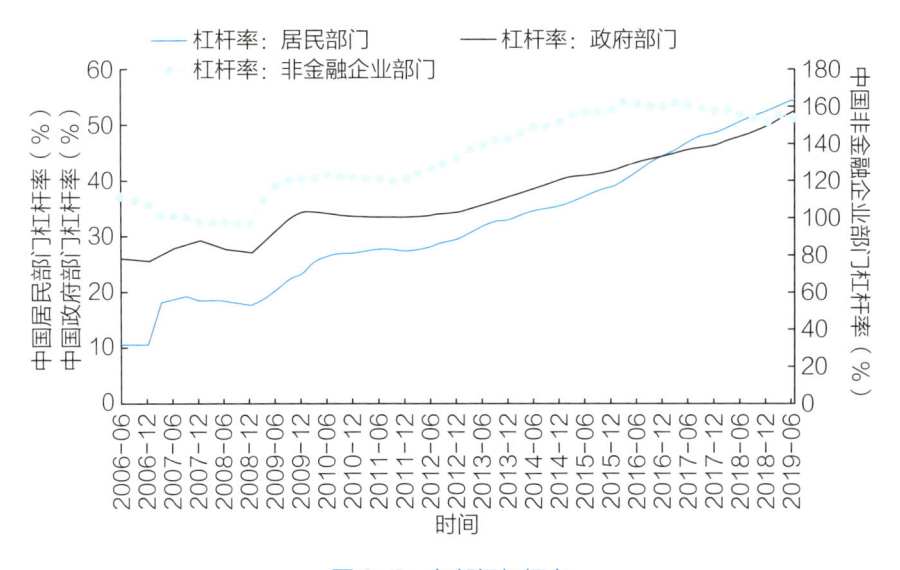

图 3-9 各部门杠杆率

投资的宏观逻辑

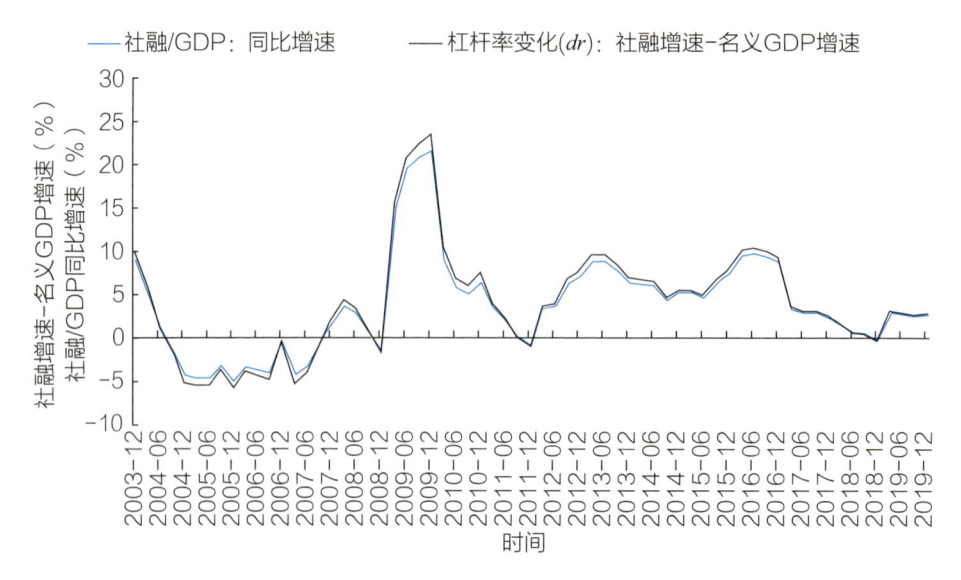

图 3-10　经济杠杆率变化的两个等价指标

政策周期下信用供求方程式诸变量之关系特征

基于信用供求方程式：$m=y^*+p+dr$，我们考察 2003 年第四季度—2019 年第四季度货币政策周期下社融增速、实际 GDP 增速、价格变化（GDP 平减指数变化）和杠杆率变化之间的关系特征。

政策与杠杆率的五轮周期

基于货币政策和杠杆率变化特征，我们可以将该时间段划分为五轮周期：

第一，2003 年第四季度—2008 年第二季度，货币政策持续收紧，杠杆率增速基本保持下降状态。

第二，2008 年第三季度—2011 年第三季度，货币政策为应对危机大幅宽松，后期明显收紧，杠杆率增速顺应政策周期，先急速上升后回落。

第三，2011 年第四季度—2014 年第三季度，货币政策小幅宽松后维持不变，杠杆率持续保持较高增速。

第四，2014年第四季度—2018年第一季度，货币政策明显放松后维持不变，2017—2018年第一季度，决策层主导"金融去杠杆"，杠杆率增速顺应政策周期，先升后落。

第五，2018年第二季度—2019年第四季度，货币政策持续宽松，杠杆率增速有所回升。

杠杆率的本质与重要影响因素

第一，经济杠杆率本质上是货币信用现象，货币政策引导下的信用增速变化牵引杠杆率变化，政策周期领先杠杆率变化周期约两个季度。考察五轮"货币政策—杠杆率变化"周期，从货币政策的拐点与杠杆率增速的拐点看，上述特征较为明显。

第二，在货币信用扩张导致债务生成和跨期偿还，以及利率波动的情况下，刚性债务规模和利率水平是杠杆率变化的重要影响因素，其中当期的刚性债务[①]规模由当前和过往货币及信用政策所决定，即：$dr=u（D，R）$。

结合经验数据看，在第三轮杠杆率变化周期中，货币政策宽松幅度较小[②]，但杠杆率增速持续回升并保持较高增速，季度均值在6.5%~7%，且持续时间较长，其原因有二：上一轮货币信用大幅宽松导致刚性债务明显增长，相关债务在这轮周期中逐步到期，本息偿付压力较大，较大比例利息支付需要再融资，再融资规模的持续增加势必提高杠杆率；利率水平较高，加大了各类融资成本，无论是支持经济增长的融资，还是维护债务偿付的融资，导

---

① 关于刚性债务的定义和界定在上文中已经分析。
② 该周期中，货币政策宽松幅度：2011年第四季度—2012年第二季度，降低准备金率1.5%（3次），2012年第二季度—第三季度，降息56bp（2次）。

致杠杆率增速保持较高增速。在该周期内，债券收益率和人民币贷款加权平均利率均处于相对高位。

从货币信用需求角度看，在刚性债务和利率波动存在的情况下，债务偿还性货币需求对货币信用供给构成约束。因为在这种情况下，杠杆率增速会惯性地保持一定水平，为了避免出现严重债务危机，这就需要货币信用供给相应给以支持和满足。2018年上半年，由于继续强力"去杠杆"，信用收缩过猛，这引发较大规模债务链断裂，致使信用债市场剧烈动荡，并对经济增长产生冲击。

杠杆率周期领先通胀周期

通胀（价格）变化往往伴随经济杠杆率变化而产生，杠杆率变化周期领先通胀（价格）周期约1年。所以，对于"通货膨胀是一种货币现象"，完整的逻辑链是：货币政策周期→杠杆率变化周期→通胀周期。相应的，货币政策周期领先价格周期约6个季度。当然，在第三轮杠杆率变化周期中，价格水平持续回落，其原因在于货币政策宽松幅度较小，且期间受"钱荒"影响，市场利率上行，货币信用供给更多被债务偿还性货币需求所吸收，未能体现于价格上。

由此，我们可以得到如下结论。2011年第四季度以来货币政策的阶梯式宽松，一方面受实际增速下行所致，另一方面受存量债务的偿债压力所致，特别是刚性债务。

在目前各国信用货币体系下，刚性债务是普遍现象，各国只存在体量和比重差别，而无绝对本质差异。

在经济处于下行趋势的背景下，宽松货币政策能适当稳定短期经济增长，但会导致经济杠杆率上升，并引发通胀压力；而且，如果杠杆率上升主要是刚性债务膨胀所致，则未来债务偿还性货币需求会对货币信用供给形成约束，政策很难收紧，这就是"货币政策困境"——易松难紧（图3-11、图3-12）。

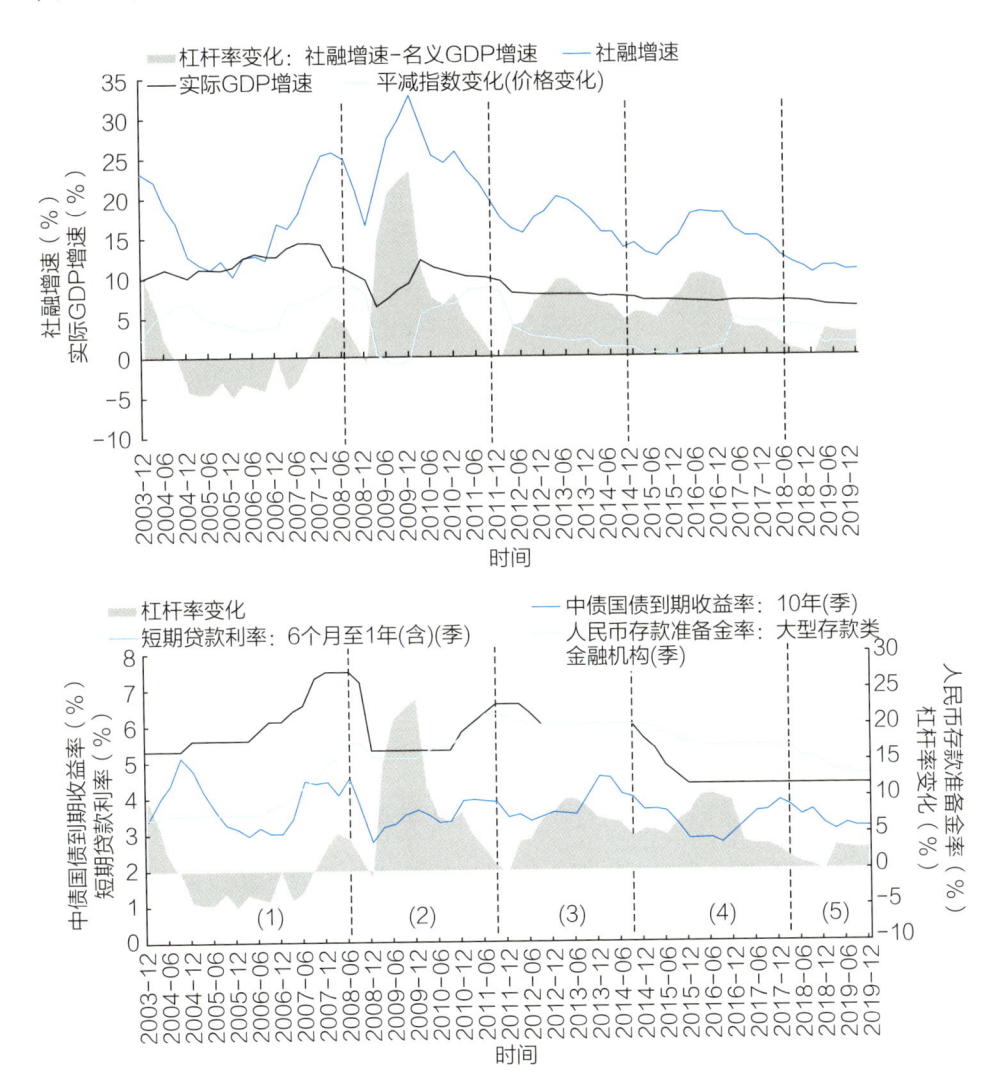

图3-11 货币政策周期下的社融增速、经济增速、价格变化和杠杆率变化特征

$ 投资的宏观逻辑

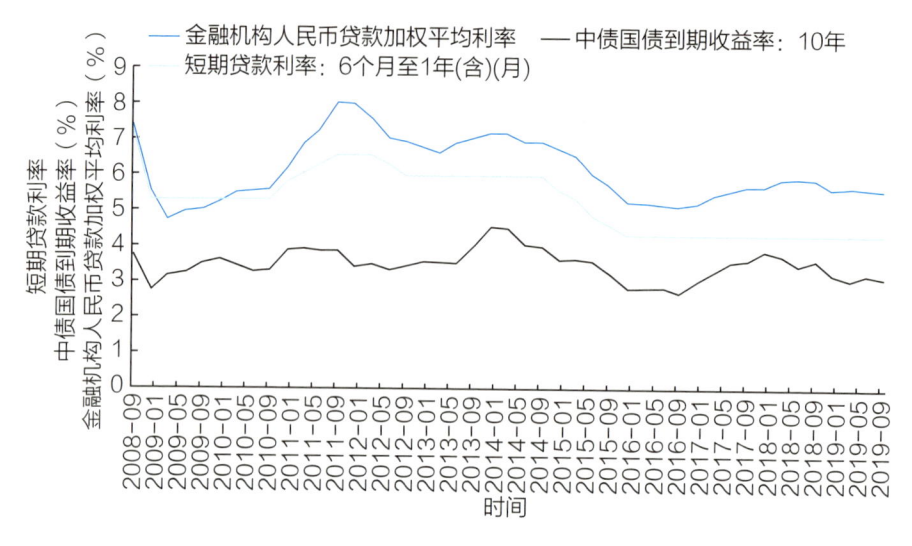

图 3-12 利率水平变化

杠杆率系数的测算和预判

根据信用供求方程式：$m=y^*+p+dr$，适宜的社融增速（信用供给扩张速度）是既能实现经济要素充分就业（充分利用），又能满足债务偿还性货币需求以致不引发债务违约风险，同时价格水平保持温和状态；适宜的社融增速能维持宏观经济环境相对平衡和稳定。

观察样本期间宏观经济运行状况，2017年和2019年基本实现了上述状态，2018年信用供给偏紧，出现了较明显债务违约风险。2017年和2019年经济杠杆率变化水平（债务偿还系数）基本在3%。

如果没有新冠疫情冲击，在地方政府存量债务置换已经完成，隐性债务控制加强的情况下，刚性债务将不会再无序增长，在利率水平稳中趋降的背景下，预计未来一段时间经济杠杆率水平将在2.5%附近，且呈现逐渐回落状态，即：$dr \in [2\%, 2.5\%]$，↓。

第三节　M1 周期变化对经济活跃度的指示意义

M1 的构成与周期特征

M1 代表了现金与单位活期存款之和，与经济运行联系最为紧密，M1 增速的变化有较强周期性，对经济运行态势有较强指示意义（图 3-13）。

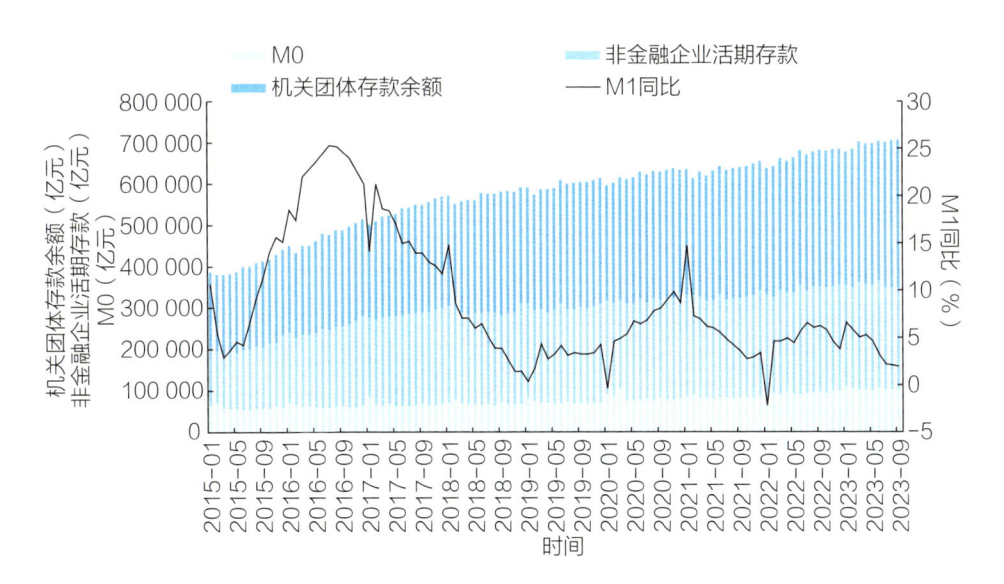

图 3-13　M1 组成部分与同比

1996 年以来 M1 增速变化已经历 8 个完整周期，周期长度约在 30~45 个月不等。2022 年 1 月 M1 增速为 -1.9%，达到底部后有所回升，新一轮周期开启，2023 年 6 月为 3.1%，此轮周期已历时 18 个月。

回顾历史，前四轮 M1 周期（1996—2009 年）增速波动幅度较为稳定，基本维持在 10%~25%。为应对 2008 年金融危机，一系列经济刺激政策将 M1 增速推至顶峰（2010 年 1 月，增速 39%）。后四轮周期（2009—2021 年）整体呈现峰值回落、波幅收窄的态势。2022 年以来，M1 增速处于回升阶段但增幅较缓（图 3-14）。

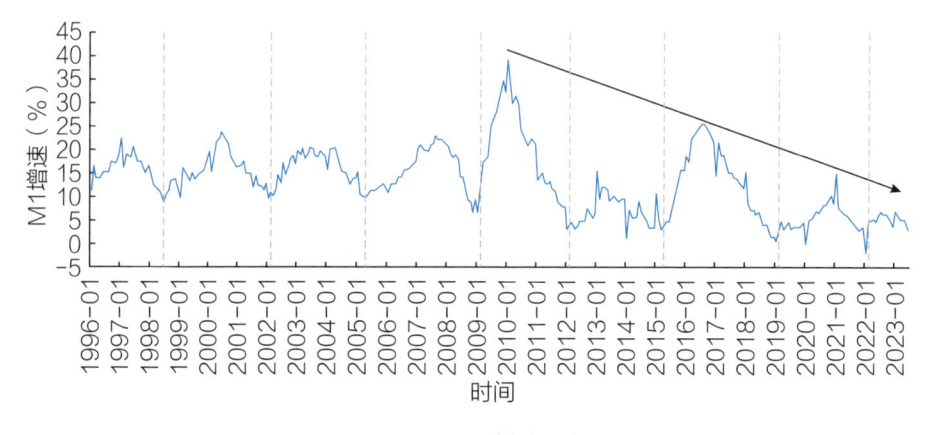

图 3-14　M1 增速周期

为什么当前 M1 增速较为缓慢

2022 年 2 月—2023 年 6 月，M1 增速基本在 5%~6%，低位波动。

非金融企业活期存款增速较低。分析 M1 各组成部分，其中，M0（流通中的现金）和机关团体存款增速拉动较为稳定，而非金融企业的活期存款增速拉动偏弱、甚至为负。例如，2023 年 6 月非金融企业活期存款为 25.9 万亿元，较 2022 年的 26.1 万亿元有所回落（图 3-15）。

首先，在需求不足、订单转弱的情况下，企业预期悲观，通过增加定期存款（窖藏货币）以获取固定收益，而不愿意保持资金的流动性以寻求交易和投资机会，这导致了非金融企业定期存款同比增速稳定而活期存款增速较低，较多资金流向了"准货币"（图 3-16）。

图 3-15 M1 拉动因素

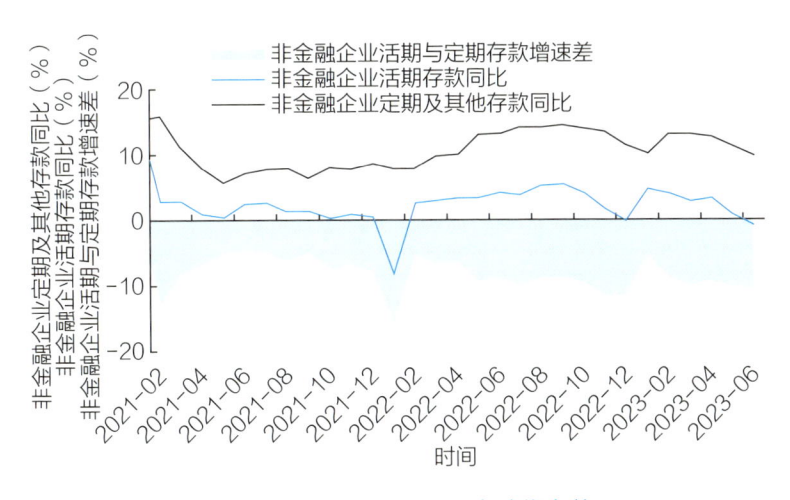

图 3-16 非金融企业活期与定期存款

其次，房地产行业金融属性强，且上下游产业链长，其景气状态对高流

💲 投资的宏观逻辑

动性的活期资金影响较大。2021年以来,房屋新开工面积和商品房销售额累计同比均持续走低,M1增速随之下行并呈现低增速状态。在"房地产供需关系新形势下",政策逐步优化,刚需和改善性需求得到促进,伴随政策效果显现,M1增速有望获得一定支持(图3-17、图3-18)。

图 3-17 房屋新开工面积与 M1 增速

图 3-18 商品房销售增速与 M1 增速

M1-M2 增速差的指示意义

M1-M2 增速差反映市场预期和经济活跃度

M1-M2 增速差既反映市场对未来经济前景的预期，也是资金活跃度的重要测度指标。M1-M2 增速差为正且持续扩大，表明微观主体对未来预期较为乐观，有较强的需求扩张动能；而 M1-M2 增速差为负且负值加大，则表明微观主体对未来预期较为悲观，缺乏需求扩张动力，经济活跃度较低。

2022 年—2023 年 6 月，M1-M2 增速差为负且持续有所加大，表明市场预期偏弱，经济动能不足。其中原因在上面章节我们已做了原因分析。2023 年 6—7 月，中国陆续出台一揽子经济刺激政策，伴随政策落地生效，预计后续 M1-M2 增速差的负值将有所收敛（图 3-19）。

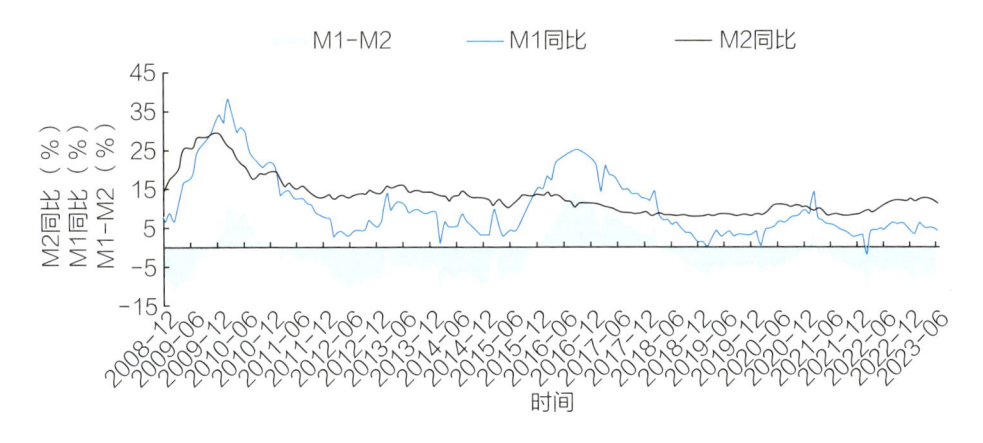

图 3-19　M1、M2 及 M1-M2 增速差

M1、M1-M2 增速差对企业盈利的领先性

首先，M1 增速领先 PPI 约 10—12 月，而 PPI 是工业企业盈利状况的价格代表指标（图 3-20）。

投资的宏观逻辑

其次，M1-M2 增速差领先工业企业利润增速约一个季度。2022—2023 年 6 月，M1-M2 增速差与工业企业利润增速均呈现下降趋势（图 3-21）。

如果后续政策效果显现，经济活跃度提升，M1 增速回升、M1-M2 增速差收窄，企业盈利将相应改善。

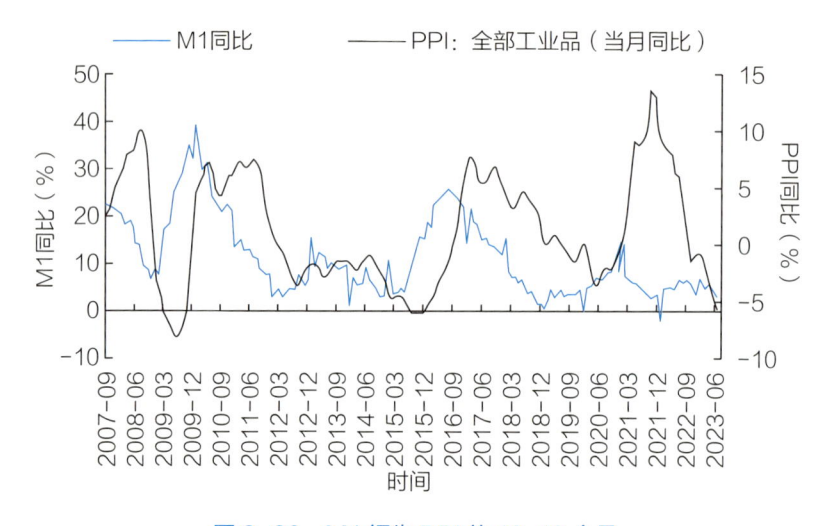

图 3-20　M1 领先 PPI 约 10~12 个月

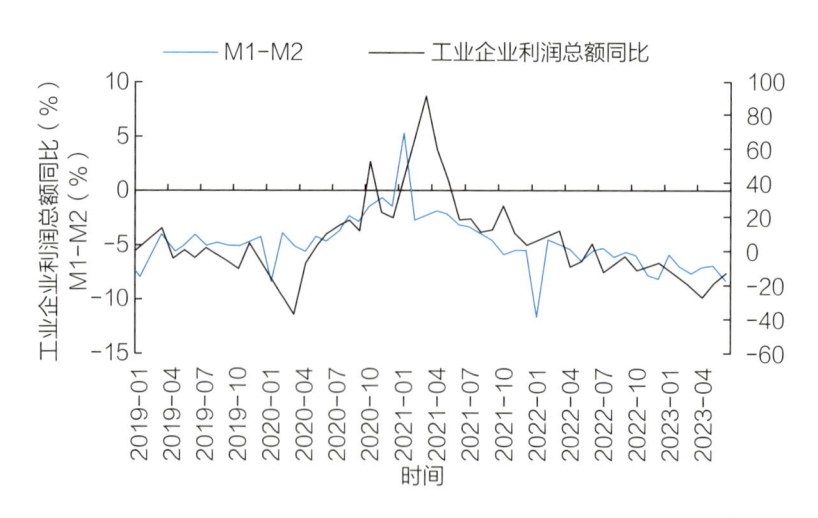

图 3-21　M1-M2 增速差领先工业企业利润约一个季度

M1-M2 增速差对股市的指示效应

上证指数与 M1-M2 增速差在趋势变化方面比较吻合。其逻辑在于：预期改善、经济活跃度上升的背景下，居民财富配置股票的意愿会提高；反之亦然。如果未来 M1 增速回升、M1-M2 增速差收窄，股市会有较好表现（图 3-22）。

图 3-22　股市趋势与 M1-M2 增速差

第四节　如何引导实体经济融资成本回落

上市公司财务指标测度实体融资成本

上市公司财务指标中和企业融资关系最为密切的有三个因素，分别是带息债务、利息支出与手续费用。其中带息债务是指需要支付利息的企业债务，这其中涉及短期借款、衍生金融负债、应付票据、短期应付债券、其他流动负债、长期借款、应付债券等科目，这些基本涵盖了企业主要的融资渠道。

在带息债务中，长期借款、短期借款、应付票据等科目占比较高。我们以 2021 年全部 A 股上市公司（除金融石油石化）年报披露的数据为例，长期借款规模最大，8.55 万亿元，占比约 43%；其次是短期借款，4.82 万亿元，占比约 25%；应付票据规模约 2.76 万亿元，占比约 14%；应付债券 1.97 万亿元，占比约 10%。剩余的短期应付债券和衍生金融负债规模相对较小，占比均未超过 0.1%（图 3-23）。

利息支出是企业所支付的由带息债务产生的利息费用，而手续费用则是在借贷过程中产生的公证费、评估费、担保费等费用。从占比来看，手续费用占利息支出的比重有逐步上行的态势，2021 年占利息支出金额的 3%，其变得愈发不容忽视（图 3-24）。

第三章 神秘的货币流动性面纱

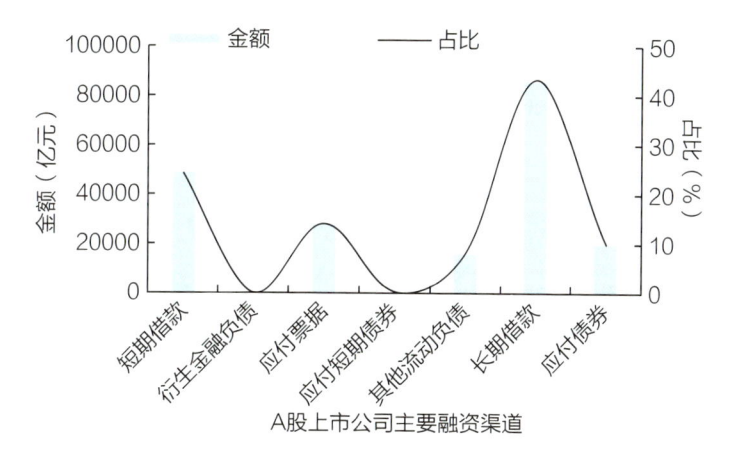

图 3-23　2021 年全部 A 股上市公司（除金融石化）主要融资渠道规模及占比

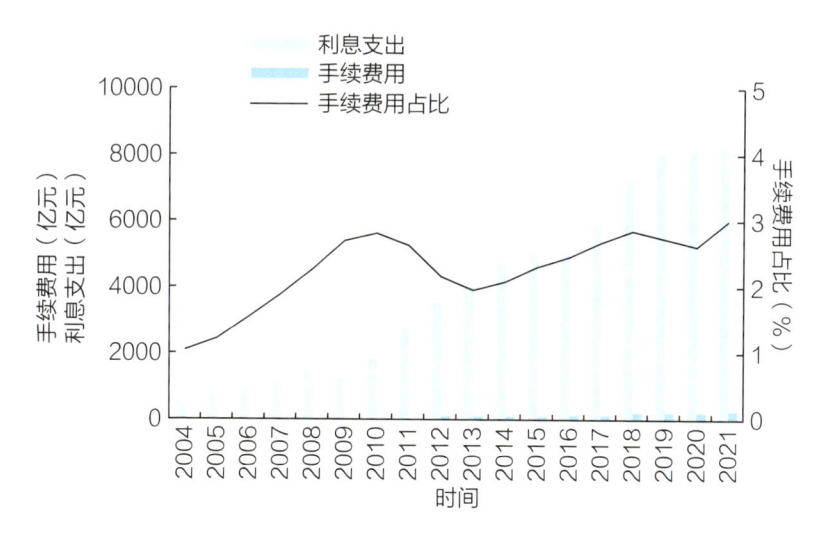

图 3-24　手续费用对于融资成本的影响不容忽视

从上市公司财务角度看，2021 年实体融资成本约为 4.35%，较 2020 年下降 15bp。

我们以除金融石油石化以外的全部 A 股上市公司为样本，根据公式[①]计

---

① 融资成本 =（利息支出 + 手续费用）/ 带息债务。

195

投资的宏观逻辑

算出从上市公司财务角度考虑的企业的融资成本。

从变动趋势来看，企业融资成本与央行公布的一般贷款加权平均利率基本一致，不过其数值与中债中短期票据到期收益率更为接近。自 2007 年以来，我国大致经历了三轮企业融资成本的升降周期，本轮企业融资成本在 2019 年达到阶段性高点，为 4.81%，随后开始回落，2021 年企业融资成本降至 4.35%，较 2020 年下降约 15bp，较 2019 年高点下降约 46bp（图 3-25）。

图 3-25　上市公司融资成本与加权平均利率趋势上基本吻合，数值上与中债中短期票据收益率更为接近

社融角度测度实体融资成本

社融角度是指利用社融分项融资成本和各自比重计算出的加权融资成本。由于社融反映的是实体经济从整个金融系统获得的融资总量，所以社融加权融资成本是代表实体经济融资成本的重要指标。

第三章　神秘的货币流动性面纱

前文提到，最近几年我国社融呈现"表外融资表内化，直接融资在加大"的特征，这也就是非标在逐步压降，其压降的份额部分转化成了表内的信贷，而企业债券、股票融资、政府债券等直接融资的占比在逐步提升，因此我们在计算加权成本的时候主要考虑两个部分，信贷成本和直接融资成本。信贷成本，采用的是央行按季度公布的一般贷款加权平均利率；直接融资成本，以企业债券、政府债券融资成本为主。

其中，企业债券以5年期AAA的中债中短期票据到期收益率来度量。一方面，从规模来看，中、短期票据融资的规模较大，代表性较好。以2021年为例，中期票据和短期融资券融资规模分别为3.45万亿元和5.23万亿元，占企业债券融资总额的约66%。另一方面，从期限来看，5年期中期票据发行规模的占比约20%，与其他期限相比占比较高，并且处于发行期限的中间位置。因此我们选用5年期AAA的中债中短期票据到期收益率来度量企业债券（表3-5、图3-26）。

表3-5　不同类别债券融资规模（亿元）

时间 债券	2015年	2016年	2017年	2018年	2019年	2020年	2021年
企业债	3421	5925	3730	2418	3624	3926	4399
公司债	10283	27859	11024	16575	25438	33697	34525
中期票据	12728	11414	10341	16962	20308	23446	25492
短期融资券	32806	33675	23765	31275	36254	49986	52301

资料来源：WIND，华西证券研究所。

政府债券分成国债和地方政府债，分别采用WIND统计的国债招投标利率和地方政府债招投标利率来度量，这两个利率均为发行债券票面利率的加权平均利率，权重为实际发行规模占比，这可以较好地代表国债和地方政府债的发行成本。另外，我们以国债和地方债发行规模的比值作为政府债中二者的权重（图3-27）。

图 3-26 中、短期票据发行规模较大

图 3-27 国债、地方政府债招投标利率

上述几项的权重采用存量社融占比来度量。之所以选用存量社融占比而非新增占比，主要是近年来非标的新增占比基本为负，债券融资新增在部分月份也有负值，导致新增信贷占比超过100%的月份时有出现。因此，选用存量社融占比更为合适。

按照上述加权方式计算社融角度下的实体经济融资成本：

在社融角度下，2022 年第一季度实体融资成本约为 4.01%，较 2021 年第四季度下降 15bp，较 2021 年第一季度下降 26bp，与上一轮高点 2019 年第三季度（4.62%）相比降幅达 60bp。

在社融角度下的实体融资成本展现出了与上市公司财务角度下企业融资成本基本一致的特征：在变动趋势上，与央行公布的一般贷款加权平均利率基本一致，而在数值上与中债中短期票据到期收益率更为接近（图 3-28）。

需要强调的是，从社融角度计算出的融资成本小幅低于上市公司财务角度的成本。以 2021 年为例，上市公司财务角度下计算的融资成本为 4.35%，而社融角度下计算的成本则为 4.20%。主要原因可能是社融角度考虑了政府债券融资，而政府债券融资的成本一般低于企业债券融资，因此整体的融资成本被拉低。

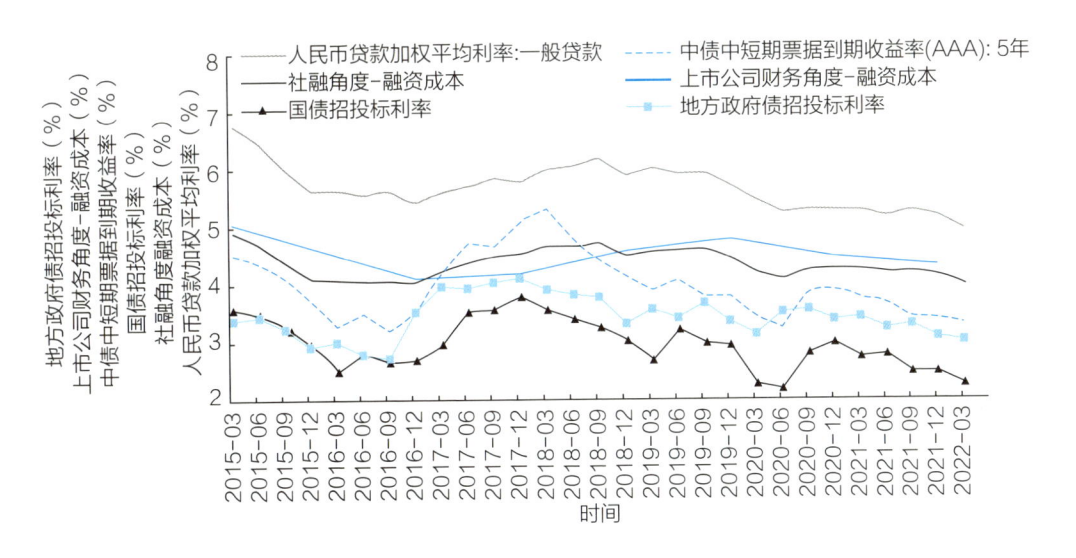

图 3-28 社融角度融资成本与加权平均利率趋势上基本吻合，数值上其与中债中短期票据收益率更为接近

影响实体融资成本的"四大因素"

上文通过上市公司财务、社融两个角度我们对实体经济融资成本进行了测算,接下来需要解决的问题是哪些因素影响实体融资成本?结合相关理论我们总结出四大因素,分别是经济、货币、政策、结构。

经济形势

经济形势影响实体融资成本。凯恩斯的流动性偏好理论认为,利率与货币需求同向变动,也即利率是顺周期变量:当经济繁荣时,市场需求旺盛,企业往往选择加大投资、扩大生产,因而货币需求增加,带动利率上升;而当经济萧条时,市场需求疲软,企业投资增产意愿低下,货币需求也相应减少,带动利率下降。实体融资成本理应也符合这一理论,从趋势上看,2007—2008 年、2013—2015 年、2019—2020 年等区间,经济增速的下行均带动了融资成本的回落(图 3-29、图 3-30)。

图 3-29 财务角度融资成本与 GDP 同比增速

第三章 神秘的货币流动性面纱

图 3-30 社融角度融资成本与 GDP 同比增速

货币政策

货币政策影响实体融资成本。货币政策具有逆周期调节功能，央行通过量、价工具改变金融系统流动性状况，进而影响实体融资成本。

从融资成本的变动趋势来看，价的调整对于实体融资成本的影响要大于量的调整，较为典型的是 2016—2019 年。第一，价动量不动，2016 年第四季度—2018 年第一季度，这一时期存款准备金率没有变动，MLF 利率则连续上调（由 3% 升至 3.3%），实体融资成本也由 4.06% 大幅上行至 4.67%；第二，量动价不动，2018 年第三季度—第四季度期间，存款准备金率连续下调（由 13.5% 下调至 11.5%），MLF 利率并未调整，此时，实体融资成本仅出现小幅下行，由 4.73% 降至 4.52%（图 3-31）。

当央行同时使用量、价工具，也即降准、降息同步进行时，实体融资成本会有一个较为明显的下行，比较典型的为 2015 年第一季度—第四季度以及 2019 年第三季度—2020 年第二季度，两次的下降幅度均在 50bp 以上。

显然，政策力度决定了利率变化程度。

$ 投资的宏观逻辑

图 3-31 货币政策通过量和价两个渠道影响实体融资成本

市场化利率体系的构建将会进一步通畅货币政策向实体融资成本的传导。经过近 30 年的持续推进利率市场化改革，我国已基本形成了市场化的利率体系和传导机制。目前，央行的政策利率有两个，短期的是 7 天逆回购利率，中期的是 MLF 利率，分别起到引导 DR007（银行借钱的资金成本）和 LPR（银行放贷的参照的利率）的作用，而 DR007 和 LPR 又分别作用于货币市场利率和信贷市场利率（图 3-32）。

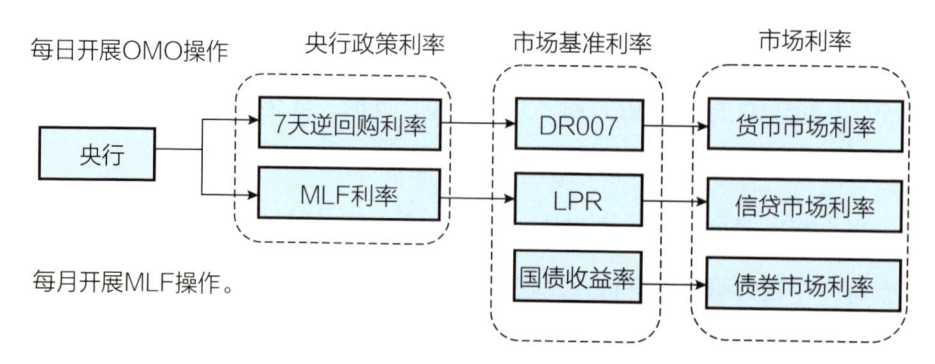

图 3-32 我国基本形成了市场化的利率体系和传导机制

当前政策利率由银行向实体的传导路径已经较为通畅，货币政策发挥的调节作用也越来越大。

降成本政策

降成本政策影响实体融资成本。根据我们测算的结果，2013—2014年是实体融资成本不断攀升，并创下阶段性高点（5.08%）的时期，融资成本的攀升侵蚀了企业的利润，抑制了企业的生产投资活动（图3-33）。为了解决这一问题，2014年政府提出了十项举措，按照侧重点可以分成三个类别：第一，综合运用多种货币政策工具，维持流动性平稳适度，为缓解企业融资成本高企创造良好的货币环境。第二，降低不合理成本，一方面遏制高息揽储，抑制金融机构筹资成本的不合理上升；另一方面，缩短企业融资链条，清理整顿不合理金融服务费。第三，健全多层次资本市场体系，大力发展股权、债券等直接融资。

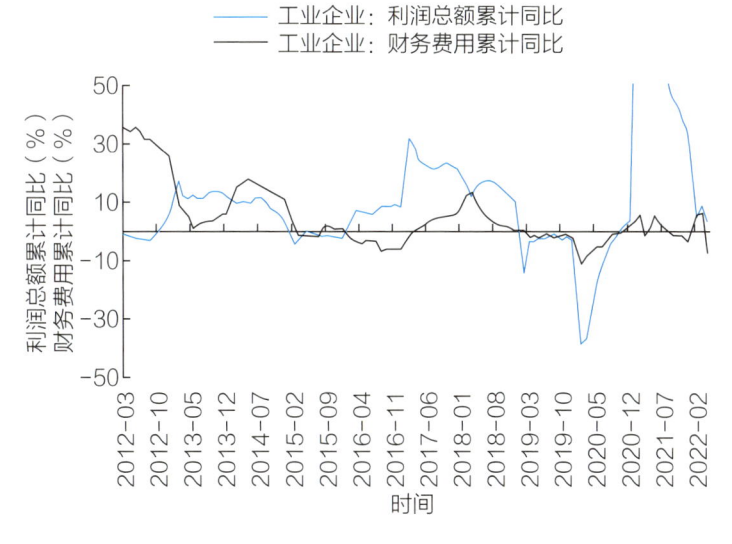

图 3-33　工业企业财务费用抬升会压缩其利润

$ 投资的宏观逻辑

融资结构

融资结构影响实体融资成本。从变动趋势来看，2004 年以来我国实体融资成本大致经历了三轮周期，前两轮融资成本的高点相差不大，而本轮的融资成本高点较此前低 20bp 左右，融资结构的变化能在一定程度上解释这一现象（图 3-34）。

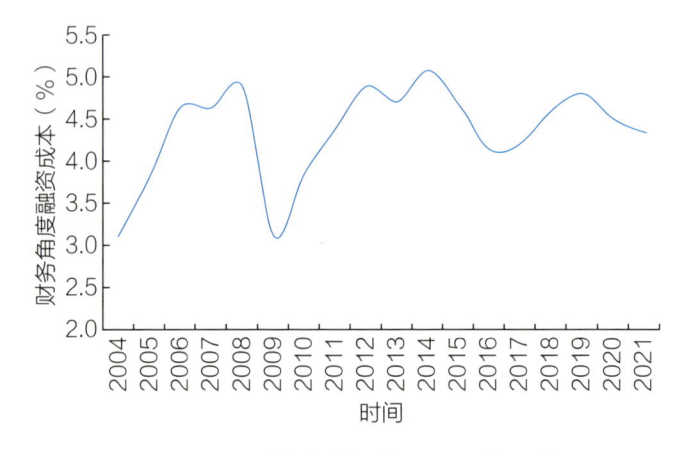

图 3-34 融资成本大致经历了三轮周期

融资机构变化体现在两方面：供给端，为融资渠道和方式的变化，近年以来突出表现为"表外融资表内化，直接融资在加大"；需求端，为融资主体获得信用的体量、占比和机制的变化，突出体现在宏观金融政策对房地产和地方政府平台融资的规制。

首先来看房地产。2019 年至 2022 年年初，信托投向房地产的金额和占比均出现了大幅的下滑，其中投向房地产的信托余额从 2.93 万亿元降至 1.76 万亿元，降幅接近 40%。另外，从上市公司披露的带息债务来看，2019 年以来房地产行业带息债务总规模和占全部上市公司带息债务的比重均有一个明显的回落（图 3-35、图 3-36）。

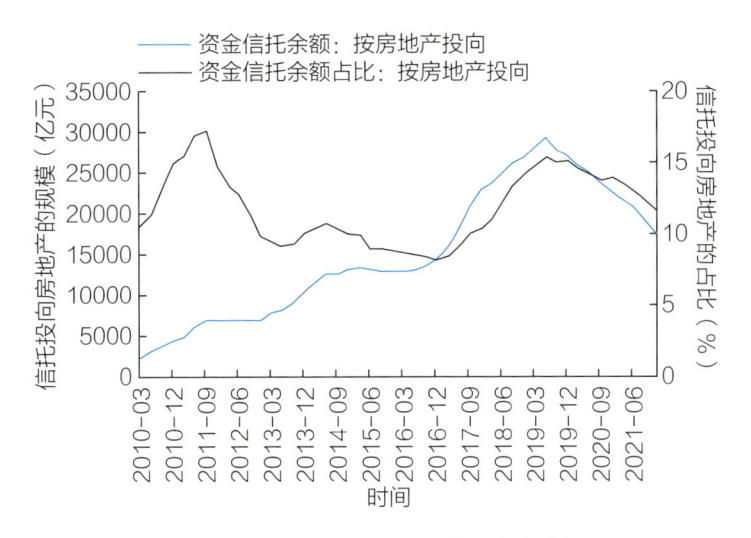

图 3-35 信托投向房地产的规模和占比降幅明显

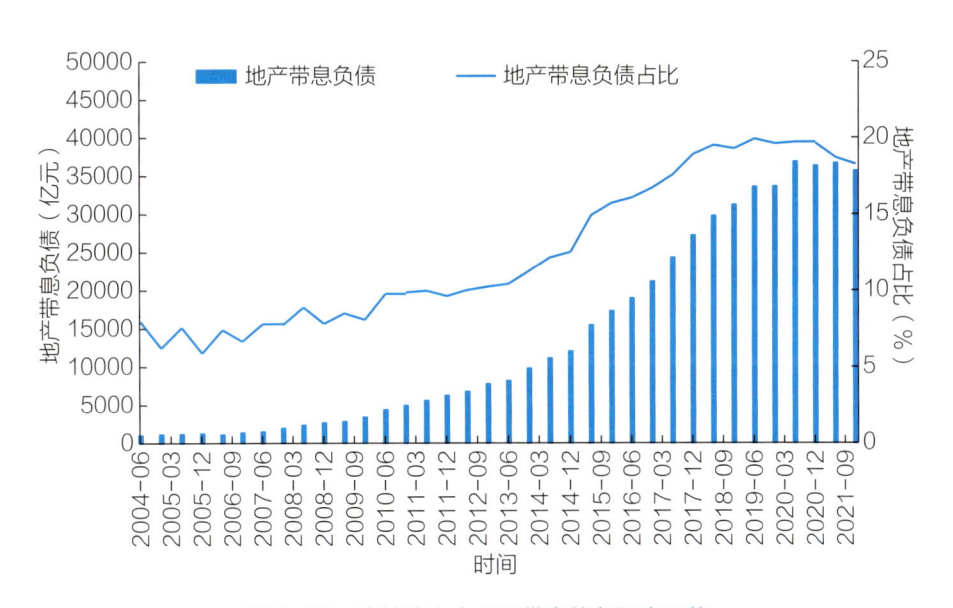

图 3-36 房地产上市公司带息债务逐步回落

其次来看基建。投向基础产业（主要是基建）的信托投资余额在 2017 年便开始高位回落，而占比也在 2020 年左右开始了新一轮的下行。截至 2022 年第一季度，投向基础产业的信托投资余额 1.65 万亿元，较高点 3.17 万亿元下降约 48%；占比也由 2020 年第三季度的 16%，下降到 2022 年第一季度的 11%（图 3-37）。

图 3-37　信托投向基础产业的规模和占比下降明显

作为我国重要信用承接主体的房地产、地方融资平台，其高成本融资渠道的规范和融资规模的下降必然带来整体融资成本的回落。另外，直接融资由于其成本低于间接融资，因此其占比的提升也会对整体的融资成本产生影响。

实体融资成本下降的行业差异

负债率高且融资成本下降的行业更多受益

本轮实体融资成本自 2019 年第一季度达到阶段性高点 4.77% 后开启下行模式，截至 2022 年第一季度，实体融资成本降至 4.20%，整体下降幅度接近 60bp。按 2019—2021 年上市公司平均带息债务 18 万亿元计算，融资成本下降带来的成本节省达 1080 亿元。

第三章　神秘的货币流动性面纱

负债率较高且融资成本下降的行业受益更多。我们统计了上市公司 2021 年年报披露的资产负债率情况。高于全国平均水平（53%）的行业有 11 个，其中资产负债率超过 70% 的有 2 个行业，分别是房地产和建筑装饰，60%~68% 之间的有 3 个行业，分别是商业贸易、公用事业、家用电器等，而汽车、交通运输、农林牧渔等行业的资产负债率接近 58%；钢铁、综合等行业的资产负债率在 55% 附近。显而易见，负债率越高且融资成本下降幅度越大的行业受益程度也会越大（图 3-38）。

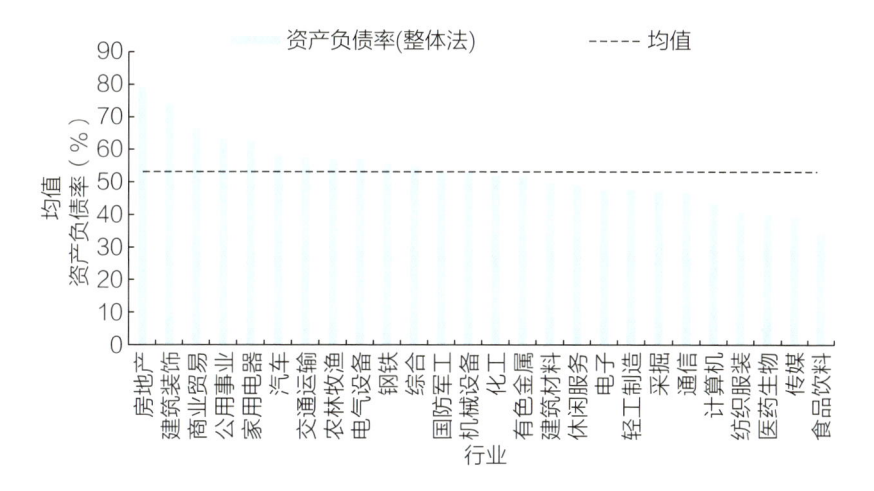

图 3-38　资产负债率超过均值的行业有 11 个

房地产、商业贸易等行业融资成本抬升

从我们计算的分行业融资成本来看，并不是所有高负债率行业的融资成本都在下降，部分行业还出现了抬升。

房地产行业的融资成本自 2017 年开始就出现了明显上行，幅度约 120bp，这主要与监管层推进落实房住不炒的政策有关，2016 年年底的中央经济工作会议首次提出了房住不炒，后续又推出了针对房企的"三道红线"以及针对

⑤ 投资的宏观逻辑

银行的"两个上限"的等措施，房地产行业面临的融资限制明显增加，从而其融资成本被抬升。从房地产行业的融资成本与 ROE 的关系来看，融资成本的抬升会在一定程度上带来 ROE 的下降，2017—2021 年区间这一特征尤为明显。不过，当前由于我国面临的经济下行压力仍然较大，监管层对于房地产的调控政策出现了边际放松，其融资成本后续可能会有所回落，进而带动 ROE 触底回升（图 3-39、图 3-40）。

图 3-39　房地产、商业贸易等行业融资成本有所抬升

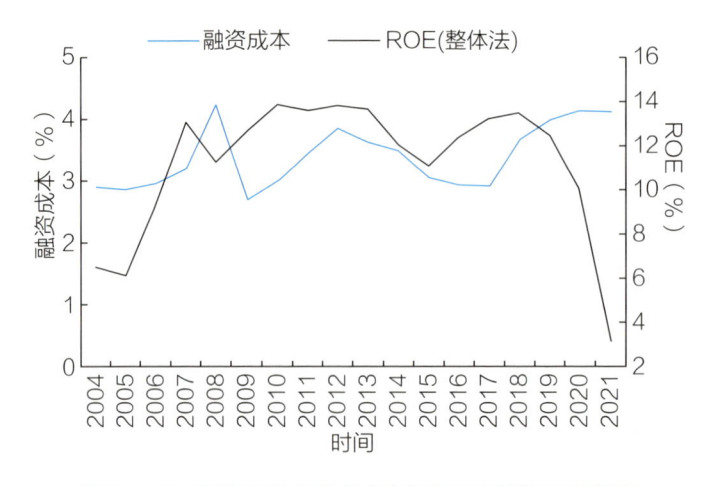

图 3-40　房地产行业融资成本与 ROE 整体呈现背离

汽车、交运等行业的融资成本回落明显

汽车、交通运输、公用事业等行业的融资成本出现了较为明显的回落。以汽车行业为例，其融资成本自 2018 年以来出现明显回落，这主要与国家对于汽车尤其是新能源汽车产业的支持有关。从数值上看，汽车行业融资成本从 3.98% 下降至 3.16%，降幅约 80bp，按 2018—2021 年汽车行业平均 6500 亿元的带息债务计算，融资成本直接节省约 52 亿元，占汽车行业 2018—2021 年平均净利润（966 亿元）的 5.4%，其影响不容小觑。另外，从汽车行业融资成本与 ROE 的变动趋势来看，融资成本的抬升会在一定程度上带来 ROE 的下降，反之则上升。而当前正处于融资成本下降带动 ROE 回升的阶段（图 3-41、图 3-42）。

交通运输业、公用事业等行业融资成本的下降则与国家近年来加大基础设施投入力度有关。二者融资成本自 2019 年高点分别下行 90bp 和 60bp。除此之外农林牧渔、家用电器、化工、机械设备、有色金属等行业的融资成本也有不同程度的下降，这同样会对相关行业的 ROE 产生支撑。

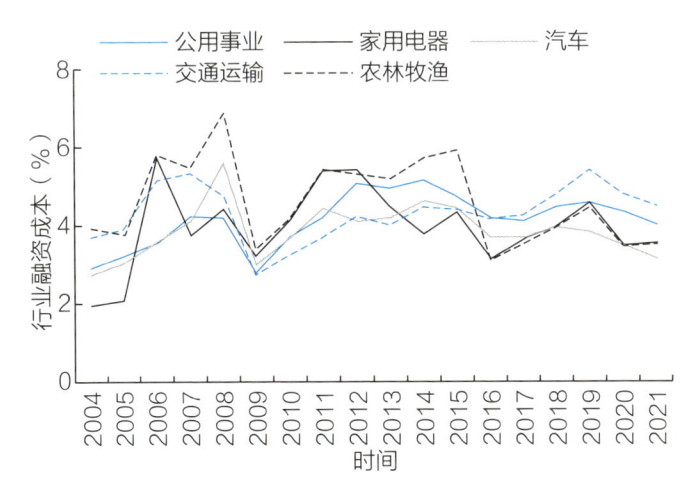

图 3-41 汽车、交通运输等行业融资成本明显下降

投资的宏观逻辑

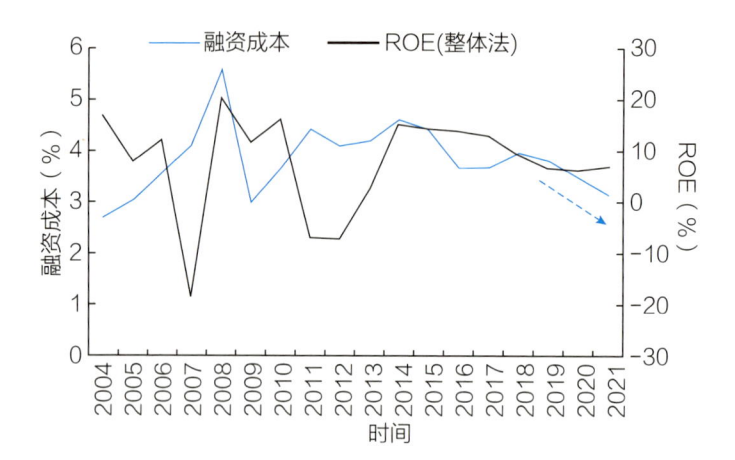

图 3-42　汽车行业融资成本的抬升会带来 ROE 的下降

第五节　超额储蓄的成因及流向

超额储蓄规模几何？

2020年1月至2022年11月末，居民部门积攒了约10.5万亿元超额储蓄。定期储蓄存款是居民部门超额储蓄的主要存在形式。

2022年1—11月，居民储蓄存款余额较2021年年底增长了约14.96万亿元，大幅高于历史同期水平。2022年一至三季度居民存款储蓄率也创下近年来新高[①]，达到32.5%（图3-43、图3-44）。

我们将居民部门储蓄存款超过其趋势的部分视为超额储蓄，并采用外推法来估算居民部门储蓄存款潜在趋势。

常见的外推法有线性外推法和指数外推法两种。线性外推法，相当于假设储蓄存款存量将随时间线性增长，即认为储蓄存款各期的增量保持不变，不会随时间变化。指数外推法，假设储蓄存款余额将随时间指数增长，即认为储蓄存款存量的增速保持不变。

---

① 居民存款储蓄率 = 当期居民部门储蓄存款增加额 / 当期住户部门可支配收入。

投资的宏观逻辑

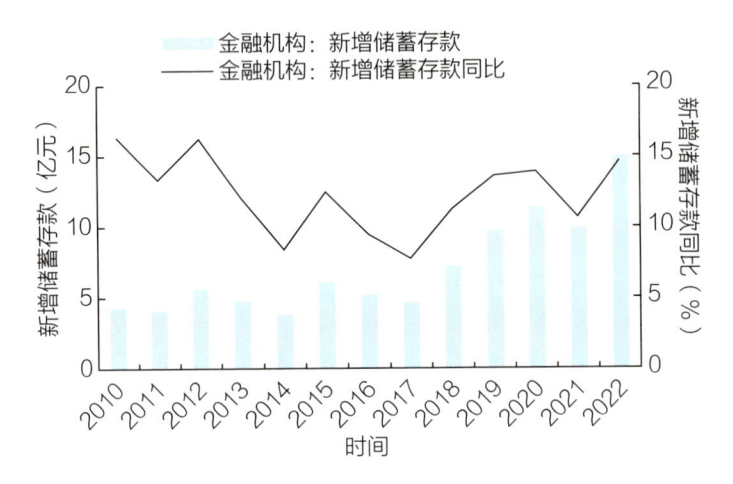

图 3-43　2022 年居民储蓄存款出现显著上升

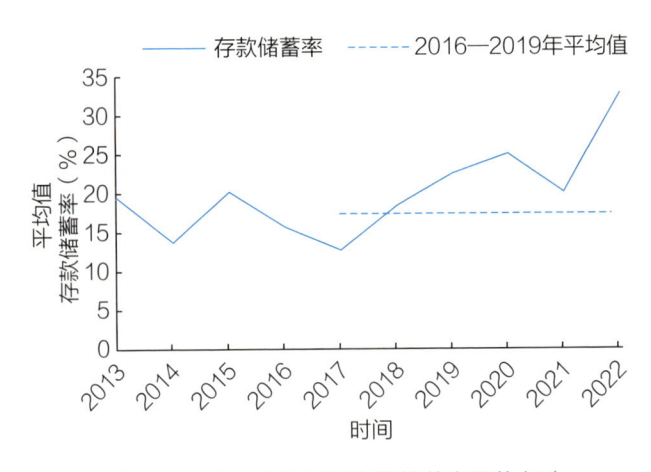

图 3-44　2022 年居民存款储蓄率显著上升

从数据中我们可以看出，近年来，储蓄存款增量呈现出递增趋势，与线性外推的假设并不相符，而储蓄存款的同比增速则相对稳定。因此，我们使用 2016—2019 年的数据作为潜在基准，通过指数外推的方法推算出 2020—2022 年的趋势值（图 3-45、图 3-46）。

第三章 神秘的货币流动性面纱

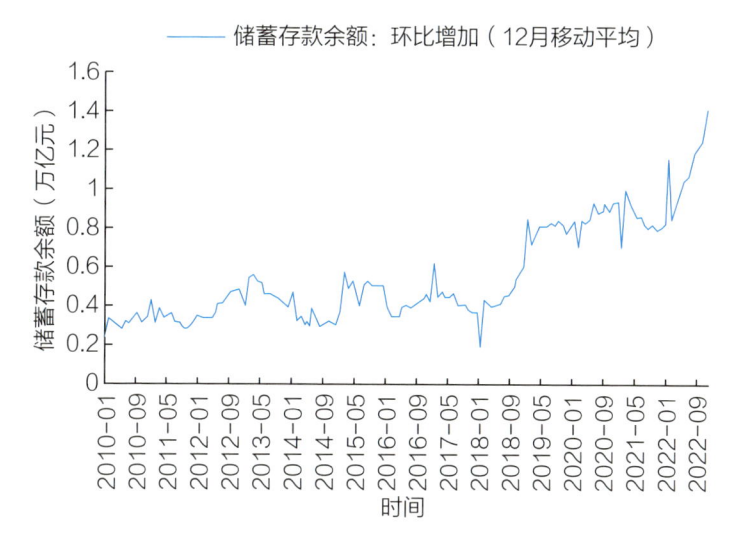

图 3-45 居民储蓄存款增量逐年递增

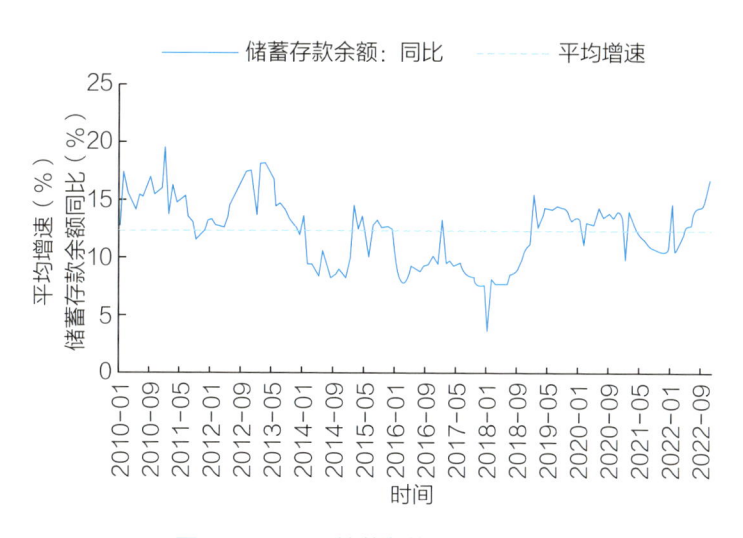

图 3-46 居民储蓄存款增速较为稳定

经过我们测算，2016—2019 年的储蓄存款潜在同比增速约为 10%，按此增速推算，自 2020 年 1 月至 2022 年 11 月末，居民部门累积的超额储蓄已经达到 10.5 万亿元。其中，2022 年超额储蓄增幅最大，约 6 万亿元（图 3-47、图 3-48）。

投资的宏观逻辑

图 3-47 居民超额储蓄规模达到 10.5 万亿元

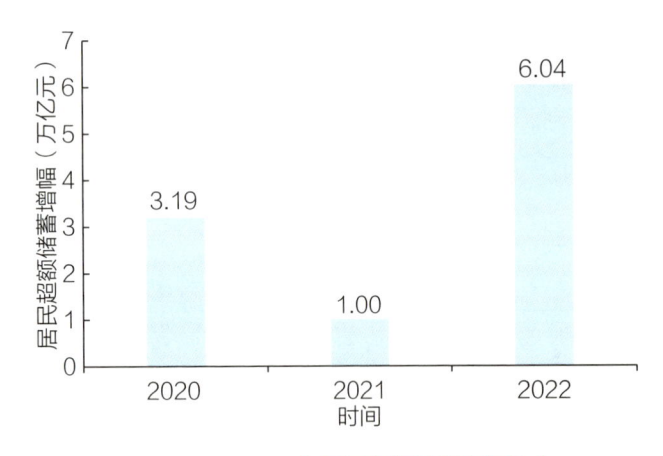

图 3-48 2022 年居民超额储蓄增幅较大

居民部门定期储蓄存款是超额储蓄的主要增量。住户部门定期存款占比不断提升。至 2022 年 11 月，住户部门定期存款占比已达近 7 成，较 2019 年末上升约 5.1 个百分点。我们按照前文所述指数外推方法，分别测算住户存款中活期存款和定期存款的超额储蓄规模。截至 2022 年 11 月末，定期存款超额储蓄约为 10.5 万亿元；活期存款超额储蓄规模约为 –0.1 万亿元，实际增量不及潜在趋势，但与趋势较为接近。因此，居民部门超额储蓄主要来自定期存款的超趋势增长（图 3-49~ 图 3-52）。

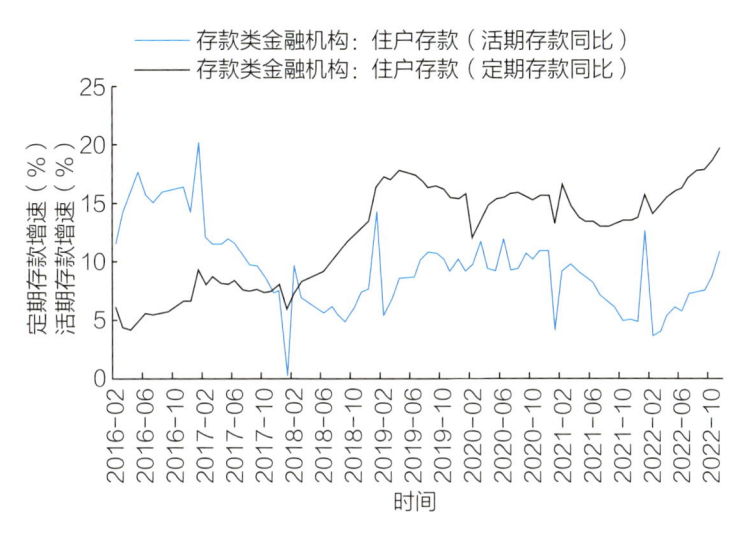

图 3-49 定期存款增速显著高于活期存款

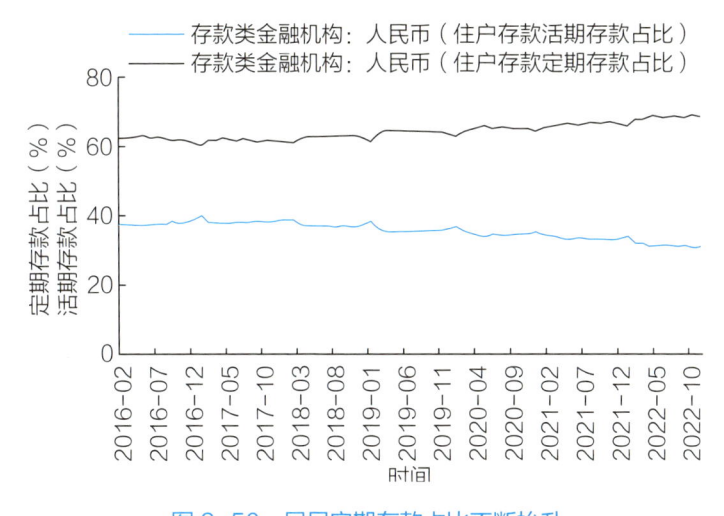

图 3-50 居民定期存款占比不断抬升

投资的宏观逻辑

图 3-51 活期存款与趋势值较为接近

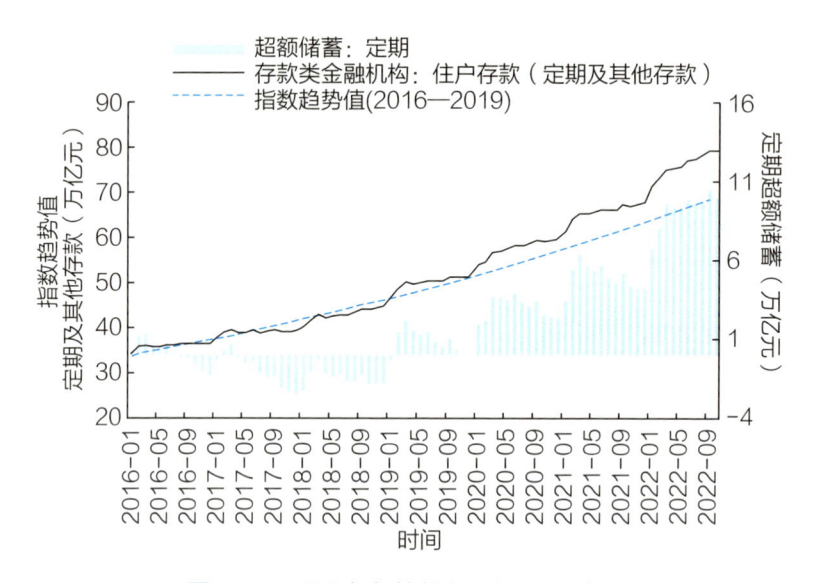

图 3-52 居民超额储蓄主要来自定期存款

超额储蓄来自哪里？

居民储蓄存款的变化主要受到三个因素的影响：收入、居民消费支出，以及居民资产配置。居民消费支出的减少和居民持有的风险资产向储蓄存款的回流是超额储蓄产生的主要原因。

具体来看：

居民可支配收入下降，拖累储蓄减少约为 1.2 万亿元。

自新冠疫情暴发以来，由于疫情防控的需要，我国经济运行受到影响，居民可支配收入增速出现一定程度下降。为了估计居民收入减少对于超额储蓄的影响，我们将居民人均可支配收入与全国总人口相乘得到全国居民可支配收入总量的估计。由于居民可支配收入为流量数据，受季节影响较为明显，因此我们采用 2016—2019 年的同比增速进行外推的方法来估计 2020—2022 年的趋势值。

经测算，2020—2022 年全国居民可支配收入较其趋势水平下降约 6.8 万亿元。按照 2016—2019 年 17.2% 的居民存款储蓄率推算，居民可支配收入下降拖累储蓄存款下降规模约为 1.2 万亿元（图 3-53、图 3-54）。

在疫情扰动下，居民消费支出累计减少约 4.5 万亿元，相应拉高储蓄存款水平。

2022 年 1—11 月，社会消费品零售总额同比下降 0.1%，实际同比下降 2.82%。在居民人均消费支出口径下，2022 年 1—9 月累计实际同比增速仅为 1.5%，不及其潜在水平（图 3-55、图 3-56）。

由于社零统计口径下的消费主体不仅包括居民也包括政府和企事业单位等，我们使用居民人均消费支出来估算因消费支出所产生的超额储蓄规模。

2016—2019 年，居民各季度的消费支出占比（人均消费支出/人均可支配收入）较为稳定。我们将居民人均可支配收入与 2016—2019 年相应季度的

$ 投资的宏观逻辑

平均消费支出占比相乘，估算出在当前收入水平下，居民的人均消费潜在水平。然后将居民的人均消费潜在水平与全国总人口相乘得到全国居民消费支出的趋势值（图 3-56）。

经测算，2020—2022 年全国居民消费支出较其趋势值累计减少约 4.5 万亿元（图 3-57、图 3-58）。

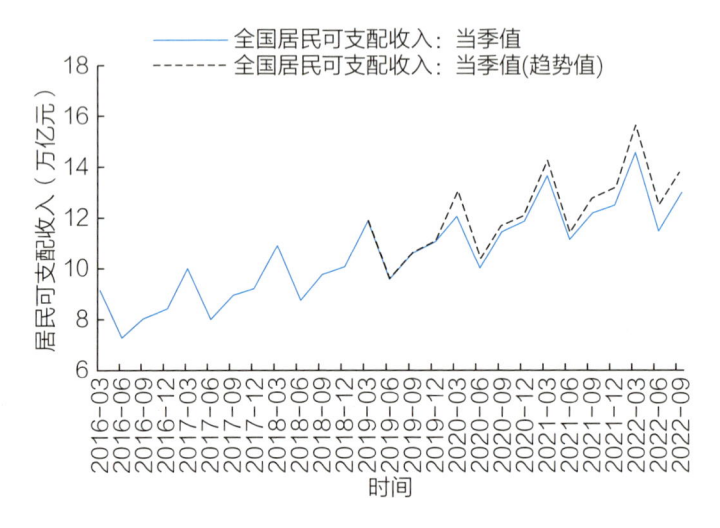

图 3-53 居民可支配收入低于其潜在趋势

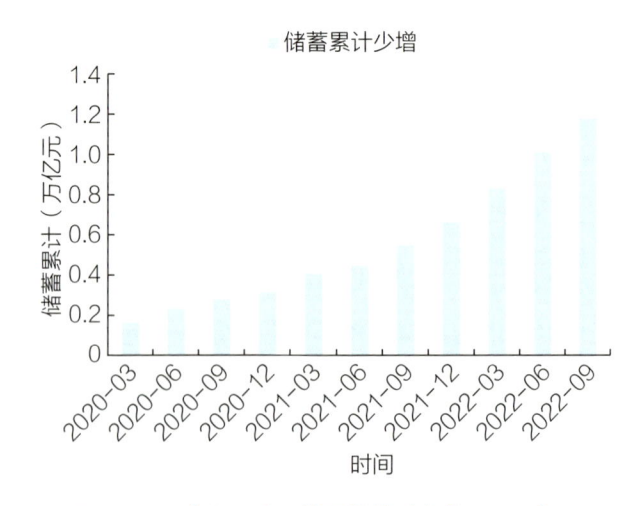

图 3-54 收入下降，拖累储蓄减少约 1.2 万亿元

第三章 神秘的货币流动性面纱

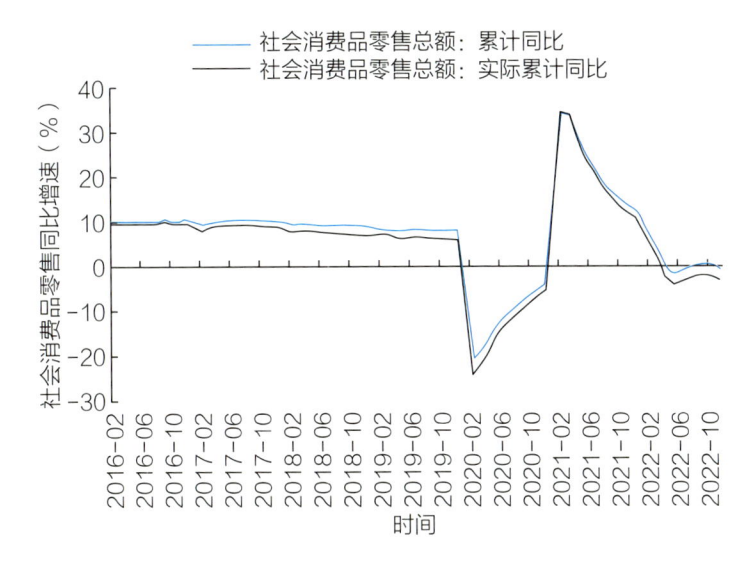

图 3-55 2022 年社零同比增速显著下降

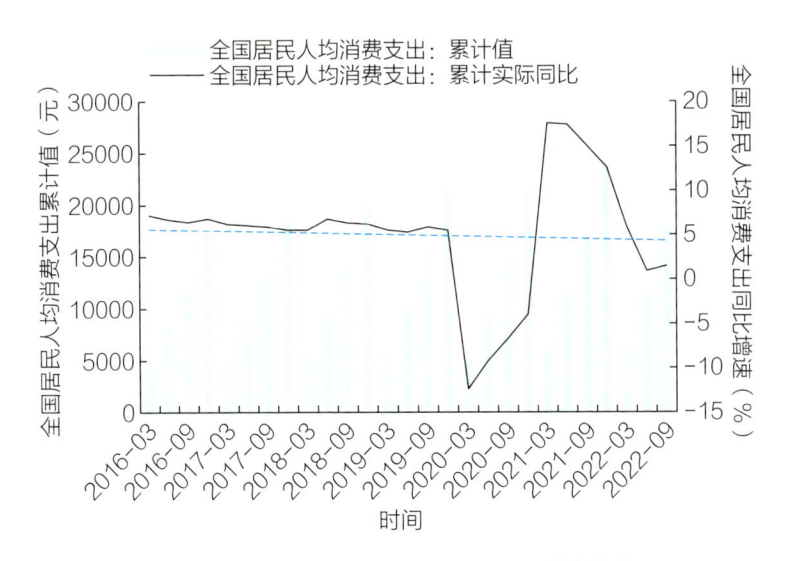

图 3-56 居民人均消费支出增速不及潜在趋势

219

投资的宏观逻辑

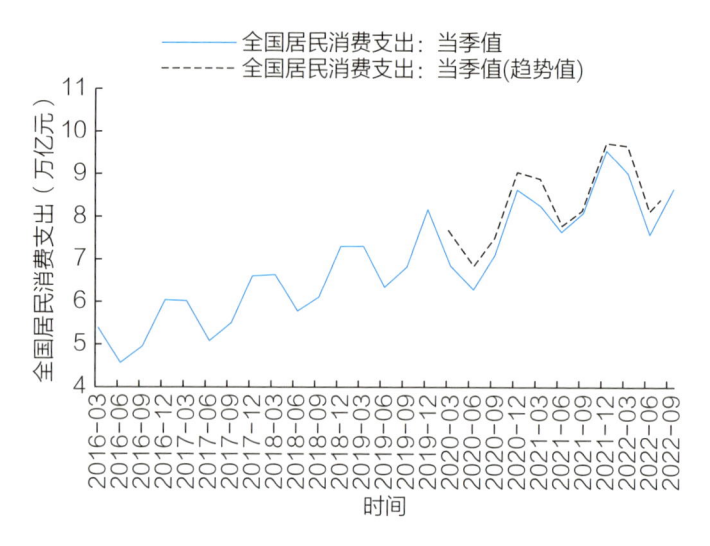

图 3-57　全国居民消费支出不及其潜在趋势

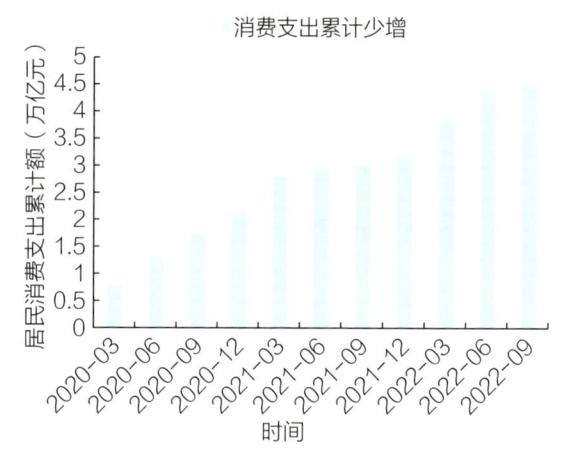

图 3-58　居民消费支出累计减少约 4.5 万亿元

居民减少消费支出，增加储蓄主要有三个方面的原因：一是，疫情冲击，线下消费场景受限，这影响了居民消费意愿的实现；二是，居民预防性储蓄意愿上升制约了消费增长。三是，房地产市场低迷，居民资产缩水，财富效应影响使消费降低。

1—11 月，社会消费品零售总额中餐饮收入同比下降 5.4%。从居民部门消费类别来看，与2016—2019年的平均水平相比，2020—2022年平均占比下降的主要有四大类：交通通信、教育文化娱乐、衣着、家庭设备用品及服务。其中交通通信、教育文化娱乐、衣着与服务都是和消费场景受限以及社交半径缩小直接相关的，在一定程度上降低了居民消费水平（图3-59、图3-60）。

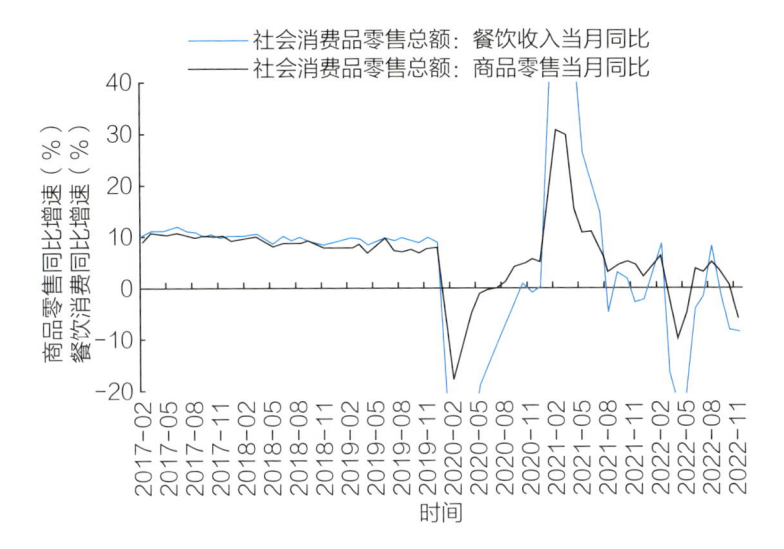

图3-59 餐饮消费同比增速较疫情前有较大差距

图3-60 消费场景受限，四类消费类别占比下降

投资的宏观逻辑

收入不确定性增加，居民预防性储蓄意愿上升。中国人民银行在2022年第三季度货币政策执行报告中多次提到，国内居民预防性储蓄意愿上升制约消费复苏。受疫情反复的影响，消费者信心指数在2022年出现大幅下滑。此外，2022年11月，全国城镇调查失业率为5.7%，31个大城市城镇调查失业率为6.7%，这些均显著高于疫情前水平（图3-61、图3-62）。

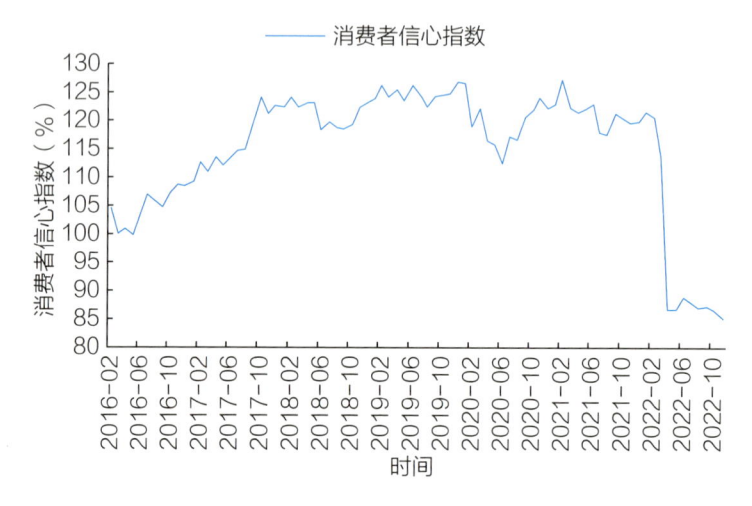

图3-61 消费者信心指数在2022年出现大幅下滑

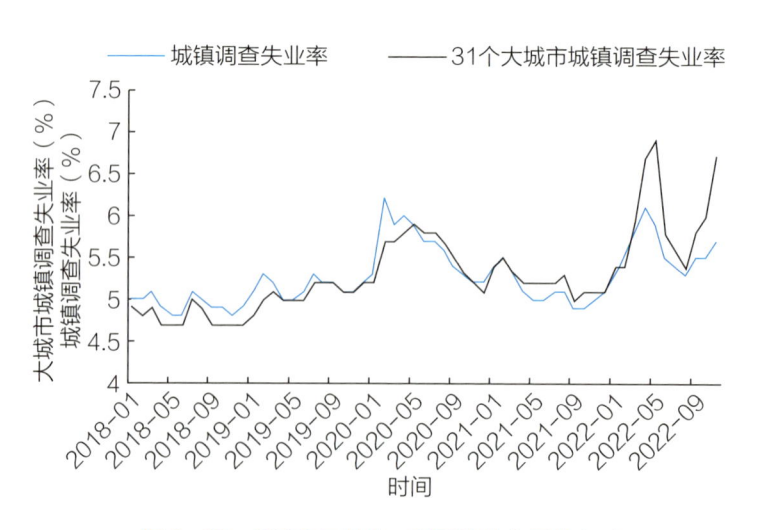

图3-62 2022年以来，居民失业率显著上升

失业率上升叠加居民收入水平下降,以及对于未来经济走势的不确定性的担忧,是导致居民预防性储蓄意愿上升的根本原因。

房地产市场低迷,居民资产缩水,财富效应下居民消费受到抑制。根据"消费财富效应"理论,公众持有的个人财富增长,将刺激其消费支出增加,反之亦然。

房地产是我国居民家庭财产最重要的组成部分。西南财经大学公布的《2018中国城市家庭财富健康报告》数据显示,我国家庭总资产中住房资产占比高达77.7%,远高于美国的34.6%;在金融资产上,我国家庭总资产中金融资产占比仅为11.8%。自2022年以来,房地产市场持续低迷,房价不振,这些都导致居民部门家庭资产减少,其通过财富效应作用抑制了居民的消费意愿(图3-63、图3-64)。

居民风险偏好下降,持有的其他资产向储蓄存款回流,这些促使超额储蓄的形成。

2022年第四季度,人民银行城镇储户调查问卷显示,倾向于"更多消费"的居民占22.8%,与上季基本持平;倾向于"更多储蓄"的居民占61.8%;倾

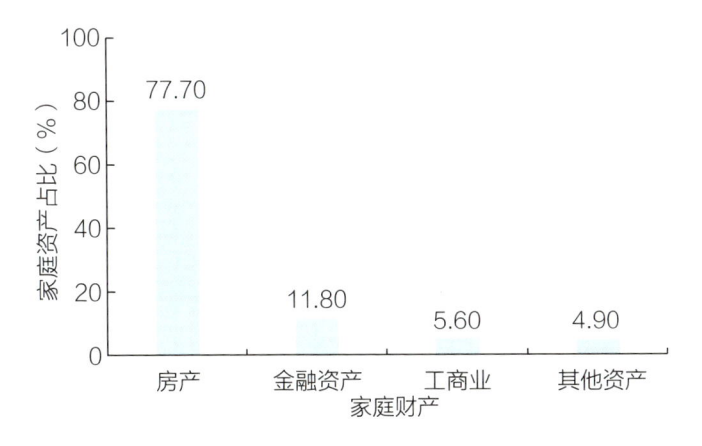

图3-63 房地产是家庭财产最主要的组成部分

💲 投资的宏观逻辑

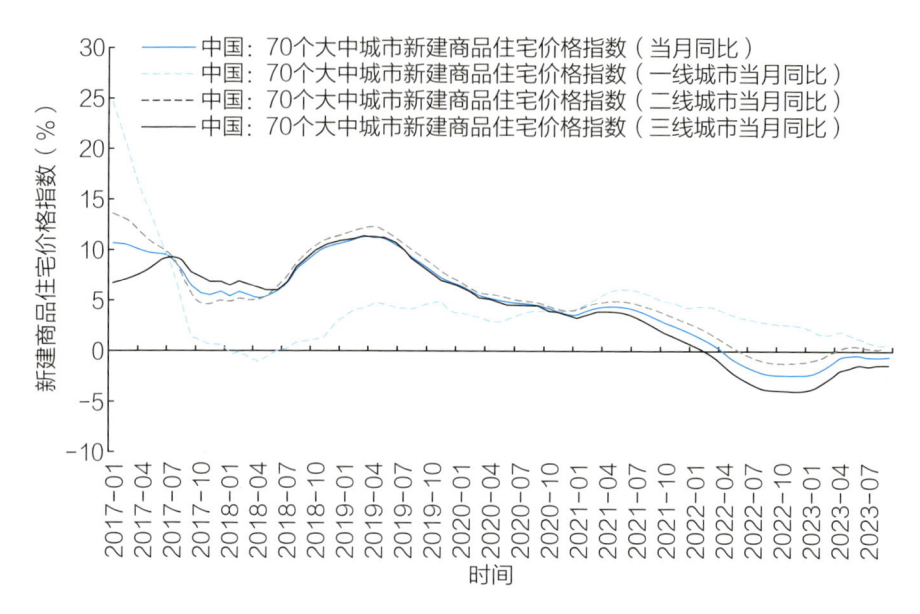

图 3-64 2022 年以来，商品房价格持续低迷

向于"更多投资"的居民占 15.5%。自 2020 年以来，风险偏好下降叠加投资收益下降的影响，使得居民持有的其他资产向储蓄存款回流，最终形成超额储蓄（图 3-65、图 3-66）。

图 3-65 居民消费意愿下降，储蓄意愿上升

图 3-66　银行理财投资仍是居民主要选择

分资产类别来看：

房地产：累计贡献约 3.5 万亿元的居民超额储蓄。

2022 年 11 月，70 个大中城市新建商品住宅价格指数同比下降 2.3%，房地产市场持续低迷叠加房企信用风险冲击，居民对于房产的配置意愿大幅下降。虽然有关部门陆续出台多轮政策，发力"保交楼""促销售"，但是这并未快速提振居民部门对于房地产市场的信心。2022 年 1—11 月，商品房销售额累计同比下降 26.1%。在房市低迷的背景下，居民房产购置减少，储蓄存款上升（图 3-67）。

考虑到商品房销售额为流量数据，受季节影响较为明显，我们根据 2017—2019 年商品房销售平均增速进行外推[①]，得到 2020—2022 年的趋势值。

经测算，截至 2022 年 11 月末，商品房销售额不及其潜在趋势，累计少

---

① 2016 年商品房销售同比增速显著高于之后各年平均水平，若使用 2016—2019 年数据估计趋势值，较大误差将产生。

投资的宏观逻辑

增约 8.8 万亿元（图 3-68）。

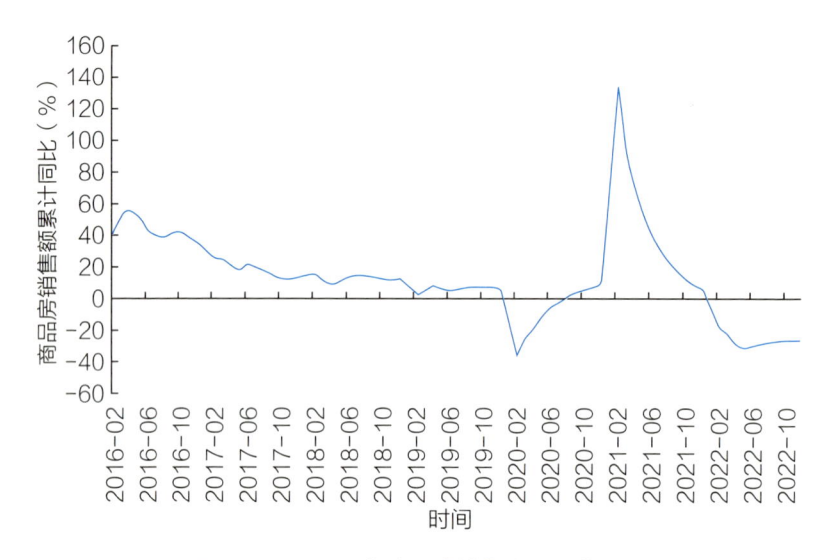

图 3-67　2022 年商品房销售出现显著下滑

图 3-68　居民累计减少房资购买约 8.8 万亿元

居民部门购买房产对储蓄的直接影响在于首付金额。居民部门配置房产，将动用储蓄存款支付购房首付款。当减少房产购置时，居民将保留更多的资金流做储蓄存款。除此之外，居民贷款购房后，每月偿还按揭贷款，这也在一定程度上会挤出储蓄资金。

根据样本银行首付比例计算，2019 年年末，居民首套房首付比例在 3 成左右，居民二套房首付比例在 5 成左右。同时，居民新增中长期贷款规模占同年房地产销售额的比重大致维持在 35%~40%。考虑到存在部分全款买房的情况，我们采用 40% 的购房首付比例来进行估计，少增的 8.8 万亿元的商品房销售或将带来约 3.5 万亿元的居民超额储蓄（图 3-69、图 3-70）。

理财产品：累计贡献约 0.9 万亿元的超额储蓄。

由于 2018 年存在资管新规的影响，在计算银行理财月的趋势值时，我们采用 2018 年 10 月（资管新规颁布半年之后）到 2019 年 12 月的数据来进行指数外推。

经测算，截至 2022 年 6 月，银行理财产品余额较其趋势值累计少增约 0.9 万亿元，差额主要来自 2022 理财资产规模增速不及潜在趋势。究其原因，自 2022 年 1 月起，资管新规全面落地，打破"刚性兑付"，银行理财产品不再

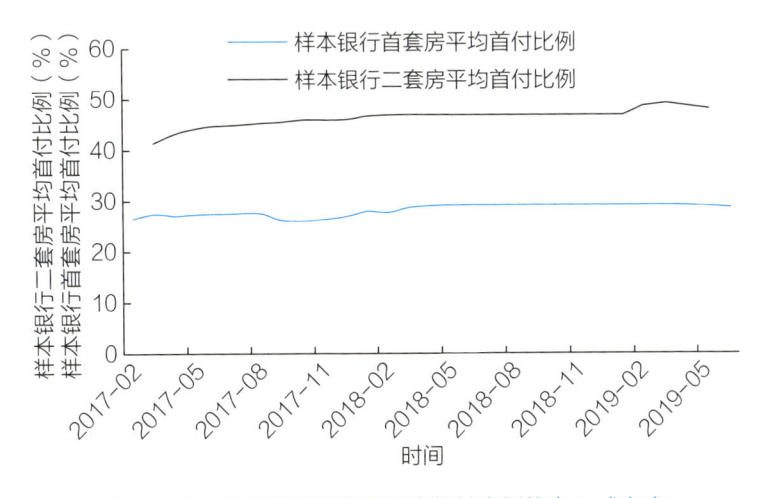

图 3-69　样本银行首套房平均首付比例约为 3 成左右

投资的宏观逻辑

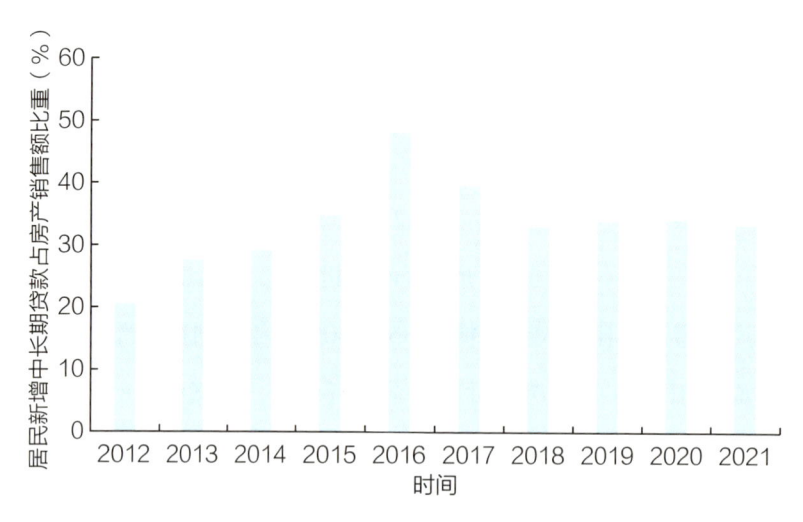

图 3-70 居民新增中长期贷款占房产销售额四成左右

保本保收益。在此背景下，银行理财预期收益率不断下降，这导致2022年银行理财产品资金余额未能延续之前的上升趋势，增速显著下降。居民减少的0.9万亿元理财产品将可能投向稳定性较强、风险较低的储蓄存款（图3-71、图3-72）。

图 3-71 银行理财预期收益率不断下降（%）

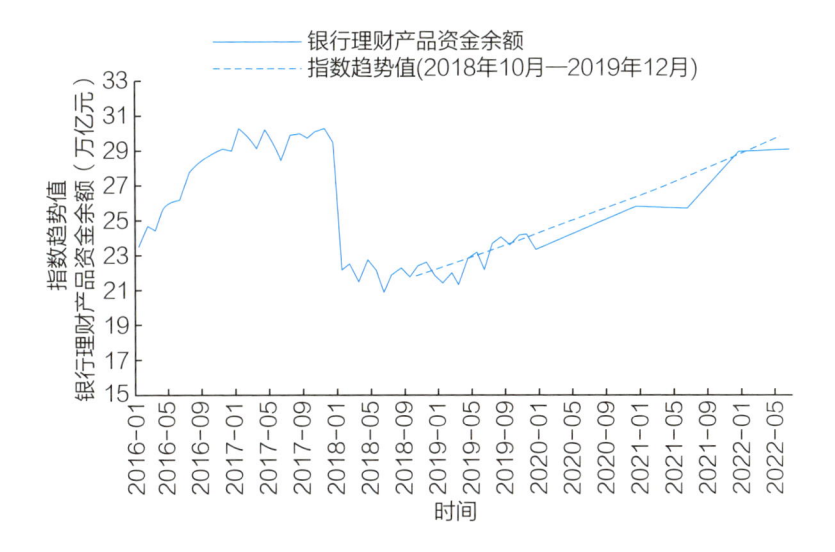

图 3-72　2022 年银行理财产品余额增速放缓

基金：累计贡献约 0.6 万亿元超额储蓄。

以 2016—2019 年数据作为基期，对公募基金进行指数外推。结果显示，公募基金在 2020—2021 年的规模明显在其趋势之上，但 2022 年以来增速显著下降，截至 2022 年 3 季度末，已回落至趋势水平。

以 2017—2019 年数据作为基期[①]，对私募基金管理规模进行指数外推。结果显示，私募基金规模在 2022 年之前与其趋势走势基本一致。但是从 2022 年开始，基金总规模开始下降，2022 年第三季度末，私募基金管理规模低于其潜在趋势值约 3.2 万亿元。根据中国证券投资业协会发布的《2021 年私募基金统计分析简报》中数据，截至 2021 年年末，居民（含管理员工跟投）在私募基金中出资金额达 3.82 万亿元，占比约 19.2%。据此推算 2022 年，居民资产中私募基金较趋势减少了约 0.6 万亿元，对应资金回流向存款形成了超额

---

① 以 2016—2019 年数据作为基期，对私募基金规模的拟合程度较差，故采用 2017—2019 年作为基期。

投资的宏观逻辑

储蓄（图 3-73、图 3-74）。

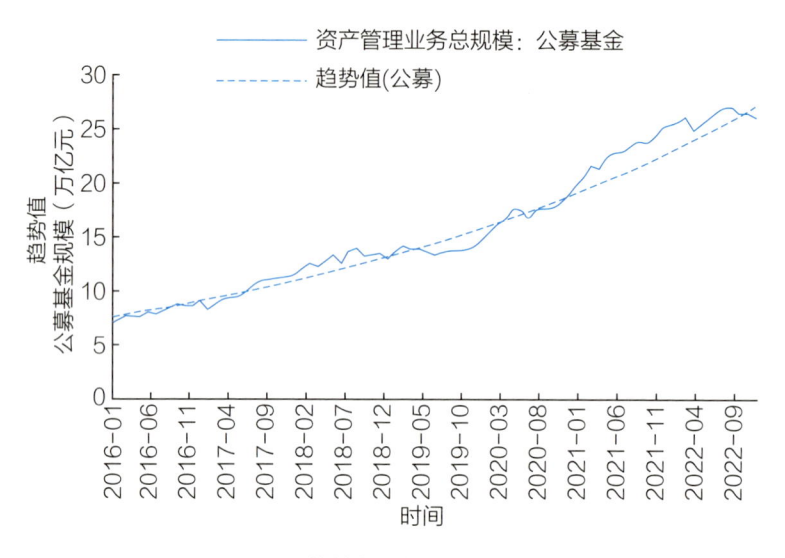

图 3-73 公募基金规模已回落至趋势水平

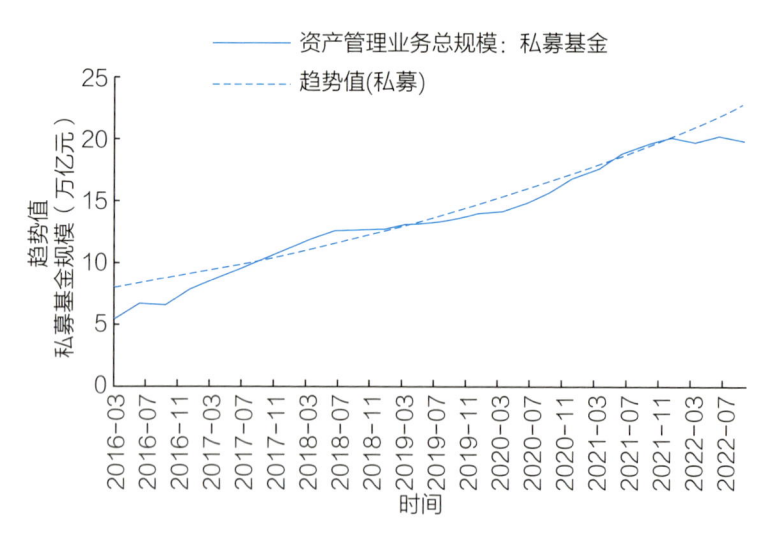

图 3-74 2022 年私募基金规模增速大幅下滑（万亿元）

超额储蓄去向何方？

2020年—2022年居民部门积累的10.5万亿元超额储蓄将如何释放？

从方向上看，我们认为居民超额储蓄将主要有三大潜在去向：消费、房地产，以及储蓄以外的其他金融资产。

消费：3.3万亿元的超额储蓄或将需要3~4年时间完成向消费转化。

在新冠疫情期间，居民收支出现双降。其中，居民减收拖累储蓄约1.2万亿元，减支积累储蓄约4.5万亿元，这共产生约3.3万亿元的超额储蓄。这部分超额储蓄主要来自消费场景受限下的被动储蓄积累和居民收入不确定上升后的预防性储蓄，它们是未来向超额消费转移的"主力军"。

但是在节奏上，我们认为这3.3万亿元的超额储蓄向超额消费的转化需要时间，不太可能在一年之内"倾囊而出"。具体来看：

消费场景约束结束后，消费虽然会修复，但也面临一定的限制。例如，服务消费的劳动过程与消费过程在时间与空间上是同步进行的，所以服务型消费意愿的释放便会受到供给以及时间的约束：一方面，服务消费较难同商品消费一样进行库存积累。另一方面，同商品消费不同，居民进行服务消费，同样需要花费时间，因此天然存在上限约束。

预防性储蓄的转化也存在一定的时滞。在经济活动逐步恢复的背景下，居民就业改善，收入回升，对未来的经济不确定性的担忧将逐步得到缓解，这进而将释放被预防性储蓄意愿压制的消费能力。

但居民对经济的预期改善需要时间，预防性储蓄通常存在"惯性"。居民预期的修复在一定程度上会滞后于收入的改善。因此，居民预防性储蓄或将按照"前低后高"的节奏缓慢释放。

综上，我们假设在2020—2022年积累的3.3万亿元的超额储蓄将同样需要 3~4 年时间完成向消费转化，对应 2023 年超额储蓄中将有 8000 亿 ~11000 亿元流向消费，其规模约占 2021 年社零总规模的 1.8%~2.5%[①]。

房地产：部分超额储蓄将通过刚需型和改善型购房需求向地产市场回流。

自 2022 年第四季度以来，多个监管部门接连释放重磅利好，从供需两端优化政策，稳定房地产市场预期。叠加前期政策，打出了"三位一体"的稳定房地产政策"组合拳"："促销售""保交楼"支持民营房企融资。2022 年 12 月，中央经济会议再次强调要确保房地产市场平稳发展，扎实做好保交楼、保民生、保稳定各项工作。

但当前居民收入预期弱、购房观望情绪尚未改变，短期房地产市场的压力仍在。2023 年，居民收入逐步回升，房地产市场也逐步企稳恢复（表3-6）。

表 3-6 2022 年第四季度以来，多个监管部门接连释放重磅利好

发债企业	部委	文件
2023 年 1 月 5 日	人民银行、银保监	建立首套住房贷款利率政策动态调整机制
2022 年 11 月 28 日	证监会	调整优化涉房企业五项股权融资措施
2022 年 11 月 23 日	央行、银保监会	关于做好当前金融支持房地产市场平稳健康发展工作的通知
2022 年 11 月 8 日	中国银行间市场交易商协会	为继续推进并扩大民营企业债券融资支持工具

资料来源：公开新闻整理，华西证券研究。

在政策的引导下，居民部门配置房产主要以刚需型和改善型住房为主。随着房地产市场筑底回暖，超额储蓄会逐步流向刚需型和改善型住房需求，流向投资型房产的规模可能较为有限。

其他金融资产：1.5 万亿元居民超额储蓄，将重新流回市场。

[①] 我们预测 2022 年全年社零名义增速为 -0.5%。若以此估算，2023 年超额储蓄流向消费的规模约占 2022 年社零总额的 1.8%~2.5%。与使用 2021 年数据结果一致。

除了消费和地产之外，居民超额储蓄的第三个主要去向是储蓄以外的其他金融资产，包括：银行理财、基金以及股票等。

我们认为 2020—2022 年银行理财产品和基金回流形成的约 1.5 万亿元居民超额储蓄，未来重新流回市场的可能性较高。

但是资金从超额储蓄中流出并不意味着，资金从哪里来就要回到哪里去。在居民风险偏好尚未完全修复的情况下，配置金融资产的原则，仍将是安全第一，收益第二。因此，在分配上则主要看未来的各市场的表现，居民部门的超额储蓄将流向最具吸引力的市场。

第四章
大类资产运行规律

第四章

大型複式家庭電器

第一节　金融周期及资产价格运行规律

我们利用 2007—2017 年样本对经济金融周期和资产价格运行规律进行研究。

实体经济运行、金融机构业务开展、资产价格波动和宏观经济政策皆有周期，周而复始、循环不已，霍华德·马克斯将其阐述为"钟摆定律"。当然，对于社会经济活动而言，周期皆非简单重复，同时也伴随经济金融结构、制度规则和政策手段的变迁，其更像黄仁宇大历史研究中提出的"螺旋循环式演进"状态。

2016 年下半年至 2017 年上半年，欧元区财政紧缩周期趋于结束、债务风险下降和宽松货币政策下金融机构对微观主体（居民家庭和企业）的信贷投放意愿增加，在财政对经济增长拖累的边际力量消失、信用条件改善的情况下经济活跃度提升，欧洲经济起死回生。中国经济在经历 6 年增长速度持续放缓后，逐渐步入相对稳定区间。美国经济表现较好，连续 8 年复苏，从房价收入比、产能水平、财政赤字等诸项指标看，美国经济仍将会维持温和扩张（GDP 增速 2% 左右）。主要经济体经济企稳改善，这将会对全球经济增长形成拉动。但是，与 2009 年或者金融危机前相比，无论是在潜在经济动能，还是政策空间方面，均不可同日而语。受制于劳动力增长和结构变化、市场空间和供给创新等条件，经济潜在动能不强。在政策方面，尽管财政赤字有所改善，但存量政府债务及负债率处于高位，货币政策基本被用至极限状态，在一些经济体中采用的宽松货币政策引发的金融杠杆和资产价格泡沫风险带来了新的失衡，构成隐患，这些都亟待处理。

金融周期，即是指金融机构广义信用的扩张收缩周期，其受两方面作用影响：一方面是金融机构基于对经济增长的乐观或悲观预期，影响着银行等机构对实体经济信用投放意愿，具有内生创发特征；另一方面是在货币政策周期下的金融机构信用增速变化，既包括对实体经济的信用投放意愿，也包括金融机构间的信用拆借和扩张增速，而后者往往与资产价格波动相关，具有外生促发性。

大危机是对美国过度金融杠杆的大清算，危机后美国加强监管栅栏修复，并定期通过"压力测试"对系统重要性金融机构进行体检，银行资产质量和负债结构得以改善和优化。中国在2016年第四季度开始收紧货币政策，在加强监管的情况下，引导金融去杠杆化。

通过对主要经济体股债价格运行周期规律进行分析，我们可以总结以下几个结论：

第一，货币政策对各国债券收益率有着明显的影响，特别对于短端（1年期）利率，债市牛熊周期与货币政策松紧周期较好映射。

第二，各主要经济体长端（10年期）实际收益率具有较强同步性，美债收益率的中枢特征较为显著，原因主要是在经济开放性加强的背景下金融和实体投资的跨区域流动便利性提高；中美近期的偏离主要受监管政策冲击所致。

第三，在2013年之后，中国的货币政策对资产价格的影响较之前有所增强，原因在于经济增长指标和通胀指标波幅钝化，市场对政策的敏感度提高，同时实体货币需求减弱导致资金对涨价资产过度追逐。

第四，从长期看，股票市场的表现由经济增速和企业盈利情况决定；在特殊时段，货币政策和"新闻效应"（罗伯特·席勒定义）等也会产生影响。

央行之路：从分道再到同途

四大央行规模：迅速扩张、体量相当

从绝对规模来看，中国央行的资产规模是四大央行中最大的。在金融危机前，2007年12月中国央行资产规模2.3万亿美元、欧央行2.2万亿美元、日本央行1万亿美元、美联储9000亿美元。2017年6月，中国央行资产规模5.08万亿美元，欧央行4.81万亿美元，日本央行4.46万亿美元，美联储4.46万亿美元，分别是2007年12月的2.20倍、2.18倍、4.46倍和4.95倍（表4-1）。

中国：中国央行资产规模之所以较高，主要是中国经济在相对高增速环境下，涉外账户长期双顺差，央行持续干预外汇市场囤积了大量外汇资产。相比2014年12月，2017年6月央行资产规模缩小主要是因为外汇资产缩减。

美国：在金融危机前美联储的资产规模较小，似乎与其经济体量不匹配，这主要源于美国金融市场体系较为庞大，信用创造工具丰富，广义货币乘数较高，而在金融危机中美联储大举购买资产，并随后推行了三轮QE，累积购买资产规模达到近4万亿美元。所以，考虑部分资产到期，其资产规模扩张至4.5万亿美元也是必然。

日本：日本央行的资产扩张与美联储类似，也是由2010年后重启QE所致。2017年6月日本央行资产相较2014年12月大幅扩张主要是因为日本央行采取力度更大的资产购买计划。

投资的宏观逻辑

欧洲：2015 年 3 月，欧央行实质性启动 QE，在此之前，欧央行资产规模扩张幅度最小，而之后，其资产规模持续明显扩张。

表 4-1　主要央行资产规模

单位：亿美元

货币政策	时间	中国央行资产规模	美联储资产规模	欧央行资产规模	日本央行资产规模	四大央行资产合计
	2005 年 12 月	12846.8	8504.1	12280.3	13184.8	46816.0
	2006 年 12 月	16450.2	8738.9	15189.5	9707.9	50086.5
	2007 年 12 月	23158.1	8938.2	22047.5	9958.3	64102.2
QE1（2008 年 10 月—2010 年 4 月）	2008 年 9 月	29641.3	12139.1	21435.8	10623.5	73839.7
	2008 年 12 月	30331.7	22587.4	28500.2	13500.2	94919.6
	2009 年 12 月	33327.7	22372.6	27286.3	13178.5	96165.1
QE2（2010 年 11 月—2011 年 6 月	2010 年 12 月	39345.5	24234.6	26829.3	15870.6	106280.0
	2011 年 12 月	44636.5	29284.9	35429.1	18600.9	127951.3
QE3（2012 年 09 月—2014 年 10 月	2012 年 12 月	47275.0	29088.6	39819.1	18261.4	134444.0
	2013 年 12 月	52409.0	40325.8	31415.1	21296.6	145446.4
	2014 年 12 月	54521.1	45094.6	26011.5	25084.5	150711.8
	2015 年 2 月	54210.2	44867.3	24134.6	26795.0	150007.1
美加息	2015 年 12 月	48946.2	44865.9	30186.5	31869.9	155868.5
欧降息	2016 年 3 月	50438.6	44863.3	33477.2	36029.8	164809.0
美加息	2016 年 12 月	49458.5	44514.5	38522.7	40722.8	173218.6
美加息	2017 年 3 月	48952.1	44696.2	53689.2	44000.1	181337.6
美加息	2017 年 6 月	50891.7	44633.5	48102.1	44677.5	188304.8

资料来源：四大央行各自网站、Bloomberg。

第四章 大类资产运行规律

从相对规模来看，选用央行资产/GDP这一指标，其代表着撬动单位GDP所对应的央行资产体量要求。该指标在某种程度上反映一国央行货币政策的效率，而效率的高低决定于一国货币政策传导是否通畅和一国金融市场信用创造能力。

美联储资产/GDP相较欧央行和日本央行较低，这源于美联储货币政策传导相对通畅，同时美国金融市场信用创造能力较强。受危机应对、推行QE影响，叠加经济增速回落，自2008年以来美国、欧元区、日本的该指标持续上升，货币政策效率均趋于下降。

中国的央行资产/GDP在2007—2010年相对比较平稳，而自2011年以来其持续回落，这主要源于外汇资产增速的下降：一方面，2010年6月19日央行重启汇改，增强了人民币汇率弹性，这意味着央行减少对外汇市场的干预。在2011—2013年美元兑人民币汇率从6.6持续调整至6.05，人民币升值幅度近8.3%，这就明显减少了央行为稳定汇率"抛出人民币，购进美元"的操作，相应地，央行外汇资产的增速放缓。另一方面，自2011年以来，热钱流入的减少以及逆转为流出[1]不仅缓解了央行的干预程度，也对外汇资产的增长形成了影响。在2015年8月11日"汇改"后，人民币面临较大贬值预期，资本外流压力加大，外汇资产的减少是央行资产规模缩小的主要原因。

日本央行在2013年启动大级别量宽后，其央行资产/GDP快速上升，欧央行在2015年以来该指标数值也逐渐上升（图4-1）。

---

[1] 在2012年和2014年，热钱流出规模分别为2636亿美元和3750亿美元，2011年热钱流入1554亿美元，2013年流入706亿美元。热钱的流出主要受中国宏观经济增速下降和美联储逐步退出QE且加息预期显现所致。

投资的宏观逻辑

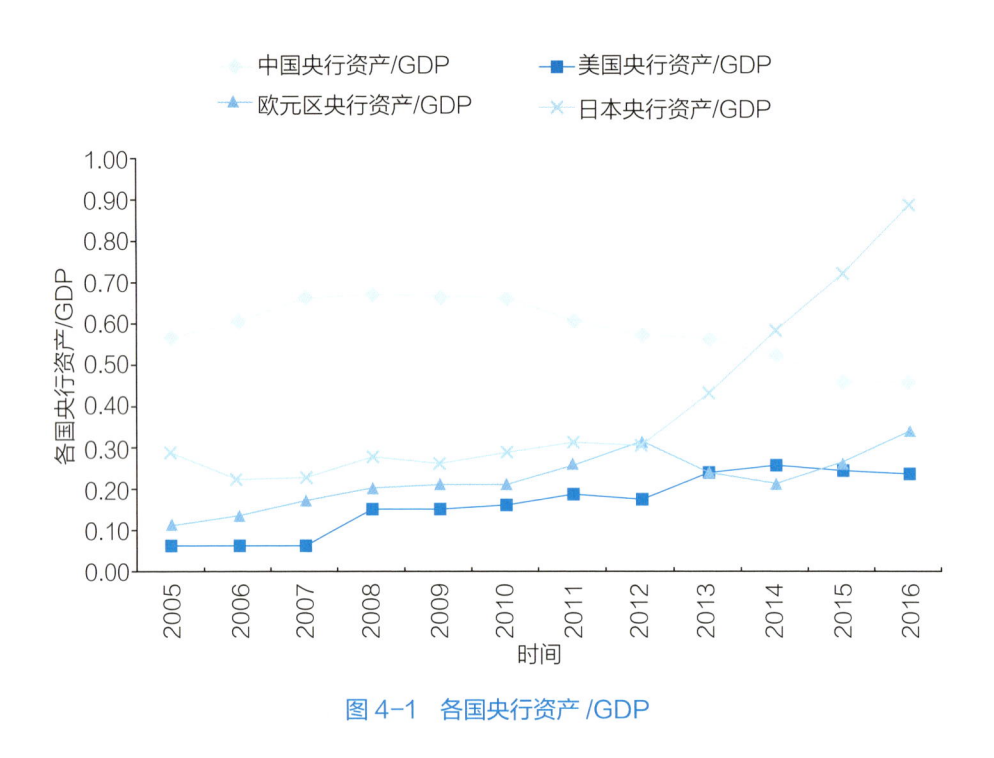

图 4-1 各国央行资产/GDP

四大央行资产结构和变化：轮番购买

中国央行与其他三大央行的不同。由于中国实行有管理的浮动汇率体制，央行干预外汇市场的职责较强；同时，作为发展中国家，中国以典型的制造业国家参与全球经济分工，长期的双顺差带来资金的持续流入。这样，资金持续流入叠加央行外汇市场干预导致中国基础货币的投放主要以外汇资产为基础。2005—2013 年（除 2012 年），外汇占中国央行资产的比例从 60%持续攀升至 83%，自 2014 年以来数值有所下降，截至 2017 年 6 月占比为62.4%。

而对于浮动汇率制度下的其他三大央行：

美联储：在金融危机前以国债为基础投放货币，国债占其资产近 90%，在金融危机后受 QE 操作所购资产类型影响，国债占比有所下降，退出 QE 后美联储资产结构趋稳，截至 2017 年 6 月主要资产包括国债（占比 55%）和 MBS（占比 40%）。

欧央行：与美联储相比，欧央行的资产分布较为分散，主要包括对欧元区金融机构借款、欧元区证券、对非欧元区相关主体债权、黄金及其等价物。欧央行自 2009 年开始增加对欧元区证券的持有，在金融危机前该项占比 6%~7%，随着欧版 QE 于 2015 年 3 月启动①，该项占比持续上升，2017 年 6 月占比增加至 56%。对欧元区金融机构借款是欧央行传统的主要货币投放渠道，在 2009 年之前其占比稳定在 40% 左右，自 2010 年以来逐渐下降，在 2017 年 6 月占比为 19%，该类借款通过主要再融资操作和长期再融资操作进行，其利率也相应成为欧央行的基准利率。

日本央行：资产主要是国债，在 2010 年 10 月重启量宽之前占比在 60%~70%，之后占比上升，到 2017 年 6 月已至 85%。另外一项主要资产是对金融机构的借款，2017 年 6 月占比为 9%。

截至 2017 年 6 月，中国、美国、欧洲、日本央行资产端各主要资产的占比结构如图 4-2 所示。

---

① 欧版 QE：规模 1.08 万亿欧元（约合 1.25 万亿美元），每月购买资产规模 600 亿欧元，购买资产主要是国债，另外还有部分私人部门资产［the ABS purchase programme (ABSPP) and the third covered bond purchase programme (CBPP3)］，从 2015 年 3 月至 2016 年 9 月。

投资的宏观逻辑

中国央行资产端结构(2017年6月)
- 对政府债权, 4.4%
- 对金融机构债权, 26.7%
- 外汇, 62.4%

美联储资产端结构(2017年6月)
- MBS, 39.6%
- 国债, 55.1%

欧央行资产端结构(2017年6月)
- 黄金及黄金等价物, 9%
- 对非欧元区相关主体债权, 7%
- 对欧元区信用机构借款, 19%
- 持有的欧元区证券, 56%

日本央行资产端结构(2017年6月)
- 借款 9%
- 政府债券 85%

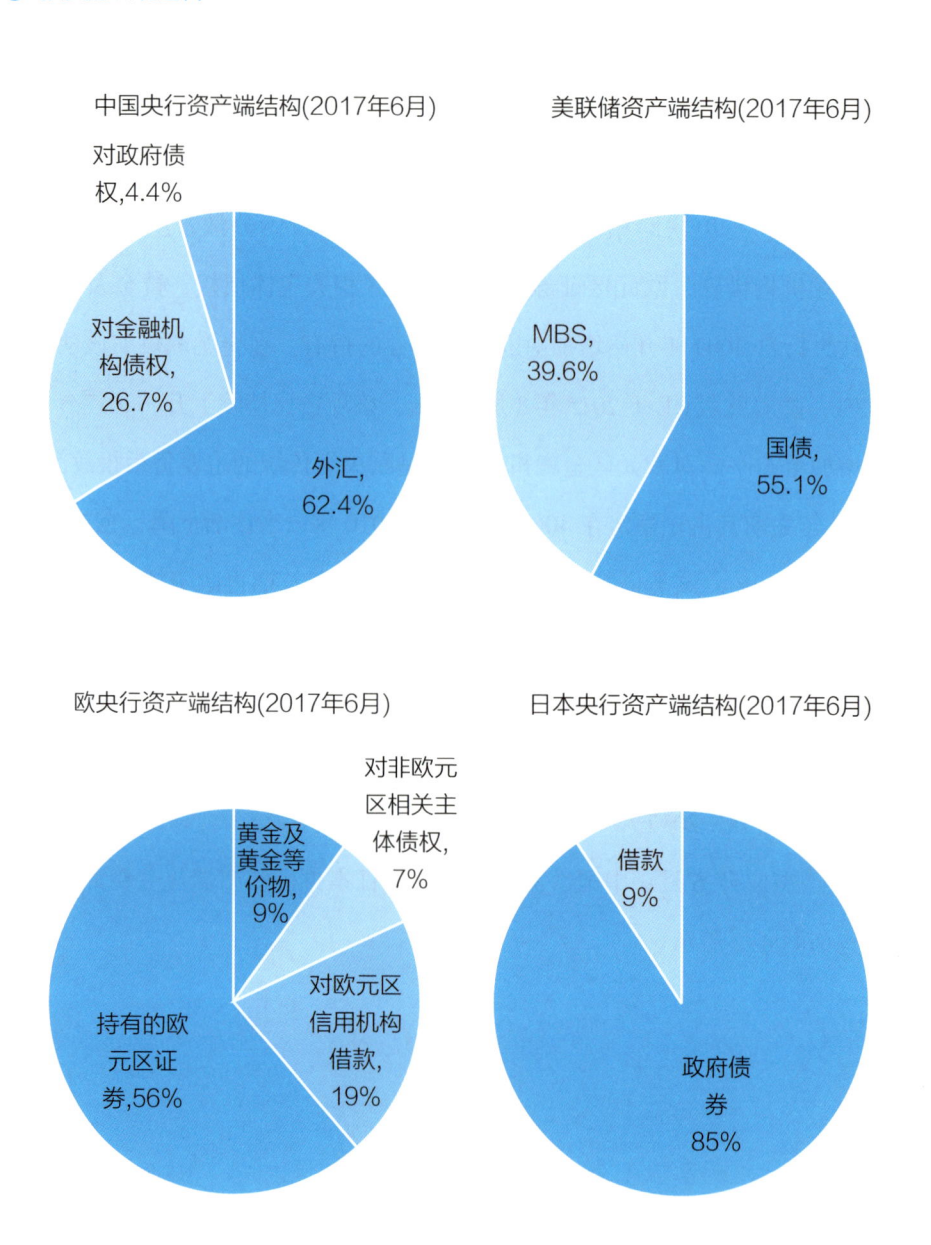

图4-2 四大央行资产结构（%）

四大央行负债结构和变化：庞大的准备金

中国央行：中国央行的负债主要包括通货、金融机构存款（准备金）、发行债券（央票）和政府存款。通货与政府存款的占比相对稳定，金融机构存款（准备金）占比则逐步增加，从危机前的40%上升至2011年年底的60%，在2011年后其趋向稳定，到2017年6月占比为67%。发行债券（央票）的占比自危机以来逐渐下降，目前只有0.1%，这主要受外汇占款增速下降和发债操作成本较高影响所致。与其他三大央行不同的是，中国的准备金基本为法定的。

美联储：在金融危机前负债主要是通货，其占比近90%，金融机构存款较低，仅2%左右。在金融危机爆发后，美联储的危机应对和量宽操作带来了负债的明显变化，通货占比下降而金融机构存款（超额准备金）占比持续较大幅度上升，至2015年2月，通货占比下降至30%，而超额准备金占比上升至60%。在2008年10月QE启动后，至2015年2月，美联储资产增加了约2.5万亿美元，而超额准备金增加约2.3万亿美元，后者占前者比重高达92%。美国在退出QE、经过四次加息后，截至2017年6月，超额准备金规模降至2.1万亿美元，其占比下降至47.5%；通货规模上升至1.5万亿美元，其占比回升至33.9%。

欧洲央行：在量宽之前，负债结构相对比较稳定；在2015年启动QE后，通货下降，金融机构的超额准备金大幅提升。至2017年6月通货占比由启动QE时46.7%降至27.0%，金融机构超额储备（对欧元区信用机构负债）规模从12.6%提升至40.9%。

日本央行：日本央行的负债结构及变化与美联储类似，在2010年重启QE后，金融机构超储规模及占比迅速上升，通货占比下降。2010年12月通货占比64%，金融机构超储占比17.6%。2017年6月通货占比下降至20%，超储占比达到72%（图4-3、表4-2）。

中国央行负债端结构(2017年6月)

- 发行债券, 0.1%
- 政府存款, 8%
- 通货, 21%
- 金融机构存款, 67%

美联储负债端结构(2017年6月)

- 反向回购协议, 11.3%
- 通货, 33.9%
- 储蓄机构准备金, 47.46%

欧央行负债端结构(2017年6月)

- 对欧元区其他机构负债, 8%
- 其他负债, 5%
- 通货, 27%
- 对欧元区信用机构负债, 41%

日本央行负债端结构(2017年6月)

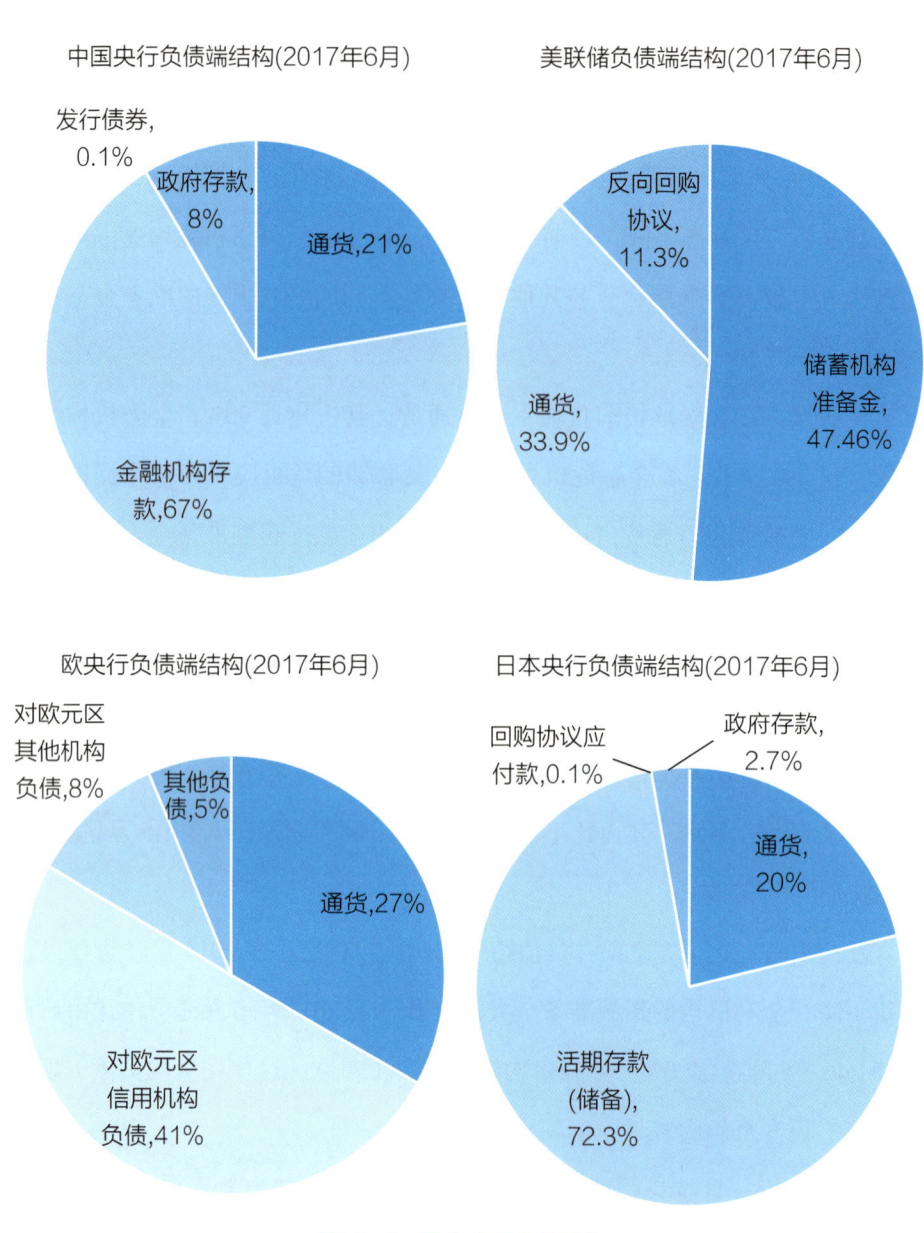

- 回购协议应付款, 0.1%
- 政府存款, 2.7%
- 通货, 20%
- 活期存款(储备), 72.3%

图 4-3 四大央行负债结构

表 4-2 主要央行资产负债表变化及特征

	资产端	负债端
美联储	危机前,资产端主要为国债。金融危机后美联储开始购买MBS,至退出QE前,美联储资产端国债和MBS占比持续上升,退出QE后两者占比趋于稳定。2017年6月国债占比55%和MBS占比40%。	危机前,负债主要为通货,占比近90%。危机拯救及QE操作释放的流动性,被金融机构以超额储备金存于联储,2014年年底,准备金占比达到60%,而通货占比30%。退出QE、四次加息后,2017年6月,超额准备金占比下降至47.5%。通货占比回升至33.9%
欧洲央行	非常规政策操作使得央行资产端持有证券占比持续上升:2009—2012年,CBPP,CBPP2,SMP,OMT。2015年启动QE后,持有债券占比将继续扩大:2015年3月起,购买主权债,ABSPP,CBPP3。2017年6月持有欧元区证券占比上升至56%,对欧元区金融机构借款占比19%。	大危机至2012年年底,通货占比逐渐下降,而对欧元区信用机构负债占比上升。2013—2014年年底,上述情况逆转,通货占比回升,对信用机构负债下降。二者合计占比较为稳定,60%左右。2015年3月启动QE,2017年6月通货占比27.0%,对欧元区信用机构负债占比40.9%
日本央行	日本央行在2010年10月启动量宽并于2013年加大规模后,资产端政府债券占比持续上升,2017年6月政府债券占比高达85%,对金融机构借款占比下降至9%。	重启QE后,金融机构超储规模及占比迅速上升,通货占比下降。至2017年6月金融机构存款即超储占比72.3%
中国央行	资产端主要是外汇资产,2005—2011年占比持续上升,2012年以来相对稳定,在80%。2015年8.18汇改后,外汇资产占比下降,央行通过投放MLF、PSL、SLF等增加对金融机构债权。外汇资产占比从2015年12月78.2%降至2017年6月的62.4%,金融机构债权由2015年12月10.5%升至2017年6月的26.7%。	金融机构存款(准备金)为主要部分,2005—2012年占比持续上升,2012年年底占比达65%,此后相对稳定,2017年6月占比67%。通货与政府存款的占比相对稳定,通货从2005年至今占比稳定在20%左右,政府存款占比稳定在8%左右。央票在2005—2009年,占比较高达20%,2012—2014年,明显下降,占比跌至2%,2016年3月后再次下降,至2017年6月占比0.1%。

资料来源:四大央行各自网站。

投资的宏观逻辑

四大央行政策回顾：以己为本、分分合合

央行货币政策逆周期调节，各主要经济体相互联系而又有自身运行特征，这就导致主要央行政策既有同步调整的阶段，也存在政策分化的时期。

根据主要央行政策调整节奏，我们可以将危机以来政策操作分为五个阶段（详见表4-3）：大危机下政策同步大幅放松：2008年9月—2009年6月；政策出现分化：2010年11月—2011年7月；欧债危机冲击下的政策再次同步：2011年9月—2012年12月；美联储与其他央行分道扬镳：2014年1月—2017年3月；各国经济逐渐复苏，政策再次趋于同步（2017年）（表4-3、图4-4、图4-5）。

流动性浪潮：金融杠杆与资产价格

股债表现：央行投放与回收、牛市光环与幻灭

2014年1月—2016上半年，中国的宽松货币政策引发了包括股票和债券在内的各类金融资产价格上涨。债市方面，2014年1月—2016上半年此轮债券牛市中，1年期、10年期国债收益率各下行约200bp至2.1%、2.6%。股市方面，2014—2016年，上证综指、深证综指年复合增长率高达11.07%、25.30%，同时上证所、深交所平均市盈率均值分别高达14.8、38.5，远高于2012—2013年12.0、23.8的均值。

从2016年下半年至2017年上半年，随着金融去杠杆的推行，债券价格持续下跌、股市涨幅有所收窄。债市方面，截至2017年6月底，1年期、10年期国债收益率分别较2016年10月底上行130、180bp至3.46%、3.56%。股市方面，截至2017年6月底，上证综指、深证综指分别仅较2016年年底上涨2.87%、-3.66%（图4-6~图4-8）。

第四章 大类资产运行规律

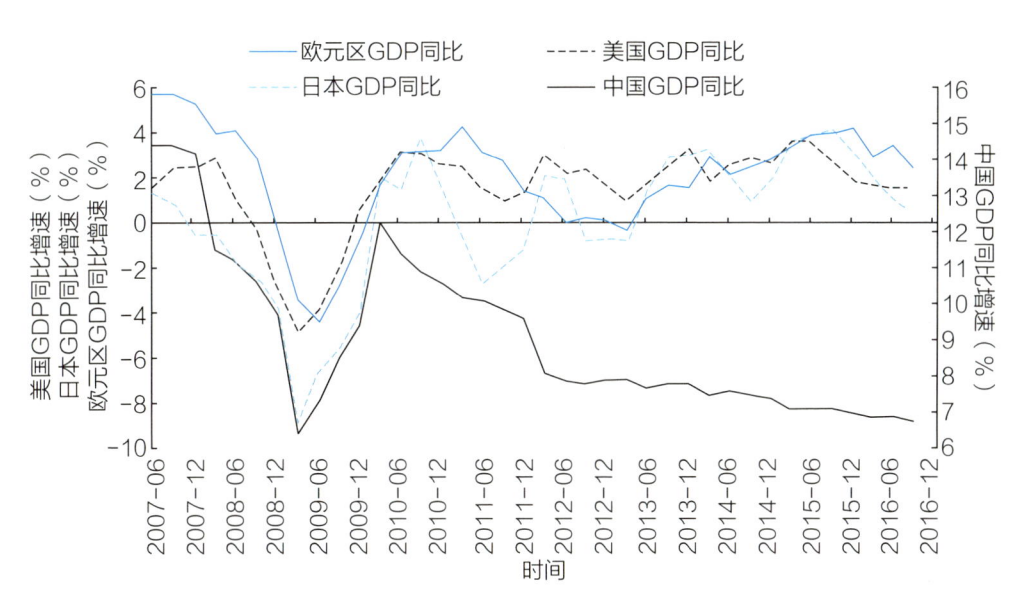

图 4-4 主要经济体经济增速

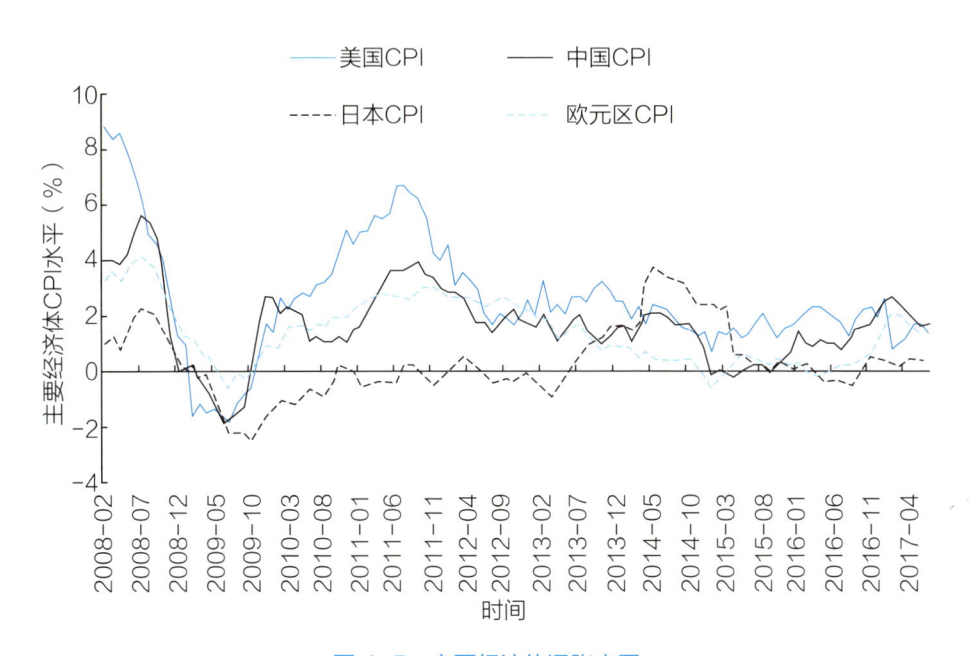

图 4-5 主要经济体通胀水平

249

表 4-3　危机以来主要央行各阶段政策操作

国家	2008年9月—2009年6月	2010年11月—2011年7月	2011年9月—2012年12月	2014年1月—2017年1月	2017年2月
	大危机下政策同步大幅放松	政策出现分化	欧债危机冲击下的政策再次同步	美联储与其他央行分道扬镳	各国经济逐渐复苏，政策或再次趋于同步
美国	次贷危机演化，美联储2007年9月底开始降息，从5.25%降至4.75%，随后持续降息，2008年底降至0.25%，并启动QE1	美联储于2010年11月启动QE2	美联储于2012年9月启动QE3	美联储于2014年年初开始削减QE，并于10月底结束。2015年12月、2016年12月分别加息25bp	美联储于2017年3月和6月分别加息25bp
欧元区	欧元区经济下滑相对平缓，欧央行自2008年11月12日至2009年5月13日，连续6次降息，主要再融资操作利率从3.75%下调至1%	通胀水平上升，欧央行于2011年4月和7月连续两次加息，主要再融资操作利率从1%上调至1.5%	受欧债危机对实体经济的冲击影响，欧央行自2011年9月至2014年9月，进入降息周期，欧央行累积降息7次，主要再融资操作利率从1.5%下调至0.05%	欧央行2014年9月将主要再融资操作利率降至0.05%，即零利率；于2015年3月启动较大量级QE，月均600亿欧元，持续至2016年9月，通胀目标2%。2016年3月10日欧央行大举推行"政策宽松组合拳"：扩大负利率和QE规模及购债范围，重启TLTRO	欧央行6月声明：继续维持债市货币政策不变，维持QE规模不变，2017年12月份，在声明中删除了可能再次下调利率的措辞

250

续表

国家	2008年9月—2009年6月	2010年11月—2011年7月	2011年9月—2012年12月	2014年1月—2017年1月	2017年2月
日本	日本央行于2008年10月30日降息，2008年12月18日再次降息，基准利率从0.5%下调至0.1%	日本央行于2010年10月重新启动量宽操作，于2011年3月受大地震影响，量宽规模逐渐扩大	日本央行于2011年8月起持续扩大量宽规模，至2012年底规模增加至101万亿日元	2013年年初引入"价格稳定目标（CPI2%）"和"开放式资产购买方式"，大规模扩张基础货币，并于2014年10月将基础货币年均扩张规模提高至80万亿日元。于2016年初宣布负利率	继续强调宽松，维持负利率和80万亿日元货币基础收益率不变。为抑制日债收益率的上升，7月初宣布无限制购债政策
中国	2003年至2008年9月，中国货币政策处于收紧状态。2008年9月开始，货币政策开始放松，至2008年年底，降息5次，降准3次	受通胀水平上升，中国央行自2010年1月开始提高存款准备金率，至2011年6月连续12次提高，特别2010年11月—2011年6月期间，大型存款金融机构准备金率最高21.5%。同时，小型19.5%。同时，自2010年10月—2011年7月，加息5次，一年期贷款利率最高6.56%	中国央行自2011年12月降准，至2012年5月降准3次；并于2012年6—7月连续两次降息	中国央行于2014年11月和2015年3月降息，2015年2月和4月降准。至2016年4月，本轮共6次降息，5次全面降准1次定向降准	2月和3月央行两次上调公开市场逆回购操作利率，共20个基点。1月和3月央行两次上调MLF操作利率，共20个基点

资料来源：四大央行各自网站。

251

图 4-6 中国 10 年期、1 年期国债收益率

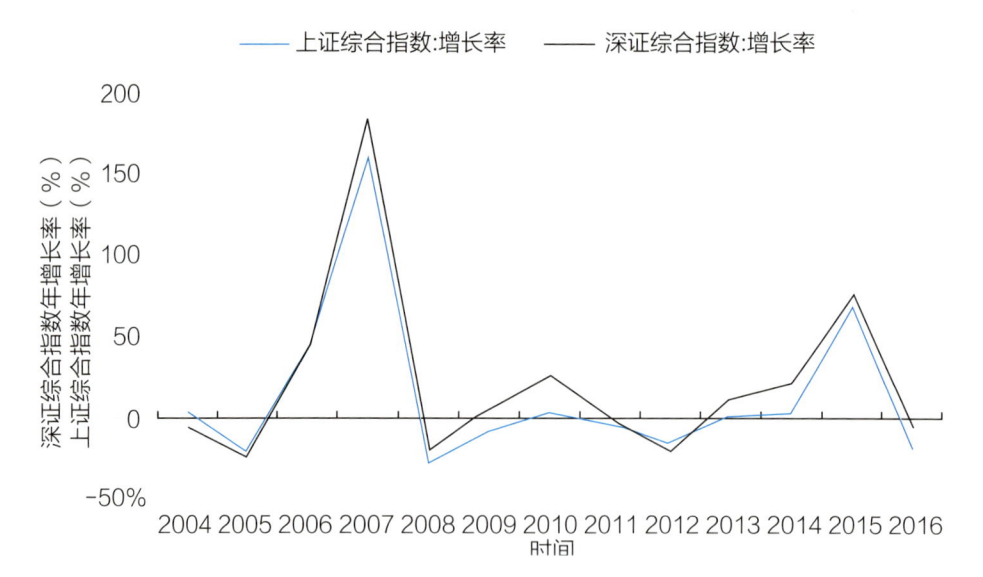

图 4-7 上证综指、深证综指年增长率

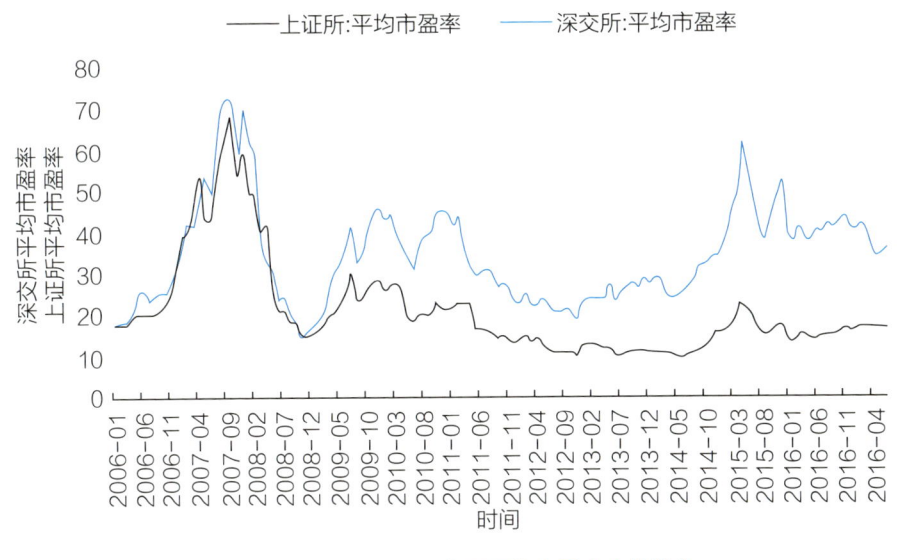

图 4-8　上证所、深交所平均市盈率（倍数）

金融危机后至 2014 年年底，美联储宽松货币政策同样引发了包括股票和债券在内的各类金融资产价格上涨。在这段时间，美联储多次降息、联邦基金目标利率处于 0~0.25% 的低位，同时其于 2008 年 11 月—2014 年 10 月先后进行了三轮 QE，通过买入国债、抵押贷款支持证券等资产为金融系统注入大规模流动性。在债市方面，2009 年年初至 2014 年年底，美国 1 年期国债收益率长期处于 0.2% 左右的较低水平，10 年期国债收益率则震荡下行约 170bp 至 2.2%。股市方面，2009—2014 年，美国道琼斯指数、标普 500、纳斯达克综指年复合增长率分别高达 13.56%、15.29%、18.85%，均高于金融危机前水平。同时美股道琼斯指数、标普 500、纳斯达克综指月度市盈率均值分别为 14.48、16.51、30.97，均高于金融危机前水平。

2014 年年底至 2017 年年中，美联储退出 QE，联邦基金目标利率累计上调 4 次、合计 100bp，美债收益率有所上行、美股涨幅也有所收窄。债市方面，截至 2017 年 6 月底，美国 1 年期国债收益率跟随联邦基金目标利率抬升约 100bp

至 1.2%；美国 10 年期国债收益率受英国退欧、法国大选等风险事件影响，波动较大，同时由于通胀持续处于较低水平，其合计抬升 10bp 至 2.31%。股市方面，2015—2016 年，美国道琼斯指数、标普 500、纳斯达克综指年复合增长率分别为 5.30%、4.28%、6.61%，较 2009—2014 年明显放缓（图 4-9~图 4-11）。

图 4-9 美国 10 年期、1 年期国债收益率

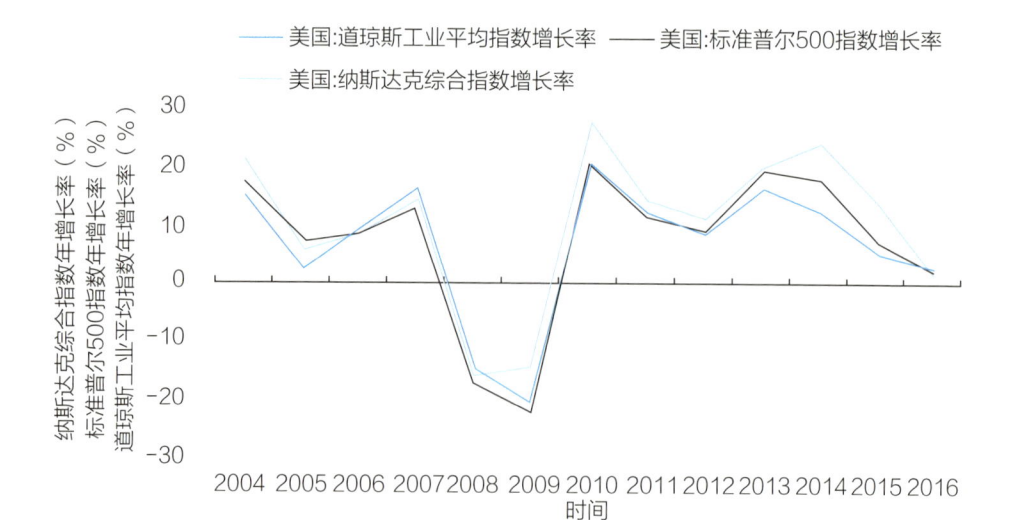

图 4-10 美国三大股市指数年增长率

图 4-11　美国三大股市指数市盈率

美国金融机构杠杆：大清算、强监管

金融危机后至今，美国加强对金融机构监管。在次贷危机爆发后，美国政府一系列拯救濒临破产金融机构的行为引起了社会各界和民众的不满，民众普遍指责金融机构的贪婪和金融监管的缺失，强烈呼吁金融改革。2010年7月，时任美国总统奥巴马正式签署《多德—弗兰克法案》(*Dodd-Frank Act*)，围绕防范系统性风险和消费者金融保护两大核心问题，该法案主要内容有：

第一，进行监管机构和监管功能重组。首先，在联邦监管机构层面，增设金融稳定监管委员会、消费者金融保护局、联邦保险办公室等机构来强化联邦层级的监管；其次，法案赋予美联储监管大型综合金融保险集团的权力，在分业监管的大背景下美联储做出了混业监管的创新性尝试。此外，该法案还提出设立金融稳定监督委员会，该委员会由财政部牵头，成员还包括其他九家监管机构。

第二，强化对"系统重要性机构"的监管，解决"大而不倒"的问题。法案建立新的系统风险监管框架，将所有具有系统重要性的银行和非银行金融机构纳入美联储的监管之下，实施更为严格的资本充足率和其他审慎性监管标准（包括禁止拥有子公司的大型银行将信托优先债券作为一级资本，要求资产在150亿美元以上的银行必须达到更高的资本标准，要求大型银行用5年时间把信托优先债券从一级资本中逐步剔除）。同时引入"沃尔克规则"，限制大型金融机构的自营交易业务。其内容包括：限制银行和控股公司从事自营性交易；限制银行拥有或投资私募股权基金和对冲基金，其投资总额不得超过银行一级资本的3%；为了避免利益冲突，禁止银行做空或做多其销售给客户的金融产品；并分拆银行的高风险掉期交易业务。

第三，对证券化及场外衍生品金融市场进行规范和约束。在证券化方面，要求证券化信贷敞口的信贷风险要与信贷发起人的利益相联系，要提高证券化市场的透明度和标准，加强对信用评级机构的监管。在场外交易方面，将绝大部分场外金融衍生品交易移到交易所交易，并要求所有具备从美联储贴现窗口获得融资资格的大型商业银行剥离其信用违约掉期（CDS）等高风险衍生产品到特定的子公司，还对从事衍生品交易的公司实施特别的资本比例、保证金、交易记录和职业操守等监管要求。

第四，创设消费者保护局，加强对消费者权益的保护。新法案在美联储体系下设立消费者金融保护局。该机构具有独立的监管权，可以独立制定监管条例并监督实施。

自2016年以来，随着特朗普总统上台，该法案实施效果以及废除与否成为舆论关注的焦点。2017年2月3日，美国总统特朗普签署行政命令，要求对《多德—弗兰克法案》进行评估，但并未公布行政命令的具体细节。考虑到该法案的变更需要经过国会同意，完全废除该法案并不容易。

随着金融监管加强，危机后美国金融机构杠杆率水平有所降低。从资产规模看，2010年1月—2017年5月，美国商业银行资产总额月均同比仅为4.21%，远低于金融危机前10%的同比增速；从权益资金撬动的资产倍数看，2016年美国银行业总资产与资本比率为11.74，较金融危机前12.74的水平有所降低；从负债结构看，金融危机后美国商业银行存款占负债比重不断上升，截至2017年5月底为81.42%、高于金融危机前70%的水平，这显示负债结构趋于稳健、货币在金融体系内部派生的规模有所下降。此外，世界银行数据显示2016年美国银行业不良贷款率降至1.47%、与危机前数据趋同，这显示在经济向好、金融监管加强的背景下金融体系逐渐正常良性运转（图4-12~图4-15）。

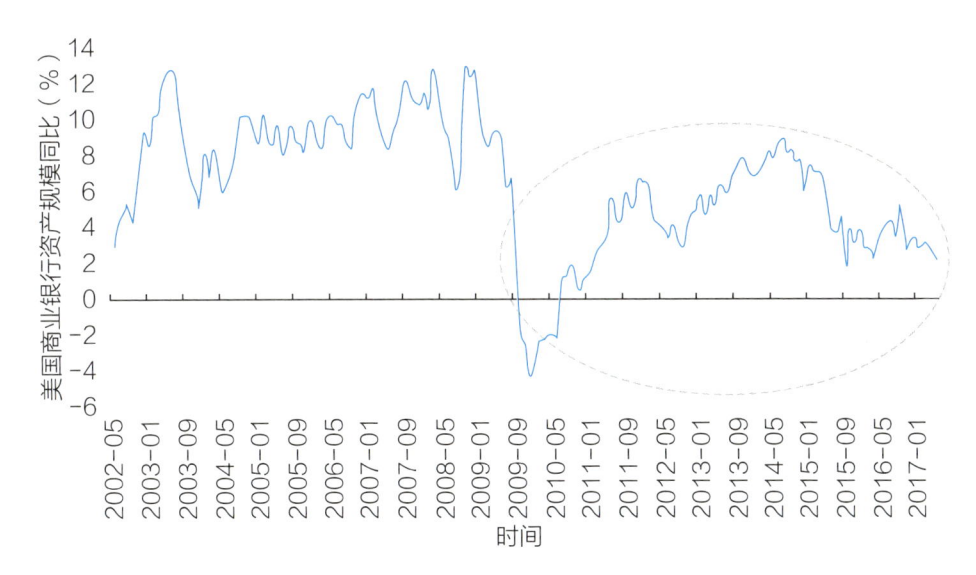

图4-12 美国商业银行资产规模同比

💲 投资的宏观逻辑

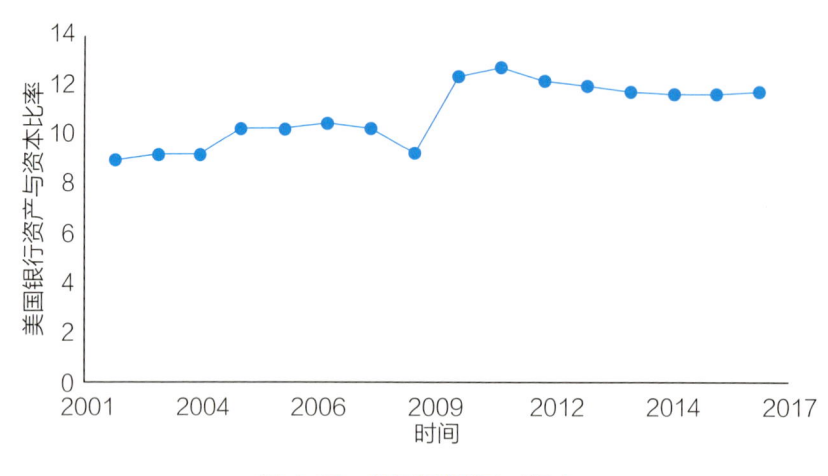

图 4-13　美国银行资产 / 资本

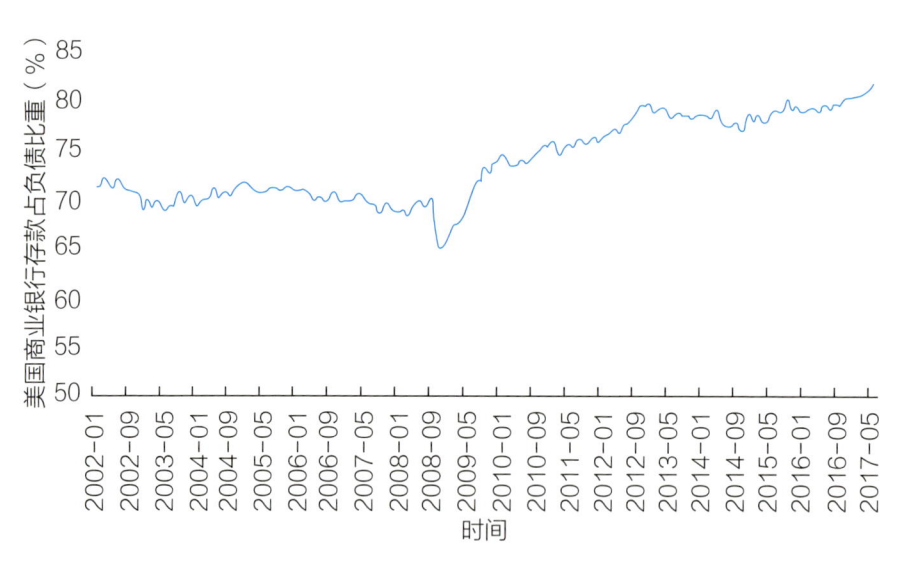

图 4-14　美国商业银行存款占负债比重

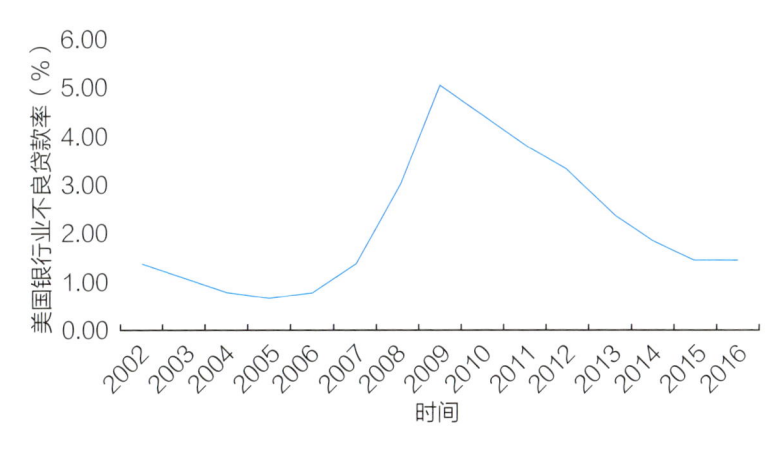

图 4-15 美国银行业不良贷款率

中国金融机构杠杆：野蛮生长与主动出击

商业银行：快速扩张、强力整顿

无论是从资产绝对水平、资产相对水平（总资产/GDP）还是从权益资金撬动的资产倍数（总资产/实收资本）来看，商业银行杠杆率在 2015—2016 年间均维持快速增长。2017 年，随着"一行三会"加强监管、商业银行资产规模增速放缓，其表内杠杆有所下降、但较 2013—2014 年仍处于较高水平。

从资产规模绝对水平看，2015 年以来银行业总资产持续扩张。2015—2016 年，银行业总资产规模单月同比均值 14.91%，较 2013—2014 年单月同比均值上升 0.3%。考虑到商业银行资产规模基数较大，14.91% 的同比增速已较高。从分机构类型看，城商行、农商行规模扩张速度较快，2015—2016 年，其资产规模单月同比均值可达 23.60%、16.33%，较 2013—2014 年单月同比均值分别上升 0.90%、7.54%。2017 年 1—5 月，随着金融机构去杠杆的推进，

259

💲 投资的宏观逻辑

除了国有大行外、各类型商业银行资产规模增速均有所下降，但较 2013—2014 年增速仍较快（图 4-16、图 4-17）。

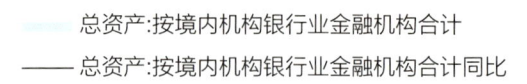

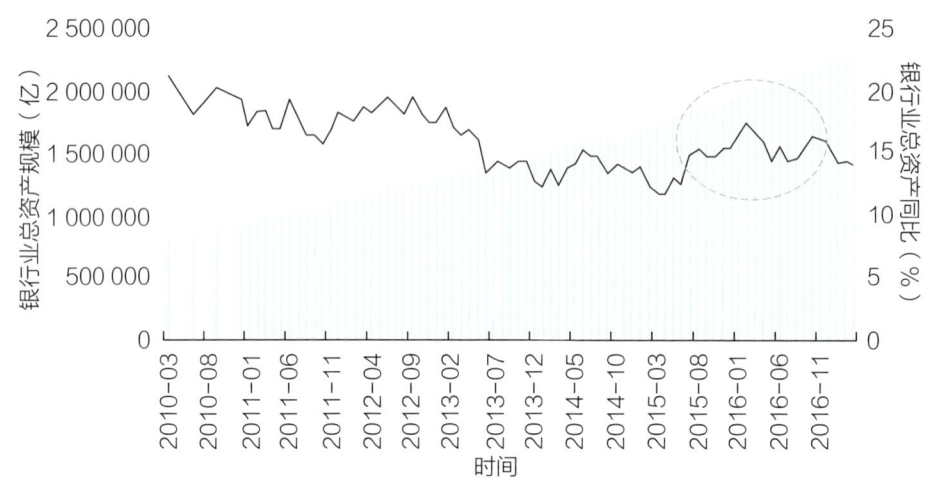

图 4-16　银行业总资产规模、同比

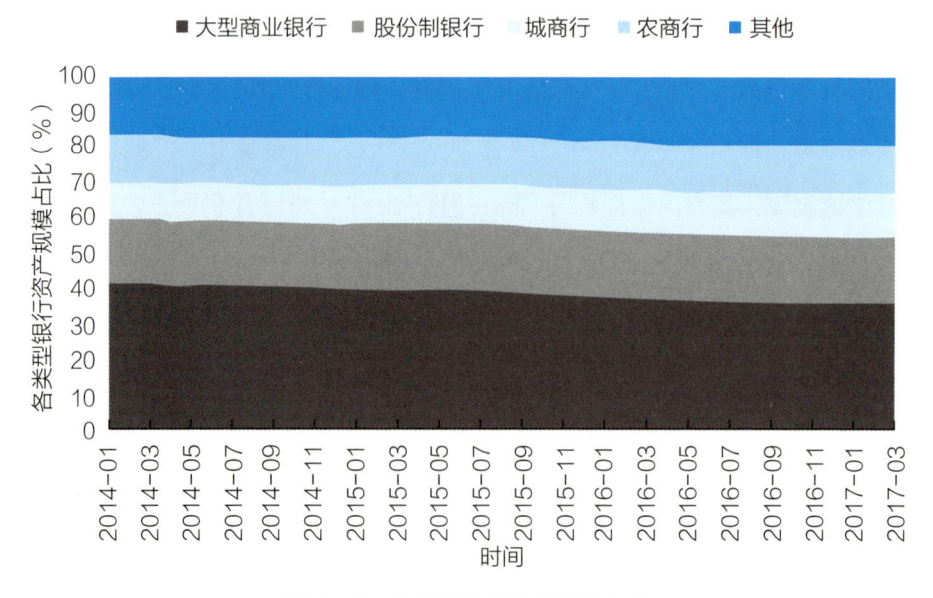

图 4-17　各类型银行资产规模占比

260

第四章 大类资产运行规律

从资产规模相对水平看,银行业总资产与 GDP 之比在 2014—2016 年迅速升高,银行业表内资产增长远超实体经济扩张速度。2016 年年底,银行业总资产与 GDP 之比高达 3.04,2014—2016 年均增加 0.18,而 2004—2013 年年均仅增加 0.06(图 4-18)。

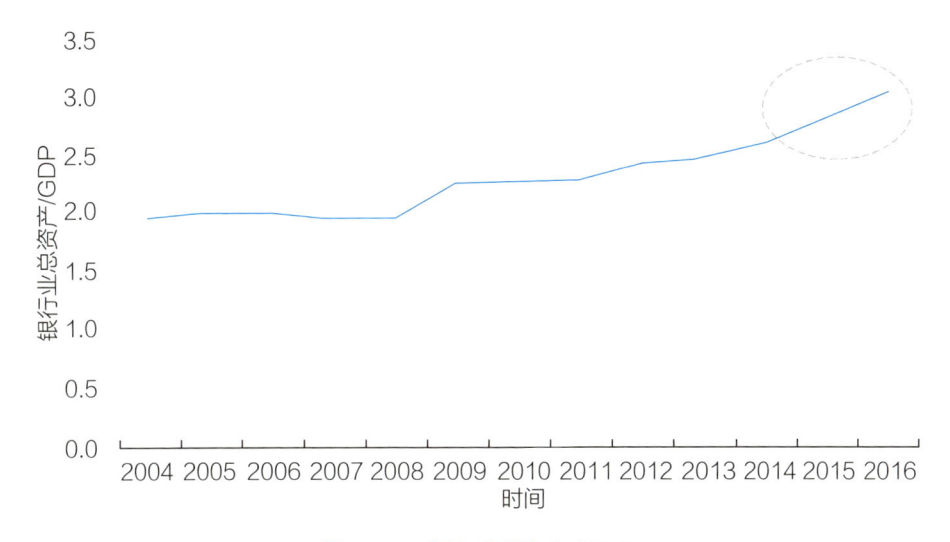

图 4-18　银行业总资产 /GDP

从权益资金撬动的资产倍数看,银行业总资产与实收资本之比自 2014 年以来不断升高,2014—2016 年月度均值可达 48.21,而 2010—2013 年月度均值仅为 40.81(图 4-19)。

2016 年下半年至 2017 年上半年的金融去杠杆周期中,"一行三会"对银行业的监管政策可分为两类:限制表内表外资产规模、强调底层资产穿透监管,具体政策见表 4-4。

保险业:万能不再、生机重现

保险业杠杆率水平相对较低。狭义杠杆方面:从静态来看,用"1+(待回购余额 – 待返售余额)/ 债券托管量"计算金融机构配债杠杆率,保险配债

261

投资的宏观逻辑

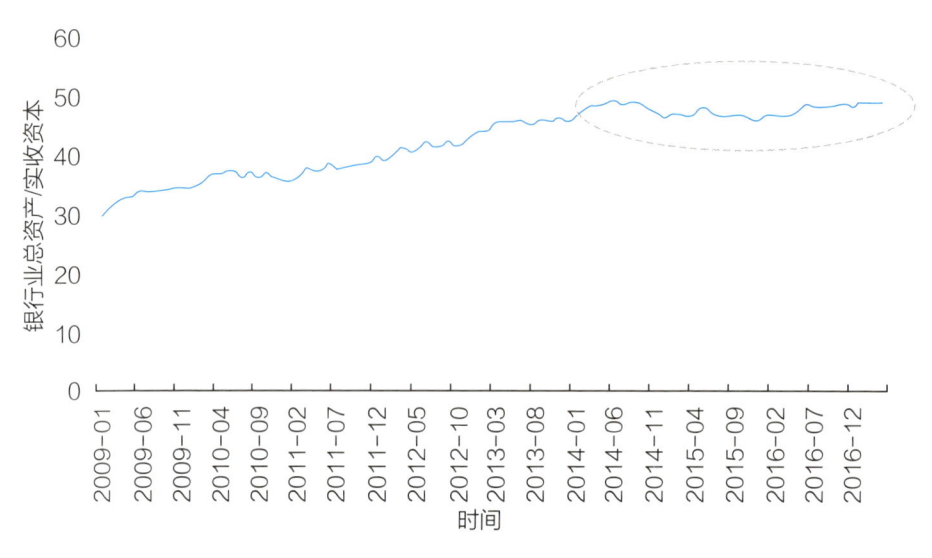

图 4-19　银行业总资产/实收资本

杠杆率显著低于证券、基金，与商业银行趋同；从动态来看，2016年以来保险配债杠杆率有所降低。在2014—2015年债券牛市中保险配债杠杆率最高达1.13，2016年年初开始逐步降杠杆，2016年1月—2017年5月底杠杆率均值为1.02（图4-20、图4-21）。

广义杠杆方面：2015—2016年上半年这一轮货币政策宽松周期中，在金融机构天然规模扩张动力的驱动下，保险总资产规模和原保费收入迅速增长。2015—2016上半年，保险资产规模同比月均可达22.91%、远高于同期银行业资产规模同比增速。2017年第二季度，保险公司资产规模增速有所放缓。截至2017年5月，保险公司资产规模同比增速降至14.92%、较2016年同期下降8.66%。一方面，货币政策稳中偏紧、各金融行业均面临资产规模收缩；另一方面，保险在2015—2016年资产规模高速扩张，2017年第二季度资产规模增速下滑可视为基数扩大后的自然回落（图4-22）。

第四章 大类资产运行规律

表 4-4 一行三会针对银行业相关监管政策

政策分类	针对业务	具体政策
直接限制规模	表外理财	2017 年一季度开始，表外理财纳入广义信贷、进行 MPA 考核。具体而言，三类商业银行纳入表外理财后的广义信贷增速与 M2 增速偏离不得超过 20%、22%、25%，否则"资产负债情况"分项将直接不合格
		后续银监会大概率出台更为细致的银行理财监管政策
	委外	三月中旬，证监会出台针对委外定制基金的相关文件，规定新发行基金中单一投资者持有基金份额比例达到或者超过 50% 的，应当封闭运作或定期开放运作；对于已经成立的机构定制老基金，不可以继续接受此单一投资者的申购
		4 月 10 日，银监会下发《中国银监会关于银行业风险防控工作的指导意见》（简称 6 号文），要求审慎开展委外业务（严格委外机构审查和名单管理，明确委外投资限额等）；严格控制交易杠杆比率，不得违规放大投资杠杆
	同业存单	4 月 10 日，银监会下发 6 号文，督促同业存单增速较快、同业存单占同业负债比例较高的银行，合理控制同业存单发行规模
		五月份，部分银行自营收到更为细致的关于同业存单的调查表格，监管层或针对同业存单进行进一步摸底
底层资产穿透监管		2016 年 10 月 17 日，银监会发布《关于进一步加强信用风险管理的通知》（简称 42 号文），规定"银行应将包括特定目的载体[①]投资在内的由银行承担信用风险的业务纳入统一授信管理，其中，特定目的载体投资应按照穿透原则对应至最终债务人；实质上由银行业金融机构承担信用风险的表内外业务均应进行分类"。在 42 号文之前，部分银行对特定目的载体的发行人进行授信，而 42 文明确规定特定目的载体投资应按照穿透原则对应至最终债务人，底层资产穿透监管意图明确
		4 月 10 日，银监会下发的 6 号文，要求坚持穿透管理，做好事前风险管控（将债券投资纳入统一授信）和事后风险管理（全面掌握底层债券资产的基本信息、风险状况等）
		127 号文明确规定根据底层资产提拨备，但实际操作中贷款外资产的拨备计提很少，操作起来比较难

资料来源：银监会及央行网站。

[①] 依据 2014 年《关于规范金融机构同业业务的通知》，特定目的载体包括但不限于商业银行理财产品、信托投资计划、证券投资基金、证券公司资产管理计划、基金管理公司及子公司资产管理计划、保险业资产管理机构资产管理产品等。

⑤ 投资的宏观逻辑

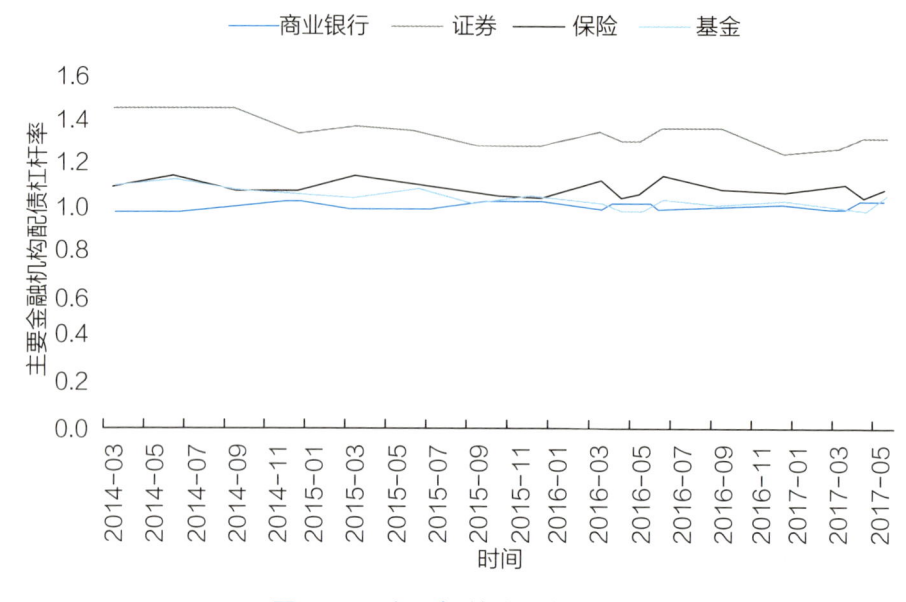

图 4-20 主要金融机构配债杠杆率

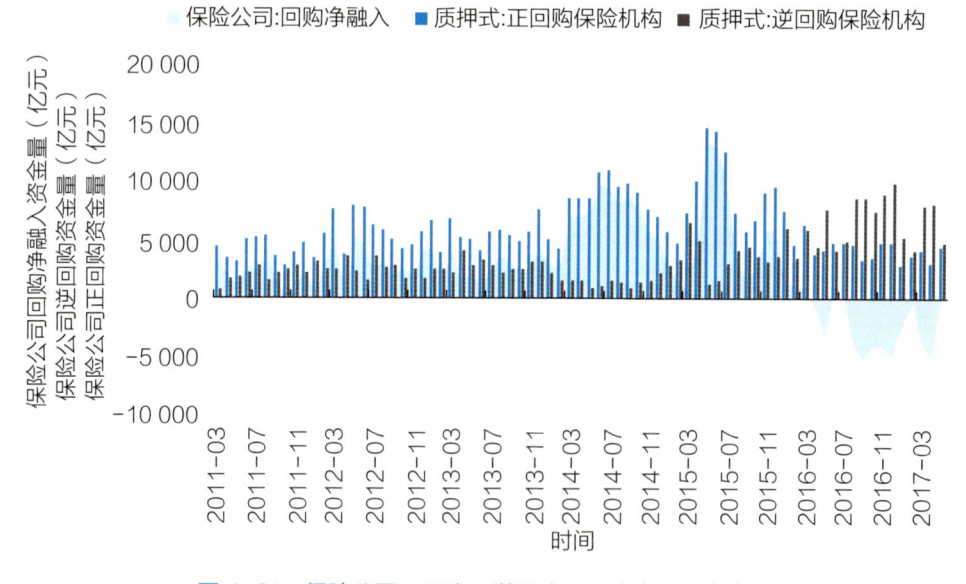

图 4-21 保险公司正回购、逆回购、回购净融入资金量

图 4-22 保险公司资产总额及同比增速

2016 年至今，保监会对保险相关业务的限制政策集中在限制万能险无序发展，包括特定产品单独核算、下调评估利率上限、严控利差损、不得以附加险形式设计万能险产品等。2017 年 1—5 月，万能险新增保费及占人身险比重较 2016 年同期大幅下滑（图 4-23、表 4-5）。

图 4-23 万能险保费（保户投资款）累计值、占人身险比重

表 4-5　保监会对万能险相关业务限制政策

政策分类	具体政策
限制万能险无序发展	2016 年 3 月 18 日，保监会发布《关于规范中短存续期人身保险产品有关事项的通知》（简称 22 号），提出万能型产品形态的中短存续期产品，如有区别于其他产品的投资策略、分红策略或结算利率策略，保险公司应设立相应的分红子账户或万能子账户，单独核算，保证核算清晰、公平。万能型保险的各项费用收取水平应在保险条款中予以明确
	2016 年 9 月 6 日，保监会发布《关于进一步完善人身保险精算制度有关事项的通知》（简称 76 号文），根据市场利率下行情况，将万能保险责任准备金评估利率[①]上限下调 0.5 个百分点至 3%，高于评估利率上限的人身保险产品报保监会审批，防范利差损风险
	2016 年 9 月 6 日，保监会发布《关于强化人身保险产品监管工作的通知》（简称 199 号文）规定： 1）保险公司对万能型保险要建立单独核算制度，单独管理万能账户。 2）保险公司应当根据万能账户单独资产的实际投资状况科学合理地确定万能型保险实际结算利率。当万能账户的实际投资收益率连续三个月小于实际结算利率且特别储备不能弥补其差额时，当月实际结算利率应当不高于最低保证利率与实际投资收益率的较大者
	2017 年 5 月，保监会下发《关于规范人身保险公司产品开发设计行为的通知》，明确要求保险公司不得以附加险形式设计万能险或投连险

资料来源：保监会网站。

信托、基金和券商资管：对接银行、荣损相连

信托、基金、券商资管与银行存在多项业务往来，主要是银行作为资金提供方购买其发行的各类产品：货币基金、纯债基金、股票基金、非标等，其杠杆率变化与商业银行较为一致。根据基金业协会数据，在 2015—2016 年期间，伴随着商业银行资产规模的膨胀，信托、公募基金、私募基金、券商资产管理规模同样快速扩张，季度同比增速均值分别高达 16.2%、37.2%、83.1%、48.7%（图 4-24、表 4-6）。

---

① 责任准备金是保险公司为应对未来经营风险和确保财务状况，按照监管机关的要求或基于税收等需要而提取的负债。评估率越低，贴现值越高，需要提取的准备金越多。

第四章 大类资产运行规律

2016年下半年，随着"一行三会"加强对金融业的监管，公募基金、私募基金、券商资产管理规模增速有所下滑，但信托资产余额同比增速逆势上行。社融数据同样显示信托贷款规模有所增加：2017年1—6月新增信托贷款1.31万亿元、同比多增1.03万亿元，新增信托贷款占新增社融比重高达11.7%、高于往年同期占比。一方面，房地产企业直接融资受限而转向信托融资，新增信托项目中投向房地产比重有所上升。另一方面，通道业务收缩预期持续增强，信托凭借处于多年强监管压力下的严格风控体系、受影响相对较小，可能受益券商资管、基金子公司业务规模收缩的挤出效应（图4-25）。

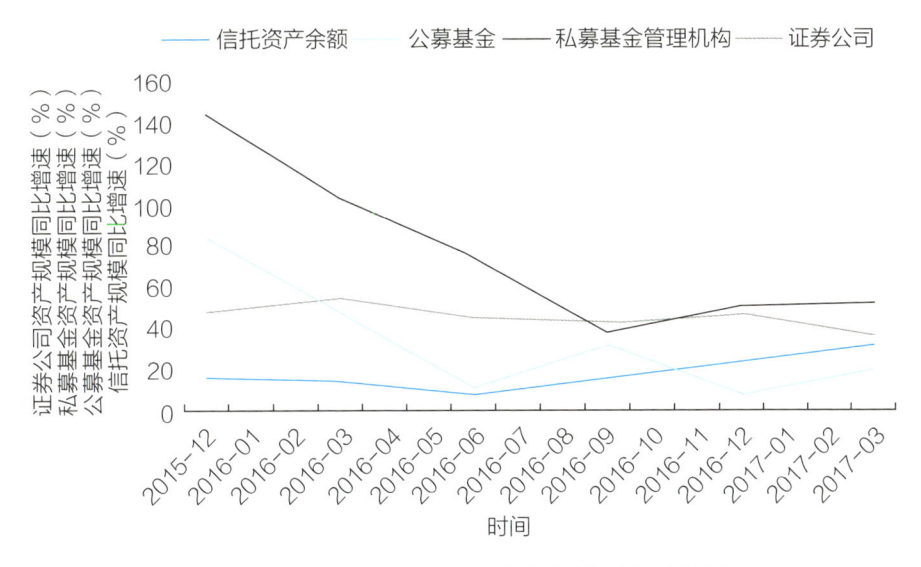

图4-24 信托、基金、券商资管资产规模同比增速

表4-6 银行与非银机构间业务往来方式

非银行机构 \ 银行	银行作为资金提供方	银行作为资金融入方	银行作为中介
券商、基金、信托	银行购买其发行的各类产品：货币基金、纯债基金、股票基金、非标等	银行作为各类产品资金托管行	银行作为债券承销商，向其他机构承销债券

267

投资的宏观逻辑

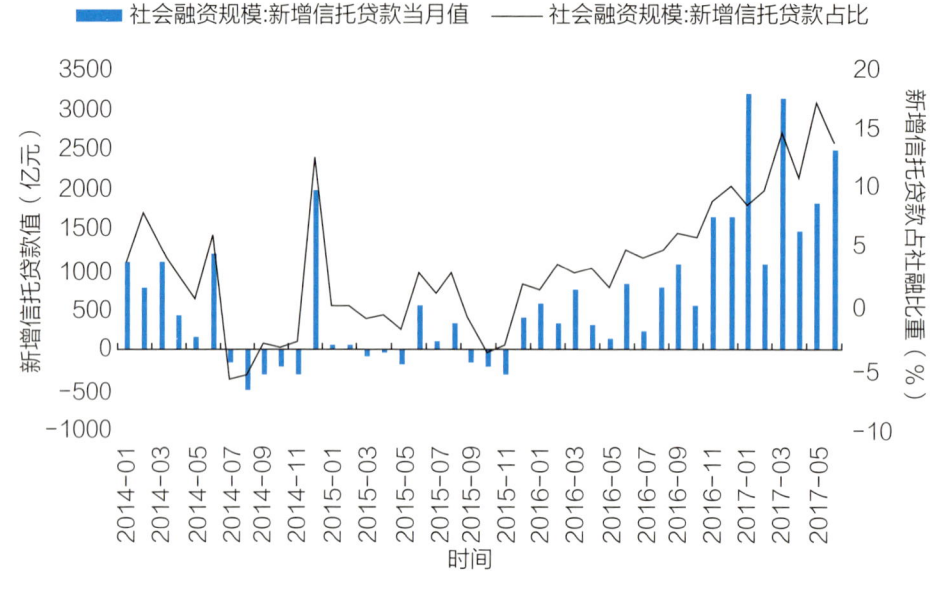

图4-25 新增信托贷款及占社融比重

2016年至今,"一行三会"对信托、基金、券商的监管集中在通道业务与委外业务。信托受银监会监管,处于多年强监管压力下的风控体系相对完善、业务风险相对可控,在此轮监管周期中其受影响相对较小;而基金、券商受证监会监管,其委外定制基金、集合类产品为此轮监管重点(表4-7)。

表4-7 "一行三会"针对信托、基金、券商资管相关监管政策

政策分类	具体政策
券商资管	2016年6月16日,证监会发布《关于修改〈证券公司风险控制指标管理办法〉的决定》,调整了证券公司的风险管理指标计算,借助特定风险资本准备的形式来限制通道类资管业务的规模。
	2016年7月14日,证监会发布《证券期货经营机构私募资产管理业务运作管理暂行规定》,明确禁止私募资管业务开展或参与资金池业务。并将"八条底线"规则升级为证监会的规范性文件,大幅降低杠杆倍数,规范结构性产品开发及销售,并抬高通道类资管计划的门槛,鼓励主动管理。

续表

政策分类	具体政策
券商资管	2017年4月7日，证监会召开证券基金行业监管视频会，再次对资金池业务提出限制要求： （1）大集合资金池产品监管要求： 一是严格控制产品规模，原则上产品规模应逐月下降； 二是严格控制产品投资范围，产品新增投资标的应为高流动性资产，不得投资于私募债、资产证券化产品、高收益信用债券、低评级债券以及期限长的股票质押产品等流动性较差的品种； 三是严格控制资金端和资产端的久期错配程度，组合久期和杠杆倍数不得上升； 四是采用影子定价的风控手段对负偏离度进行严格监控，产品风险准备金不得低于因负偏离度可能造成的潜在损失。 （2）结构化资金池产品监管要求： 一是严格控制产品规模，原则上产品规模应逐月下降； 二是不得继续提高产品杠杆倍数。
信托	2016年3月18日，银监会下发《进一步加强信托公司风险监管工作的意见》，限制结构化配资杠杆，最高不超过2∶1。要求优先级∶劣后级资金比例原则上不超过1∶1，最高不超过2∶1，不得变相放大劣后级受益人的杠杆比例。首次明确要求风险处置上要重视信托项目的实质风险化解，明确提出加强对房地产、地方政府融资平台、产能过剩行业的风险防控。
	2017年1月，银监会下发《信托公司监管评级办法》，此次监管评级在评级内容方面引入了行业评级、信托业协会、保障基金公司等外部意见，给予研发、公益事业等部分领域设置加分项，在评级结果上也采用了创新类（A＋、A-），发展类（B＋、B-）和成长类（C＋、C-）三大类六个级别，并与业务范围相挂钩。
基金	2017年3月17日，证监会向公募基金管理人和托管人下发《机构监管情况通报》，文件要求，若新发行的基金单一投资者持有份额超过50%，应采用封闭式运作或定期开放运作，其中，定期开放周期不得低于3个月，同时，单一持有份额超50%的新基金需采用发起式基金形式，并在基金合同、招募等文件中进行披露，不得向个人投资者公开发售。
	2017年3月31日证监会发布《公开募集开放式证券投资基金流动性风险管理规定（征求意见稿）》，进一步完善开放式基金流动性风控指标体系，同时兼顾偏股类和固定收益类基金的潜在风险。并要求基金管理人针对性建立完善流动性风险管理机制，督促基金管理人强化自我风险管控，建立以压力测试为核心的流动性风险监测与预警制度，强化机构主体的风险管控约束机制。

$ 投资的宏观逻辑

续表

政策分类	具体政策
其他	2016年12月2日，证监会下发并公布《基金管理公司子公司管理规定》及《基金管理公司特定客户资产管理子公司风险控制指标管理暂行规定》。根据风控规定的要求，基金子公司净资本不得低于1亿元、不得低于净资产的40%、不得低于负债的20%，调整后的净资本不得低于各项风险资本之和的100%。基金子公司新规出台，意味着通道业务或将退出历史舞台。
	2017年5月19日在证监会例行发布会上，发言人张晓军首次提及将全面禁止通道业务，并强调不得让渡管理责任。

资料来源：银监会、证监会及央行网站。

资产规律：潮起潮落、花开花谢

短视角：政策牵引、美债为枢

从短周期视角来看，比较中、美、日、欧四个经济体2008年金融危机以来货币政策走势与1年期、10年期国债名义、实际收益率变动走势，我们可得出两个结论：

第一，各国1年期国债名义收益率主要与国内货币政策有关，其受海外因素影响相对较弱。2010年11月—2011年7月，各国政策走势出现分化，美国、日本维持宽松货币政策，其1年期国债收益率持续下行，而中国、欧元区收紧货币政策，其1年期国债收益率持续上行；2013年12月—2016年12月，美联储与其他央行分道扬镳、货币政策开始转向，其1年期国债收益率持续上行，而其他三国处于宽松货币政策周期、1年期国债收益率明显下行。

第四章 大类资产运行规律

第二,各国10年期名义及实际国债实际收益率同步性较强。自2008年危机以来,除了日本外,中国、美国、欧元区10年期国债名义及实际收益率走势明显趋同,货币政策对其影响相较1年期较弱。2017年1—6月,中美10年期国债收益率利差持续扩大,这主要因为:一方面,美国经济和通胀数据短期走弱,特朗普减税、基建等政策推进不及预期有关,尽管上半年美联储加息两次,截至2017年7月底,美国10年期国债收益率较年初下行15bp;另一方面,中国10年期国债更多受监管政策影响,在金融去杠杆背景下收益率持续抬升(图4-26~图4-29)。

股市方面,我们观察自2008年金融危机以来中美股市与货币政策周期、GDP增速和企业盈利状况之间的关系,中美股市与GDP增速和企业盈利关系较强,货币政策在局部时间段也有明显影响(图4-30)。

图4-26 中、美、日、欧的1年期国债收益率

投资的宏观逻辑

图 4-27　中、美、日、欧的 10 年期国债收益率

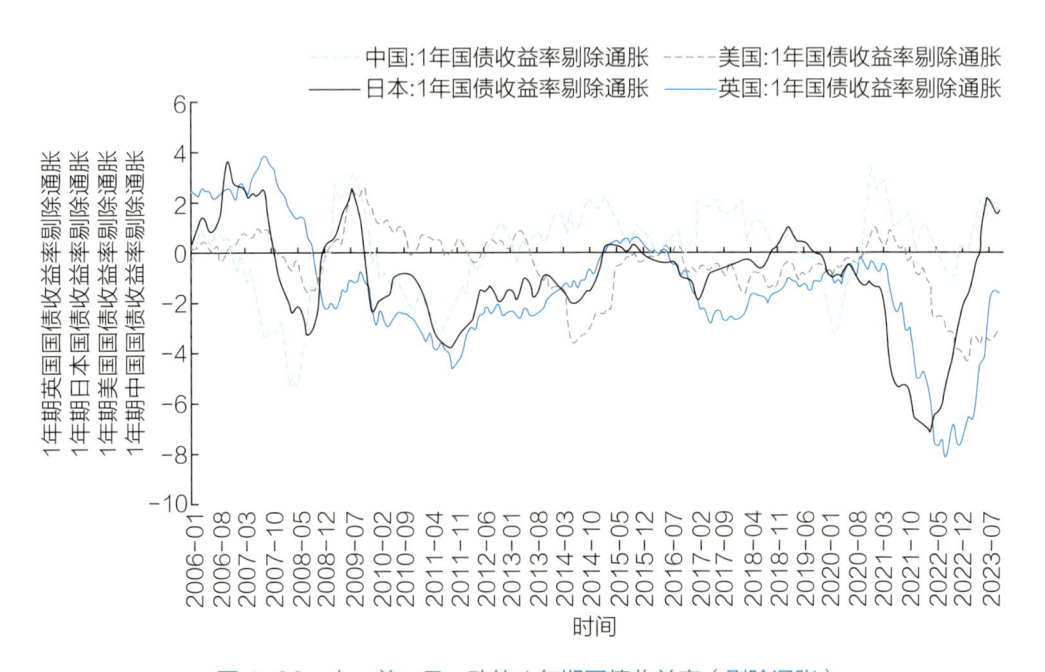

图 4-28　中、美、日、欧的 1 年期国债收益率（剔除通胀）

第四章 大类资产运行规律

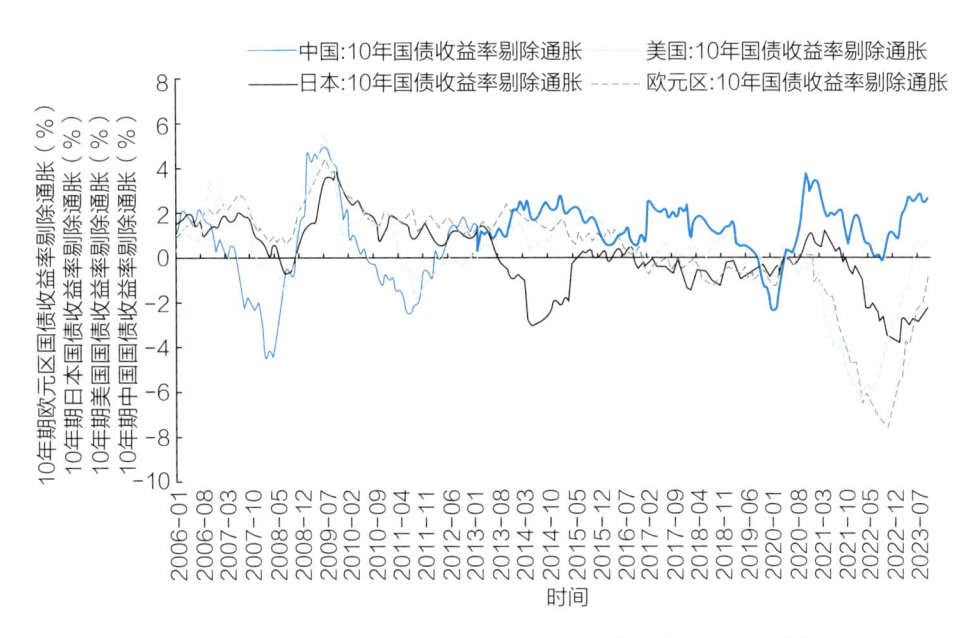

图 4-29 中、美、日、欧的 10 年期国债收益率（剔除通胀）

图 4-30 中、美股市与货币政策周期

273

投资的宏观逻辑

中国方面，上证综指、深证综指与 GDP 同比基本同步变动，某些时段前者领先后者一个季度；此外，观察上证综指与上交所上市公司平均 ROE，两者走势也高度相关。有一个时期例外：2014—2015 上半年，GDP 增速持续下滑、上交所上市公司平均 ROE 也未见明显提升，而上证综指大幅上行，这主要受当时央行宽松货币政策影响（图 4-31、图 4-32）。

美国方面，自 1990 年以来美国三大股指与 GDP 同比基本同步变动；此外，观察 1948 年以来美国本国企业利润增速与标普 500 同比涨幅，两者走势也呈现较强的同步性（图 4-33）。

图 4-31 中国上证综指与 GDP、CPI 同比

第四章 大类资产运行规律

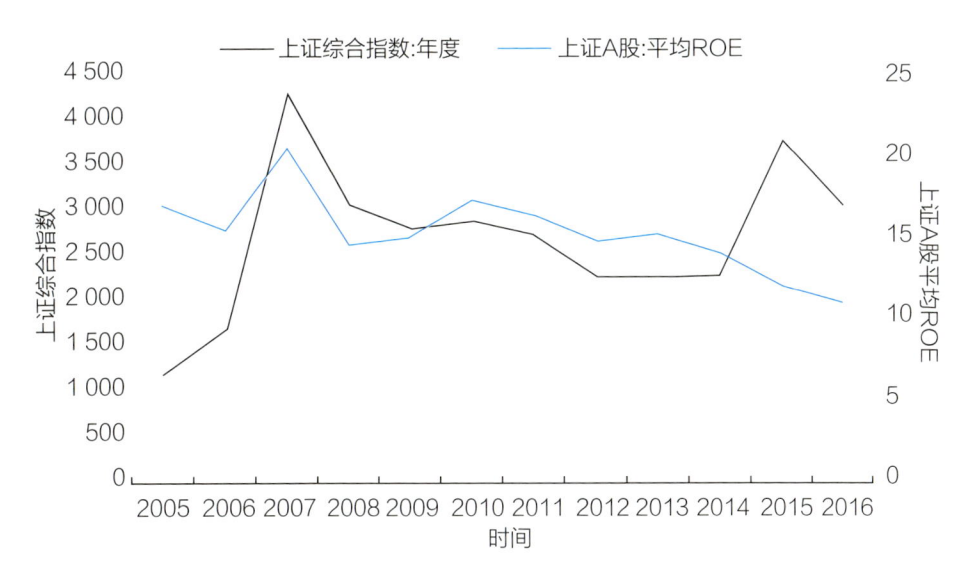

图 4-32 中国股市与上市公司 ROE

图 4-33 美国三大股指与 GDP 同比

长视角：债依政策、股凭盈利

从长周期视角来看，美国货币政策是影响债券收益率的重要变量，其对短端收益率的影响程度大于长端，美国 1 年期国债收益率变动与货币政策周期保持高度一致。以联邦基金目标利率的变动判断货币政策周期，1982 年至今，美联储曾经历 4 轮较为明显的宽松货币周期（1984 年 9 月—1986 年 8 月；1989 年 6 月—1992 年 9 月；2001 年 1 月—2003 年 6 月；2007 年 9 月—2014 年 10 月）和 5 轮较为明显的紧缩货币周期（1987 年 1 月—1989 年 5 月；1994 年 2 月—1995 年 2 月；1999 年 6 月—2000 年 5 月；2004 年 6 月—2006 年 6 月；2015 年 12 月至今）。在宽松货币政策周期中，长、短端国债收益率均下行，短端利率下行速度快于长端，国债收益率曲线呈牛陡；在紧缩货币政策周期中，长、短端国债收益率均上行，短端收益率上行速度快于长端，期限利差增大，国债收益率曲线呈熊平（图 4-34）。

图 4-34　美国本国企业利润同比及标普 500 同比涨幅

美国股市更多受到基本面因素影响,货币政策对其影响相对较弱。1990—2016年,美国名义GDP增长了2.1倍,三大股指分别增长6.5、5.8、13.4倍,美股表现优于宏观经济表现,主因是美国上市公司较高比例收入来自海外。如标普500指数覆盖的公司40%的收入来自美国以外的地区(图4-35)。

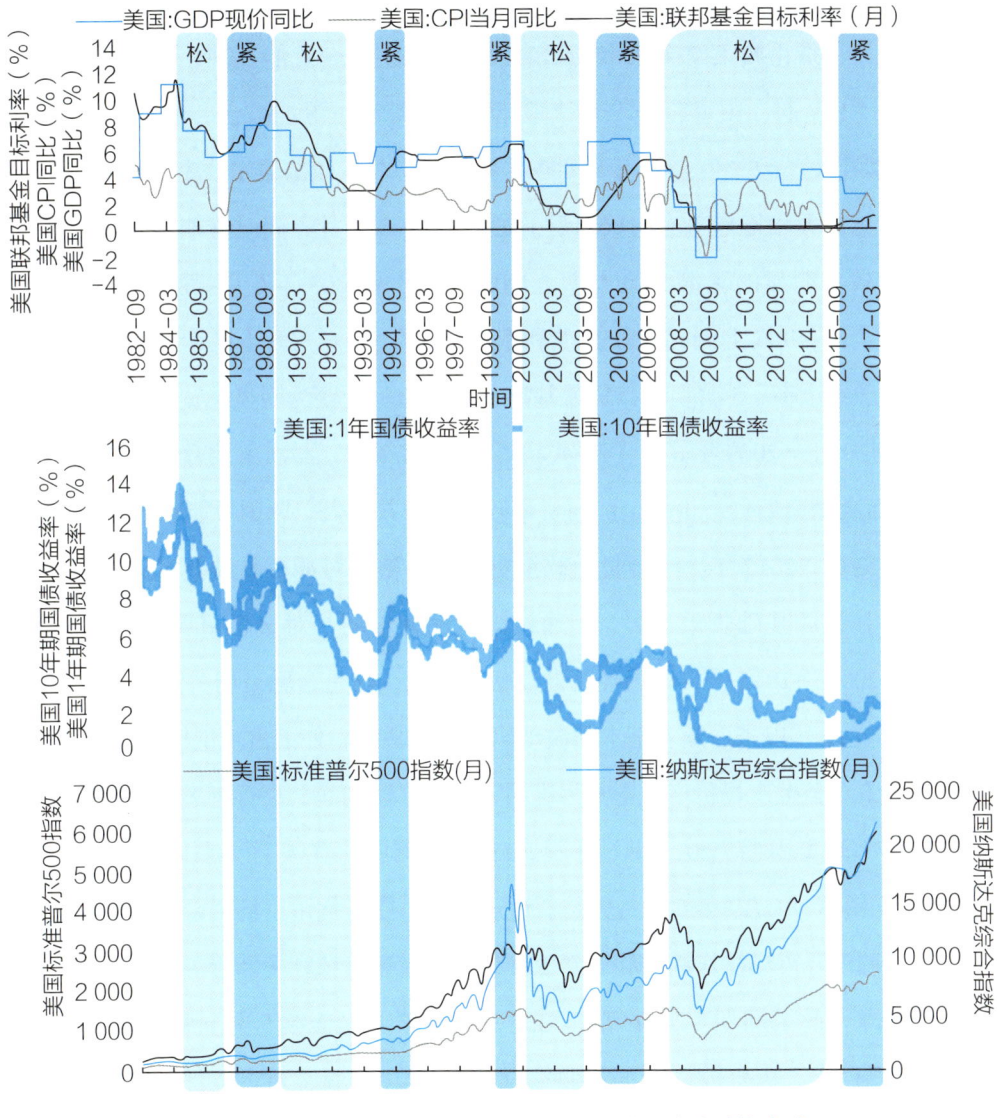

图4-35 美国货币政策及基本面周期中金融资产价格变动

中国方面，如何衡量中国货币政策周期？2002—2013年，我们可用存贷款基准利率及准备金率来衡量货币政策立场；2014年至2017年6月，央行越加重视公开市场回购这一货币政策工具，我们可用公开市场回购利率、存贷款基准利率及准备金率来衡量货币政策周期。

与美国不同的是，2002—2012年，基本面是影响中国债市和股市的最主要因素，货币政策对金融市场影响较弱。观察图表我们发现，这期间国债收益率（1年期、10年期）与两大股指（上证综合、深圳综合）走势和GDP、CPI走势高度一致，但金融市场价格对基本面基本不存在领先效应，甚至国债收益率与三大股指走势有时候滞后GDP拐点1~3个月。同时这期间，央行有过两轮较为明显的紧缩政策周期（2003年9月—2008年6月：连续21次上调准备金率、9次上调存贷款基准利率；2010年1月—2011年6月：连续12次上调准备金率、5次上调存贷款基准利率）和一轮较为明显的宽松政策周期（2008年9月—2009年6月：连续4次下调准备金率、4次下调存贷款基准利率），而金融市场资产价格走势与货币政策关联并不大。原因可能有以下两点：第一，2002—2012年，央行货币政策更多是在被动对冲贸易顺差过大导致的外汇占款投放基础货币过多，货币政策主动性较弱，对金融市场影响有限。第二，2002—2012年，中国经济波动幅度较大，这是金融市场关注的焦点。

自2013年以来，随着基本面波动幅度趋于平缓、外汇占款供给形势逆转，货币政策对金融市场价格的影响力度明显增强。这期间，央行有过两轮较为明显的紧缩政策周期（2013年6月—2013年12月：多次发行央票回收流动性；2016年10月—2017年6月：先是"锁短放长"提高货币市场资金成本，然后两次上调公开市场操作利率和创新工具利率，引导市场利率上行）和一轮较为明显的宽松政策周期（2014年11月—2016年3月：连续5次下调准备金率、6次下调存贷款基准利率）。货币政策对债券收益率影响程度明显加大，对短端收益率影响程度大于长端：在宽松货币政策周期中，短端利率下行速度快于长端，国债收益率曲线呈牛陡；在紧缩货币政策周期中，短端收益率上行速度快于长端，期限利差增大，国债收益率曲线呈熊平。货币政策对股市影响程度也有所加强，宽松货币政策引发了 2014 年年底—2015 上半年的牛市（图 4-36）。

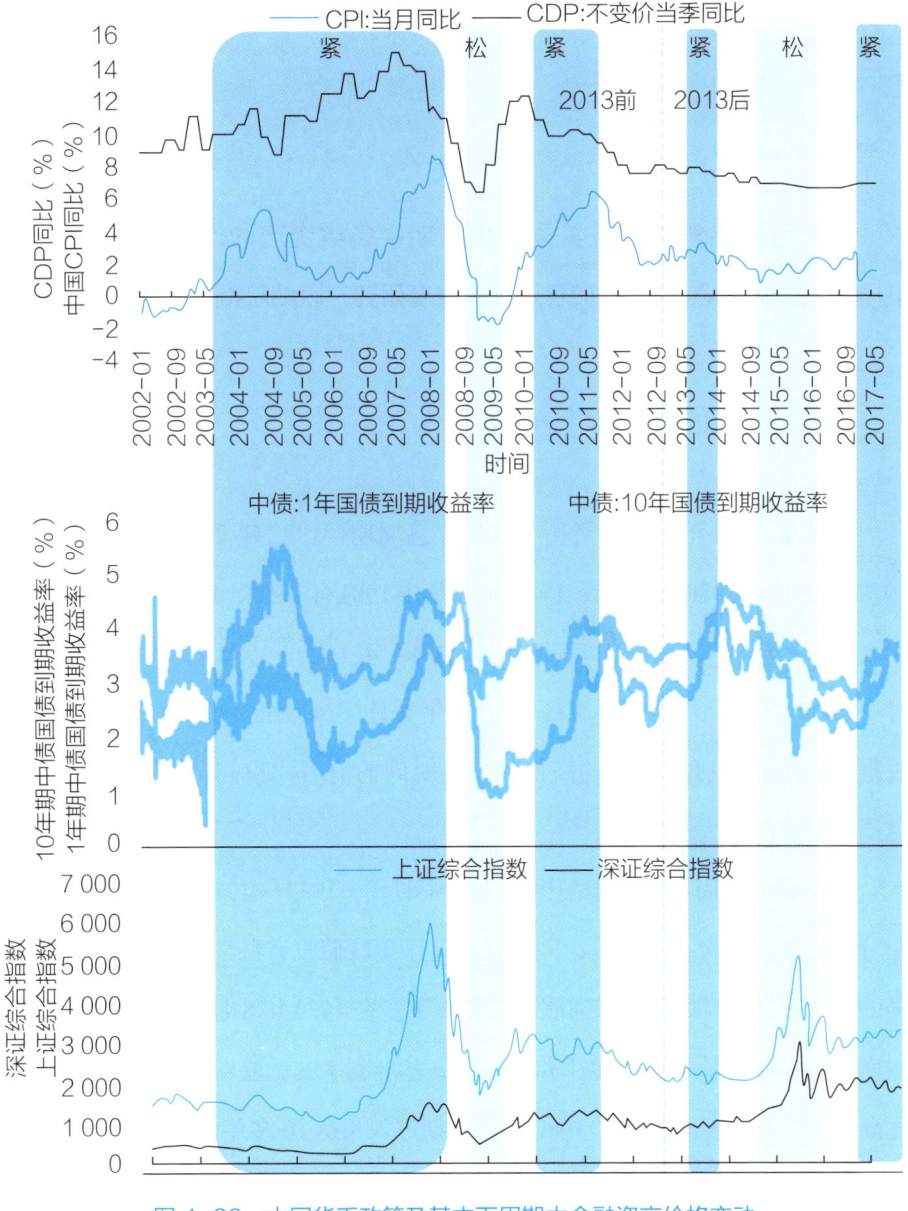

图 4-36 中国货币政策及基本面周期中金融资产价格变动

第二节　美国加息周期中大类资产表现

以长历史视角研究在美国加息周期中各类资产的运行规律，我们对1970—2018年美国9轮加息进行广维度研究，以期获得启示。

美国加息周期的划分

回顾过去48年，美国经历了9轮加息周期：1972年2月—1974年7月、1977年1月—1980年4月、1980年7月—1981年6月、1983年2月—1984年8月、1986年12月—1989年5月、1994年1月—1995年2月、1999年5月—2000年5月、2004年5月—2006年6月、2015年11月—2018年7月。根据加息周期通胀率均值的高低和发生时间的前后，我们又可以把这9个加息周期分成两个大时期：

前三轮加息周期正处于美国的大通胀时代，1973—1974年和1979—1981年分别爆发了两次石油危机，同时这也处于美联储没有科学的货币政策理论指导的摸索和试验时期，美国通胀率居高不下。在1979年8月沃尔克就任美联储主席之后，他的紧盯货币增速和大幅提高基准利率的试验获得成功，通胀问题逐渐得到控制。美国经济于1980年代中期进入长达20多年的大缓和时代。

美国自1982年以来又经历6轮加息周期（2015年11月开始的加息周期还

在进行之中），自然利率^①中枢的总体趋势是一直往下走，美国经济在新千年之后进入了"低利率低增速"的新常态。Laubach-Williams（2015）认为自然利率不断走低的主要原因是美国潜在GDP增速的趋势部分在不断降低（图4-37）。

图 4-37　Laubach-Williams 模型估算的美国自然利率（阴影部分为加息周期）

美国潜在GDP增速不断走低的一种解释是人口结构变化的结果。人口结构主要通过三条途径影响自然利率：第一，预期寿命上升→为退休做准备的储蓄增加→利率下降；第二，人口增速下降→人均资本上升→资本边际产品下降→资本需求下降→利率下降；第三，人口增速下降→老龄化加剧→抚养比上升→利率上升（老年人的边际储蓄倾向较低）。其中，第一条和第二条途径在2008年之前或占据主导地位，这导致美国自然利率不断走低。在2009年以后第三条途径的作用或愈发明显。"二战"后美国婴儿潮（1946—1964年出生的人群）产生的人口红利在80年代到达顶点，之后逐渐消退，美国人

---

① 自然利率是指假设所有价格具有充分弹性，令总需求与总供给永远相等时的利率水平。

口的抚养比[①]在 2009 年到达最低点，之后逐渐回升。美国自然利率中枢或正在进入上升轨道。

美国潜在 GDP 增速不断走低的另一种解释是美国全要素生产率增速正在不断下滑。其主要逻辑为：全要素生产率增速下滑→资本边际产品下降→资本需求下降→利率下降。

政策利率的调整，一方面要顺应自然利率的趋势变化，另一方面要考虑经济运行的周期特征，如通胀水平和失业率，进行逆周期调节。当然，大危机中货币政策的危机应对致使政策利率过低，在金融危机过后，货币政策也需要回归正常化。2015 年 11 月以来美联储的本轮加息是综合兼顾上述三方面的反应（表 4-8）。

表 4-8　1970 年以来美国加息周期的经济表现

美国加息周期	持续时间（月）	联邦基金利率低点（%）	联邦基金利率高点（%）	升息幅度（bp）	升息次数	实际 GDP 平均增速（%）	CPI 均值（%）
1972 年 2 月—1974 年 7 月	30	3.29	12.92	963	25	5.8	6.1
1977 年 1 月—1980 年 4 月	40	4.61	17.61	1300	36	4.2	9.0
1980 年 7 月—1981 年 6 月	12	9.02	19.10	1008	9	0.8	11.6
1983 年 2 月—1984 年 8 月	19	8.50	11.5	300	8	6.7	3.7
1986 年 12 月—1989 年 5 月	30	5.88	9.81	393	16	3.8	3.9
1994 年 1 月—1995 年 2 月	14	3.00	6.00	300	7	3.9	2.7

[①] 抚养比，就是需要经济供养的少年与老年人口之和与劳动人口数量之比，是反映社会老龄化程度的人口学指标。其计算公式为：(少年人口＋老年人口)/劳动年龄人口。老年人抚养比＝老年人口/劳动年龄人口。

续表

美国加息周期	持续时间（月）	联邦基金利率低点（%）	联邦基金利率高点（%）	升息幅度（bp）	升息次数	实际GDP平均增速（%）	CPI均值（%）
1999年5月—2000年5月	13	4.75	6.50	175	6	4.7	2.7
2004年5月—2006年6月	26	1.00	5.25	425	17	3.4	3.4
2015年11月—2018年7月	32	0.25	2.00	175	7	2.05	1.8

资料来源：FED St. Louis、WIND。

美国加息周期的大类资产表现特征

加息周期经济发展的一般特征

加息周期经济走势一般呈现一种先升后降的"驼峰"形状。加息周期的开始阶段，往往是经济复苏或者上升时期，市场通胀预期不断加强。为了抗击通胀，央行开始进行加息操作，此时央行收紧货币政策的动作还不会影响经济扩张的步伐，经济增速稳健提升，通胀率也继续上行。当升息操作达到一个临界点时，经济达到最繁荣的阶段，进一步的加息操作开始对经济增长产生负面影响，由于通胀率还在高位徘徊，此时央行并不会停止加息操作。待到通胀率逐渐回落到目标值之后，央行才会停止加息。经济的持续增长带动劳动力市场的不断改善，失业率往往逐渐下降。

在正常时期，加息政策主要是为了抗击通胀，防止经济过热。本轮加息周期与过往不同之处在于其还需要修正危机管理中的货币政策超宽松状态，为未来提供政策操作空间。

加息周期大类资产的表现特征

美股

货币政策是美联储平滑经济波动的重要工具,因此加息周期往往与商业周期的上升期或者繁荣期重叠。在良好经济基本面的支撑下,股市一般表现良好,企业盈利的增长往往能抵消升息对股价的负面影响。除了 1972 年 2 月—1974 年 7 月这个加息周期(通胀上升过快扰乱股票市场),其余 8 个加息周期美股均实现了不同程度的涨幅。在加息周期,标普 500 市盈率在加息周期往往逐渐下滑或者先升后降。虽然美股在加息周期一般最终都实现了上涨,但是上涨途径可能大不相同。

场景一:加息周期开始阶段,在外部需求持续改善的刺激下,企业盈利能力逐步增强,公司股价节节攀升。但是经济的持续扩张带动通胀进入快速上升的轨道,高涨的通胀预期首先会体现在国债长端收益率上,国债长端收益率会领先 CPI 进入快速上升的轨道。这时,股票市场由于担心通胀的快速上升会加速央行加息的步伐,恐慌情绪集中爆发,股市大幅回调。待市场恢复信心,股市行情重新逐渐走高。典型例子:在 1986 年 12 月—1989 年 5 月这个加息周期中,1987 年 10 月美股崩盘,但加息周期后期其又逐渐收复失地(图 4-38)。

场景二:计算机、信息技术、生物科技等新兴产业蓬勃发展,这带动劳动生产率不断提高,经济稳步发展。市场对经济的信心和乐观情绪持续整个加息周期,股市进入慢牛模式,股市指数持续上涨。典型例子:1994 年 1 月—1995 年 2 月和 1999 年 5 月—2000 年 5 月(图 4-39~图 4-42)。

美债

基准利率的提高直接推高国债短端收益率,然后逐渐传导至长端收益率。加息周期债市往往处于熊市。各国进行货币政策调整,主要参照自身的经济

第四章 大类资产运行规律

运行状况，而不会盲目跟随美联储的步伐。在欧元区主要经济体、英国和日本等国中，英国央行和美国央行的升息节奏最为接近，英美两国 10 年期国债收益率的相关系数也最高（图 4-43、表 4-9、表 4-10）。

图 4-38　1986 年 12 月—1989 年 5 月加息周期美股崩盘后恢复增长

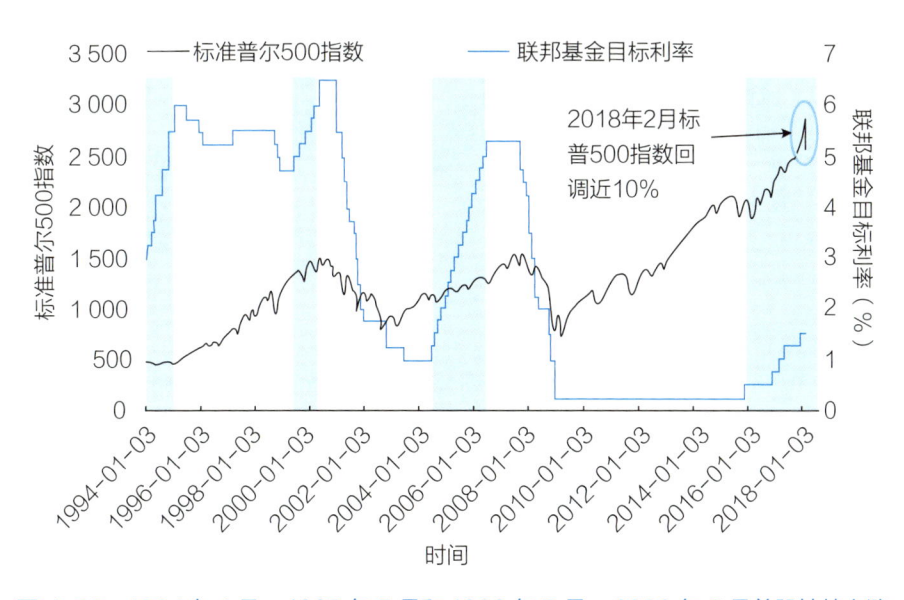

图 4-39　1994 年 1 月—1995 年 5 月和 1999 年 5 月—2000 年 5 月美股持续上涨

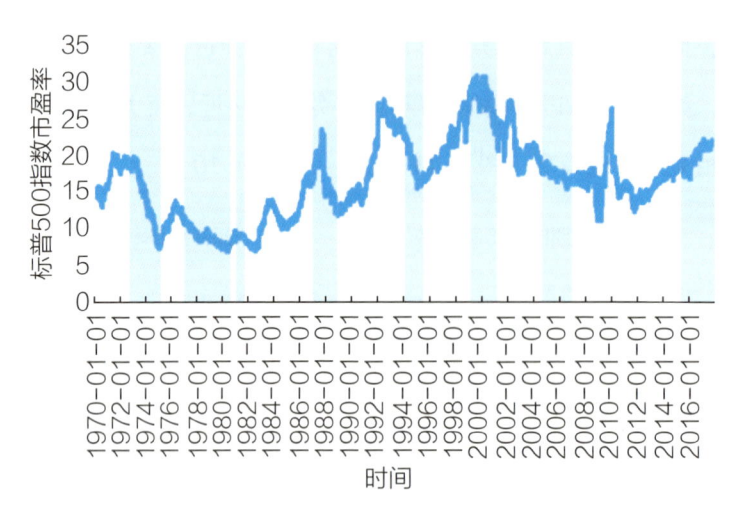

图 4-40　标普 500 市盈率在加息周期往往逐渐下滑或者先升后降

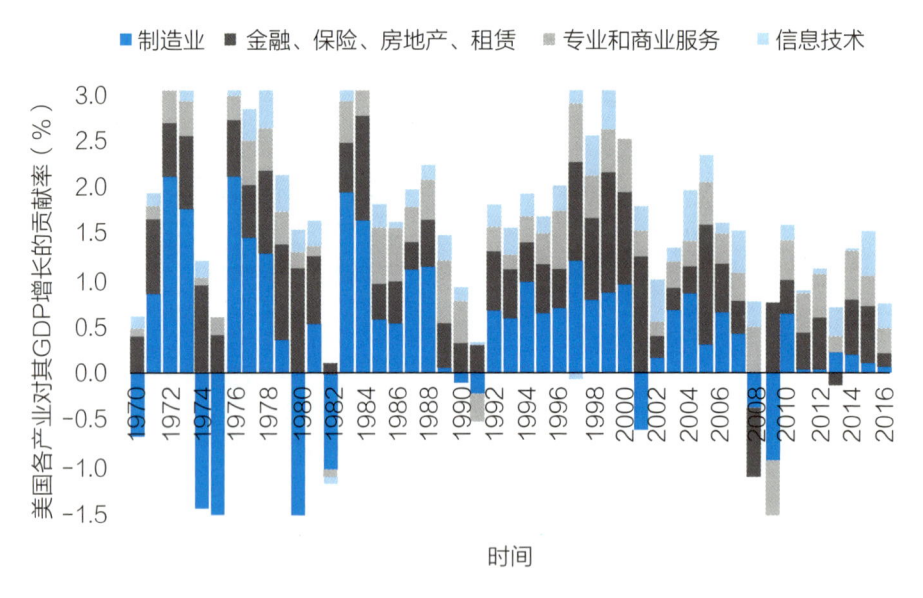

图 4-41　1990 年代信息产业对美国 GDP 增长的贡献率不断加大

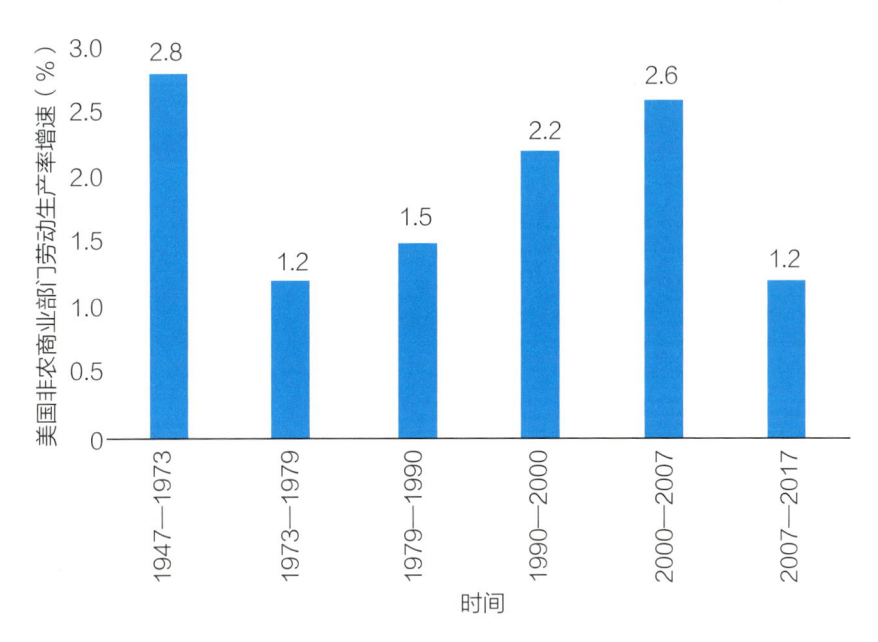

图 4-42　1994—2000 年美国非农商业部门劳动生产率不断提高

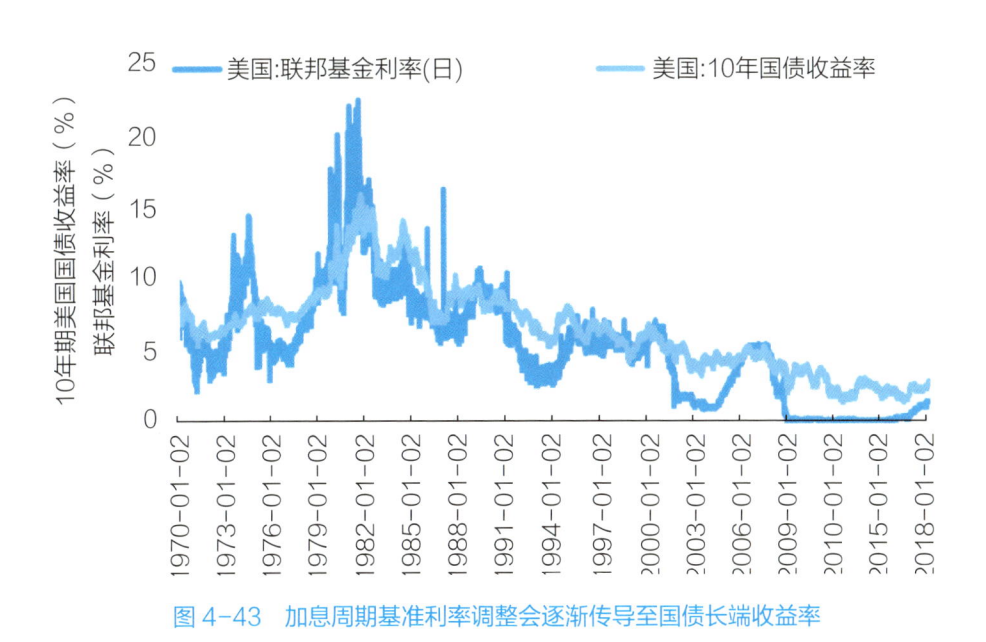

图 4-43　加息周期基准利率调整会逐渐传导至国债长端收益率

表4-9 欧元区、英国和日本近年的加息周期

时间	持续时间（月）	基准利率低点（%）	基准利率高点（%）	升息幅度（bp）	滞后美国加息周期时间（月）
欧元区加息周期					
1999年10月—2000年10月	13	2.5	4.78	228	5
2005年11月—2007年6月	20	2	4	200	18
英国加息周期					
1983年4月—1985年2月	11	8.56	13.88	532	14
1988年5月—1990年9月	29	7.38	14.88	750	6
1994年8月—1995年2月	7	5.13	6.63	150	7
1999年8月—2000年2月	7	5	6	100	3
2006年6月—2007年7月	13	4.5	5.75	125	26
日本加息周期					
2000年7月—2000年8月	2	0	0.25	25	14
2006年6月—2007年3月	10	0	0.25	25	25

资料来源：FED St. Louis、WIND。

表4-10 各国10年期国债收益率之间的相关系数（1998年1月5日—2018年1月18日）

美国	日本	英国	法国	德国	意大利	西班牙
1						
0.6555	1					
0.7948	0.7300	1				
0.7513	0.7584	0.8771	1			
0.7808	0.7624	0.9025	0.9631	1		
0.4982	0.6003	0.6354	0.8028	0.7559	1	
0.4633	0.5624	0.5960	0.7496	0.7074	0.9309	1

资料来源：WIND。

美元指数

加息周期美元指数不一定走高。由于欧元在美元指数构成中占了57.6%，美元指数的走向，首先主要取决于美国和欧元区两个经济体经济增速强弱的

第四章　大类资产运行规律

边际变化，以及美联储和欧洲央行货币政策调整的预期差异。此外，两个经济体的利差对欧元兑美元汇率也有很大的影响，但是近两年以来利率平价对美元指数走势的解释力变差（图4-44~图4-47）。

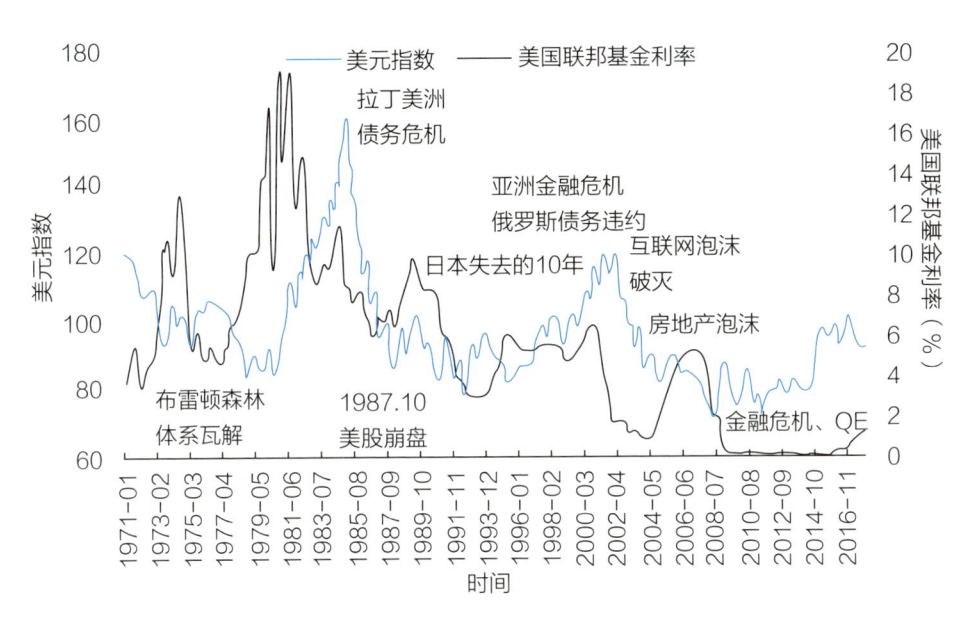

图 4-44　加息周期美元指数不一定走高

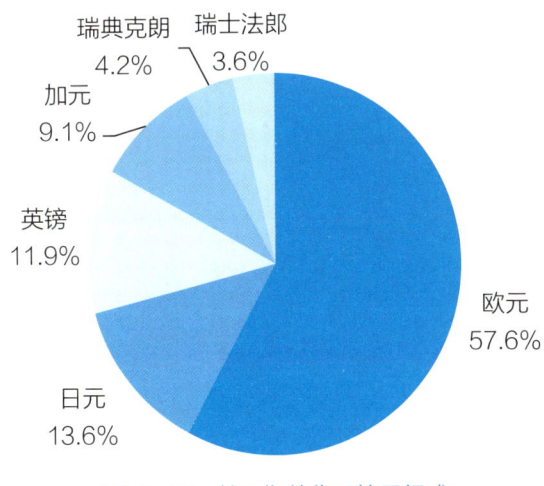

图 4-45　美元指数货币篮子组成

289

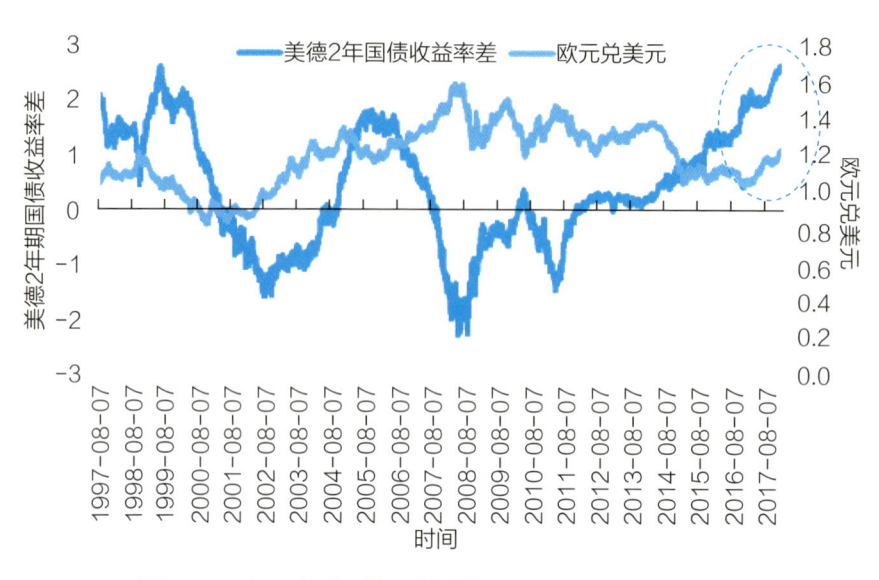

图 4-46　近两年来利率平价对美元汇率变化的解释力较弱

图 4-47　美元指数大体上反映了欧元区、美经济强弱的相对走势

黄金、铜等大宗商品

黄金、铜等大宗商品都是以美元计价，所以黄金价格、铜价格和 CRB 指

数一般都与美元指数呈现显著的负相关关系。因为加息周期往往是商业周期的上升或者繁荣阶段，此时期对石油和铜等大宗商品需求较强，石油和铜等大宗商品价格也往往节节攀升。

一般而言，利率升高，意味着美元资产的资本回报率升高，这会吸引外来资金流入美国，推动美元升值。而黄金和美元一样同属避险资产，两者存在一定的替代性。利率上升，意味着投资黄金的机会成本增加，因此加息周期一般不是投资黄金的好时机。

铜的消费主要集中在建筑行业，其次是电子电力、交通运输和工程机械行业，铜需求直接反映了广泛的经济活动。因此，铜价往往成为经济景气度的先行指标。加息周期往往和商业周期的上升或繁荣阶段叠加，铜价在加息周期往往涨幅较大。

石油价格主要受石油供求关系决定，受美联储加息影响较小。因为国际石油价格主要还是以美元计价，石油价格与美元指数弱负相关（图4-48~图4-54、表4-11）。

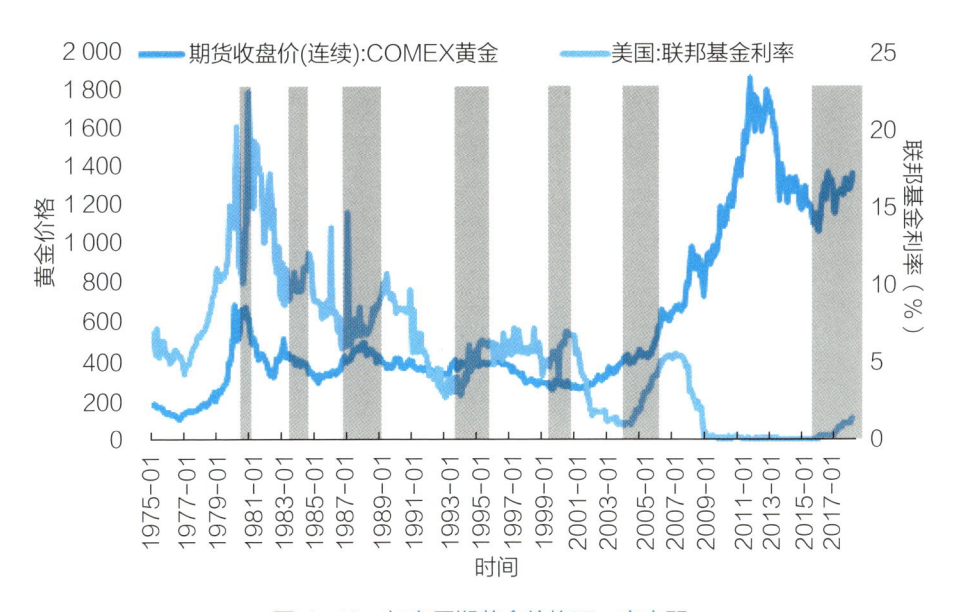

图4-48 加息周期黄金价格不一定走弱

图 4-49　加息周期铜价往往上涨

图 4-50　黄金价格和美元指数负相关

图 4-51 铜价格和美元指数负相关

图 4-52 CRB 现货指数和美元指数负相关

💲 投资的宏观逻辑

图 4-53　加息周期石油价格往往上涨

图 4-54　石油价格与美元指数弱负相关

表 4-11　1970 年以来美国加息周期的主要大类资产表现

美国加息周期	持续时间（月）	升息幅度（bp）	美国10年期国债收益率涨幅（bp）	标普500指数涨幅（%）	美元指数涨幅（%）	COMEX黄金价格涨幅（%）	WTI原油期货结算价涨幅（%）
1972年2月—1974年7月	30	963	185	-25.58	-7.49	/	/
1977年1月—1980年4月	40	1300	336	4.18	16.52	287.91	/
1980年7月—1981年6月	12	1008	310	7.84	25.13	-28.93	/
1983年2月—1984年8月	19	300	252	12.58	16.6	-28.91	3.41
1986年12月—1989年5月	30	393	137	32.35	0.61	-4.73	25.49
1994年1月—1995年2月	14	300	152	1.20	-10.10	-2.60	23.33
1999年5月—2000年5月	13	175	65	9.12	6.12	-0.66	62.10
2004年5月—2006年6月	26	425	49	13.34	-4.26	55.15	76.19
2015年11月—2018年7月	32	175	63	34.27	-4.52	14.47	64.60

资料来源：WIND。

在商业周期的上升阶段，非金融部门融资需求旺盛，对利率缓慢向上调整不是很敏感，利率上升只能抑制对非金融部门信贷投放的上涨速度，但是对抑制上涨趋势作用不明显。升息直接关系购房者的按揭成本，对房价有显著的抑制作用（图 4-55~图 4-57）。

图 4-55　加息周期实际房价指数往往下降

💲 投资的宏观逻辑

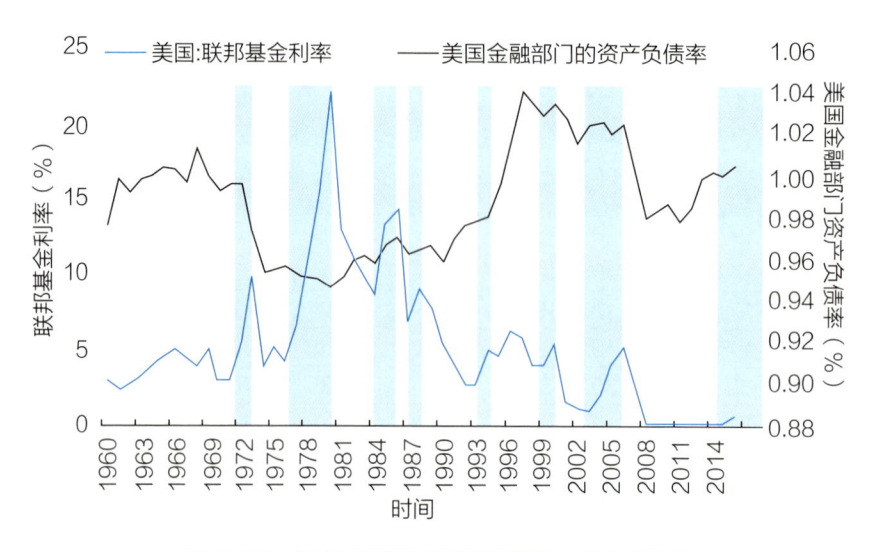

图 4-56　加息周期美国金融部门不一定会去杠杆

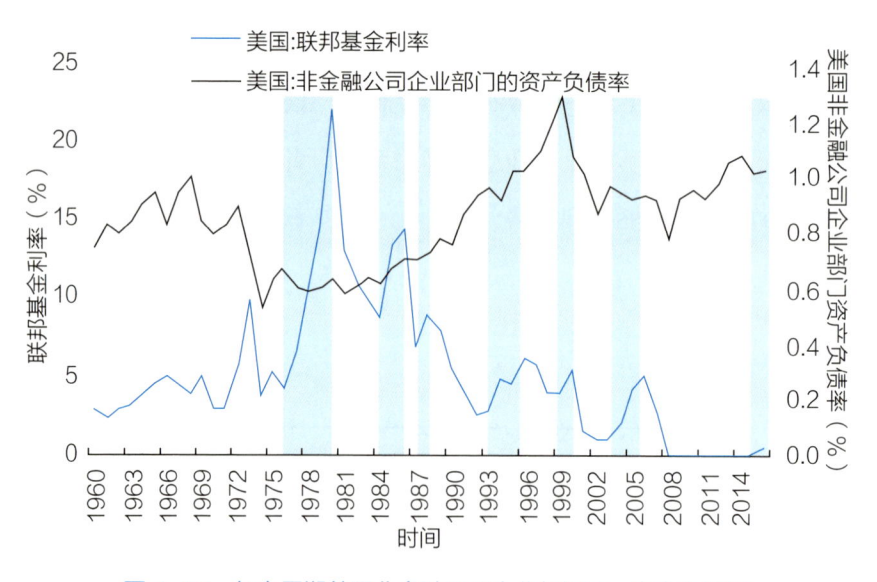

图 4-57　加息周期美国非金融公司企业部门不一定会去杠杆

各个加息周期的具体经济表现和大类资产表现

大通胀时期的三个加息周期

1972 年 2 月—1974 年 7 月

20 世纪 60 年代末 70 年代初,时任的美联储主席 Arthur Burns(1970 年 2 月—1978 年 3 月在任)等政策制定者弃用传统的货币政策来抗击通胀,而倾向于使用行政命令(所谓的"收入政策")来直接控制薪资和物价的上涨速度。结果美联储货币政策的太过宽松导致了通胀的快速上升,CPI 从 1961 年的 1.0% 直接上升到 1970 年的 5.7%。

1971 年 8 月美国 CPI 和失业率分别达到 4.4% 和 6.1%。为了应付国际货币危机和抗击通胀及高企的失业率,1971 年 8 月 15 日,尼克松总统政府宣布:发布行政命令冻结薪资和价格水平;对进口品征收 10% 的额外税率,以维护美国产品的价格竞争力。同年 12 月,美国政府终止了对进口品征收额外税率的政策。1973 年 3 月,美国固定汇率制度变成浮动汇率制度,汇率不再是美国实施货币政策的一种主要工具。

1973 年 10 月第一次石油危机的爆发,1974 年美国原油的进口均价从 1973 年的 3.05 美元/桶直接飙升到 12.52 美元/桶,1975 年 7 月 CPI 飞涨至 11.5%。油价的飙升直接把美国经济推向了衰退的境地,1973 年的第三季度—1974 年的第三季度美国经济增速均为负值。1973 年和 1974 年石油危机促使美国 1975 年开始实施"战略石油储备"计划。

1972 年 2 月—1974 年 7 月标普 500 指数先是从 104.01 上涨到 118.05,上涨 10.78%,之后又逐渐回落到 79.31,跌幅 32.82%。在这个加息周期内,标普 500 指数下降了 25.58%。而美元指数先是略有上涨,之后跌幅较大,从高点 110.14 跌落到 92.91,之后又有所回升,总共跌幅为 7.49%。

1977年1月—1980年4月

1979年第二次石油危机爆发，1978—1980年美国进口原油均价从14.57美元/桶上涨到33.86美元/桶。1977年1月—1980年3月美国CPI从5.2%飙升至14.7%，GDP增速也从1977年第一季度的6.16%逐渐滑落到1980年第一季度的1.43%。Arthur Burns的继任者George Miller（1978年3月—1979年8月在任）依旧质疑货币政策抗击通胀的有效性，将实际利率维持在一个较低的水平，美国的通胀率居高不下。

1977年美联储首次明确了实施货币政策的两大目标：价格稳定和充分就业。1979年8月沃尔克上任（1979年8月—1987年8月在任）。在沃尔克的带领下，美联储1979年10月开始实施紧盯货币供应的策略，试图建立起央行执行政策的信誉度，以此来影响和管理市场的通胀预期。美联储控制住了货币增速，M1年增速以接近1%的幅度逐年递减，1978、1979、1980和1981年的M1增速分别为8.2%、7.9%、7.3%和5.1%。该项策略的实施大幅提高了基准利率，基准利率从1979年8月的10.94%升到1981年6月的19.10%，通胀率从1980年3月的高点14.8%逐渐回落，大通胀时代终结。

在1977年1月—1980年4月这个加息周期里，标普500指数先是略有下滑，之后在反复震荡中上涨了4.18%。美元指数在此加息周期内先是大幅下滑，之后慢慢回升，最终跌幅为16.52%。

1980年7月—1981年6月

紧缩的货币政策和信贷控制政策使得美国经济在1980年第二季度—1980年第四季度陷入衰退，美联储不得不暂时放松了货币政策，基准利率从1980年4月的19.79%降至1980年7月的9.47%。1981年美国经济开始复苏，全年的实际GDP增速和CPI分别为2.6%和10.3%。与1980年的13.5%通胀率相比，其已出现回落，但仍处历史高位。美联储继续收紧货币政策，1981年6月将联邦基金利率推至19.1%的高位，之后通胀现象逐渐得到有效控制。过紧的货币政策造成的经济成本是巨大的，1981年美国陷入了自1930年代经济大萧条以来最严重的经济衰退。

在这个将近一年的加息周期里，标普500指数和美元指数均获得了增长，涨幅分别达到7.84%和25.13%。

1981年1月里根总统上台，他开始对美国进行供给侧结构性改革。里根经济学主要包括四个方面，分别是控制政府开支的增速；降低联邦收入所得税和资本所得税税率；减少政府管制；收紧货币供给以抗击通胀。由于财政压力过大，里根政府在1982—1988年不得不先后提高税率11次，据估计，1981年减税项目中有一半在里根就任期间逐渐被废除。里根经济学大获成功，美国在20世纪80年代进入了历史上第二长的经济扩张期。

两次石油危机对美国制造业打击很大，1974年、1975年、1980年和1982年制造业增加值对美国GDP的贡献率均为负值，分别为-1.45%、-1.49%、-1.55%和-1.03%，在这些年份金融、保险、房地产和租赁行业替代制造业成为美国经济增长最大的贡献行业（图4-58~图4-62）。

图4-58　1970—1981年美国经济处于滞胀时期

$ 投资的宏观逻辑

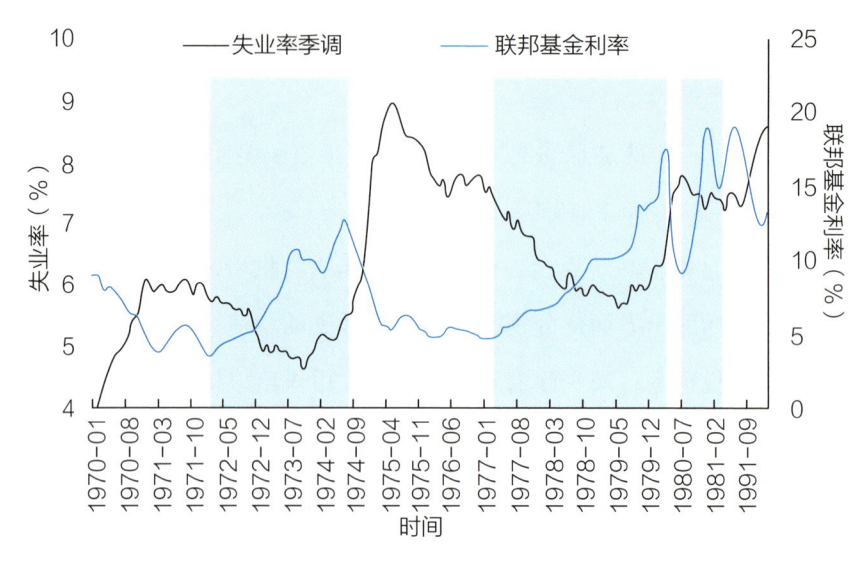

图 4-59　1970—1981 年美国失业率表现

图 4-60　1970—1981 年美股受到高企通胀困扰

第四章 大类资产运行规律

图 4-61 1971—1981 年美元指数表现

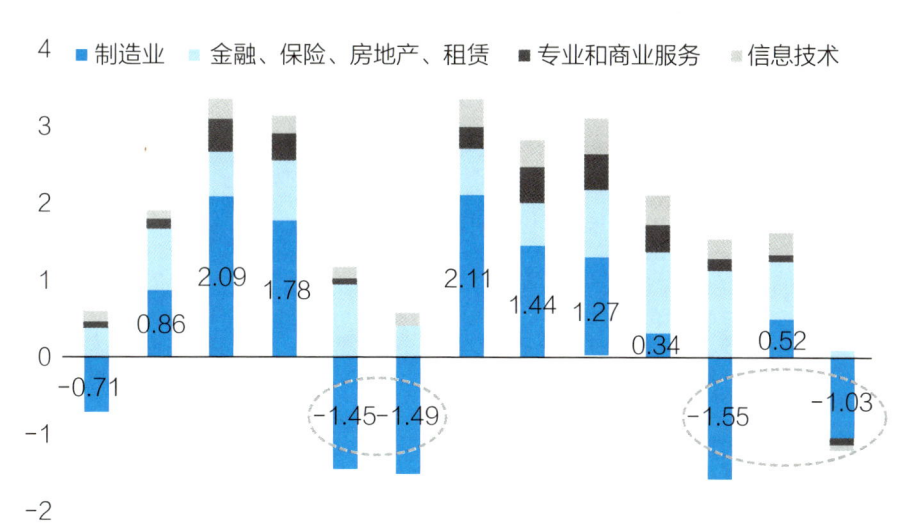

图 4-62 两次石油危机对美国制造业打击很大

301

投资的宏观逻辑

大缓和时期的五个加息周期

1983年2月—1984年8月

1983年第二季度—1984年第三季度美国经济快速扩张，实际GDP平均增速达到6.7%，CPI也从1983年6月的2.6%逐渐攀升至1984.3月的4.8%。美国经济出现过热迹象，美联储再次出手收紧货币政策，将目标联邦基金利率从8.75%逐步提高到11.5%。除此之外，美联储继续实施紧盯货币增速的策略。与之前不同的是，1982年后美联储用M2增速目标代替了M1增速目标。1983—1986年M2的年均增速逐年下降，而M3实际年均增速超过了1983年和1984年目标区间，但是1985年和1986年又回到了目标区间之内。美国的逐步加息操作抑制住了经济的过热状况，通胀率也逐渐慢慢回落。

在1983年2月—1984年8月这个加息周期里，美股和美元指数均表现比较平稳，在震荡中实现了增长。标普500指数和美元指数分别上涨了12.58%和16.6%。

1986年12月—1989年5月

1986年12月—1989年5月美国经济稳健增长，实际GDP平均增速达到3.8%。通胀又一次进入上升通道，通胀率从1986年12月的1.1%上升到1989年5月的5.4%，失业率则从6.9%下降到5.2%，自1973年以来失业率首次降至5.5%以下。

1987年10月19日美股崩盘，当日道琼斯工业指数和标普500指数分别跌去近23%和20.5%。

在1987年10月股灾发生之前，市场对通胀上升已经有了很强的预期，具体体现在：1987年3月—1987年10月美国10年国债收益率从7.5%快速攀升到9.6%。但是美联储面对通胀压力和通胀预期并没有采取特别的行动。

1987年8月格林斯潘接棒沃尔克就任美联储主席，开始收紧货币政策。但是1987年10月发生的股灾彻底打乱了美联储进一步收紧货币政策的节奏。在股灾发生之后，为了避免类似于1930年代大萧条时的经济灾难[①]再次出现，美联储通过公开市场操作紧急为市场注入大量流动性，还将目标联邦基金利率从7.5%下调至6.75%左右。待金融市场稳定，1988年2月美联储开始升息，将联邦基金目标利率逐步调至1989年5月的9.81%。

1986年12月—1989年5月标普500指数大起大落，总共上涨了32.35%。1986年12月—1987年9月标普500指数先是大幅上涨了32.89%，1987年10月单月大幅回调21.76%，12月股市止跌回升，逐渐收复失地。美元指数也大致呈现先跌后升的趋势，小幅下滑了0.61%。

1982—1990年美国制造业进一步衰落，制造业对美国经济增长的贡献率下滑至0.85%。但是进一步拆分美国制造业对经济增长的贡献，我们可以发现半导体等新兴制造业正在崛起。自20世纪80年代起，美国信息产业高速发展，半导体工业、计算机和软件工业开始全面超越传统制造业的占比。与此同时，金融、保险、房地产和租赁行业，以及专业商业服务行业逐渐成为美国经济增长的两大引擎，这两大行业对美国GDP增长的贡献率分别提高至0.51%和0.53%。

1994年1月—1995年2月

进入1990年代，美国迎来了有史以来最长的经济扩张期。1994年1月至1995年2月通胀由2.5%上升至3%，GDP增速从1994年第三季度的4.5%下

[①] 1980年代以伯南克为代表的经济学家对1930年代大萧条重新进行了深度的理论和实证研究，让"足够扩张性的货币政策可以避免出现类似于大萧条时期灾难"的观点广为学术界和政策制定者所知。Ben Bernanke, 2004. Essays on the Great Depression. Princeton University Press.

滑至3%附近，联邦基金目标利率上调了7次，从3%上升至6%。

其间，标普500指数基本处于横盘震荡状态，在升息阶段结束后，联邦基金利率介于5%~6%高位震荡，计算机、半导体等行业快速发展推动标普500指数开始加速上升。尽管处于加息阶段，但由于美国GDP占全球GDP比重的增速下降，因此美元指数较弱势，持续下降。

1999年5月—2000年5月

1999年第一季度通货膨胀升至2%，并有持续上升的势头，最高点接近4%；在信息革命的持续推动下，计算机等制造业高速增长，这推动GDP增速持续高位（4%以上）；联邦基金基准利率从4.75%上调至6.5%。

美元指数在美国经济保持强劲增速下不断上升。标普500指数仍保持上升，延续1995年开启的互联网行情，但是，随后互联网泡沫破裂，通胀、经济增速急转直下，失业率结束多年下滑开始快速上升。

2004年5月—2006年6月

2004年5月通胀从1.8%不断上升，最高升破4%，而美国经济增速却不断下滑，联邦基金基准利率一共上升17次，从1%大幅上调至5.25%。

在经历互联网泡沫破裂后，股票市场持续下滑至2002年一季度，而后开始反弹，在此加息期间，其仍然保持上升态势。美元指数在加息周期内先跌后涨，整体仍然处于2001年以来的下行大趋势内，这主要源于全球其他主要经济体增速较平稳，因此美元处于相对弱势。

2015年11月—2018年7月加息周期类似1986年12月—1989年5月

从经济基本面看，两个时期都处于经济稳健发展阶段，但是期间都出现了股市的大幅回调。在股市回调之前，经济增长均处于提速阶段，1987年第一季度—1987 年第三季度美国实际 GDP 增速从 2.71% 提升至 3.28%，而 2016 年第二季度—2017 年第四季度美国经济增速则从 1.23% 上升到 2.6%，都处于 2008 年金融危机以来最好的时期。两个加息周期劳动力市场数据均向好，1986 年 12 月—1989 年 5 月美国失业率不断下降，从 6.9% 下滑至 5.2%，创 1973 年以来新低。而本轮加息周期，目前美国失业率稳定在 4% 上下，接近或者已经处于充分就业状态。

但是，经济的扩张引发通胀抬头，上涨的通胀预期都导致股市大幅回调。1987 年 10 月和 2018 年 2 月标普 500 跌幅分别达到近 30% 和 10%。1987 年 10 月在美股崩盘之前市场对通胀上升已经产生强烈的预期：1987 年 3 月—1987 年 10 月期间美国 10 年国债收益率从 7.5% 快速攀升到 9.6%。而 2018 年 2 月初公布了超预期的非农时薪数据，引发投资者对于通胀可能加速美联储升息节奏的担心，导致美国国债收益率的急速上升和股市近两年以来单周最大幅度的回调。

从经济政策上看，两个加息周期都采用了"紧货币和松财政"的政策组合，这导致美国财政赤字不断攀升。两个加息周期都伴随着减税政策的实施，1986 年 10 月和 2017 年 12 月底美国国会分别通过了"1986 年税改法案"（第二次里根减税[①]）和特朗普税改方案，两大税改都降低了个税税率并增加了按揭利息减免额度。两大加息周期期间美国联邦政府的财政支出都（将）大幅提高，1986 年 12 月—1989 年 5 月正处冷战后期，美苏之间的军备竞赛导致美国国防开支大幅上涨。2016 年奥巴马医保项目的实施大大增加了美国财政负担。2018 年 2 月特朗普政府公布了 1.5 万亿美元基建投资计划，美国联邦政府财政赤字预计将继续扩大。

此外，两个加息周期持续时间都较长。1986 年 12 月—1989 年 5 月加息

[①] 第一次里根减税发生在 1981 年。

投资的宏观逻辑

周期长达 30 个月，2015 年 11 月—2018 年 7 月加息周期也达 30 个月（图 4-63、图 4-64）。

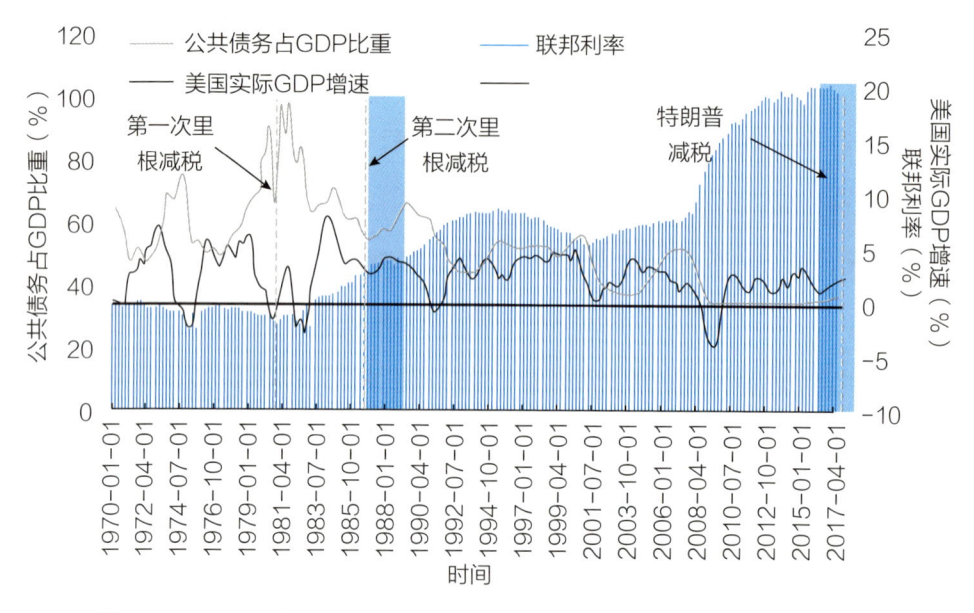

图 4-63 1986 年 12 月—1989 年 6 月和本轮加息周期均经历了减税改革

图 4-64 2018 年 2 月高企通胀预期引发美股大幅回调

第三节 加息末期大类资产运行规律

美联储货币政策是影响资本市场重要的变量之一。自2022年3月以来，美联储已连续加息11次，共计525bp。我们详细梳理了1990年以来美联储加息末期经济特征以及大类资产表现情况，以期对当下提供一定的参考。

美联储加息末期的经济和政策信号

1990年后的加息周期更具参考意义

类比的重点应放在1990年后，而不是20世纪七八十年代。后者的类比存在一个较大的问题，就是其忽略了美联储货币政策框架的演变。

20世纪七八十年代沃尔克任联储主席时期，货币供应量（M1、M2）是货币政策最主要的中介目标。沃尔克上任初期，将M1作为货币政策的中介目标，FOMC每年会设定一个M1增速目标，美联储通过控制货币供应增速来实现控制通胀的最终目标。不过在1987年之后，由于M1增速波动加大，美联储转为以M2增速作为中介目标。

而格林斯潘上任后将货币政策操作目标从货币供应量转向利率。格林斯潘认为，随着美国金融创新和投资多样化的发展，M2与经济增长以及通胀之

投资的宏观逻辑

间的关系逐步减弱，再将货币供应量作为中介目标已经不合时宜，并在1993年正式宣布将利率作为中介目标，并延续至今。

因此，我们认为从货币政策操作目标的连贯性来看，1990年后的加息周期对当前的参考意义或许更大（图4-65）。

图4-65 美国货币政策目标变动情况梳理

1990年以来美联储共实施了四轮加息：分别是1994年2月—1995年2月，1999年6月—2000年5月，2004年6月—2006年6月，2015年12月—2018年12月。图4-66梳理了1990年以来，美联储历次加息次数、幅度、持续时间、间隔时间，以及降息时间等情况。

单纯观察美联储历次加息幅度、持续时间、间隔时间，其规律性并不十分明显。

从累计加息幅度来看，第三轮最大（2004年6月—2006年6月），达到425bp；第一轮（1994年2月—1995年2月）次之，为300bp；第二轮（1999年6月—2000年5月）和第四轮（2015年12月—2018年12月）分别加息175bp和225bp。

第四章 大类资产运行规律

从加息持续时间来看，第四轮（2015年12月—2018年12月）最长，持续36个月；第三轮（2004年6月—2006年6月）次之，24个月；第一轮（1994年2月—1995年2月）和第二轮（1999年6月—2000年5月）则是在12个月左右。

从最后一次加息到降息间隔来看，平均的间隔时间为9.75个月，其中第三轮（2004年6月—2006年6月）最后一次加息到降息间隔时间最长，为15个月，其余则是在5~8个月。

初次加息	末次加息	加息次数	加息幅度	持续时间	利率峰值	间隔时间	初次降息
1994-02	1995-02	7次	300bp	12个月	6.00%	5个月	1995-07
1999-06	2000-05	6次	175bp	11个月	6.50%	8个月	2001-01
2004-06	2006-06	17次	425bp	24个月	5.25%	15个月	2007-09
2015-12	2018-12	9次	225bp	36个月	2.50%	8个月	2019-18
2022-03	—	—	525bp	—	—	—	—

图4-66　1990年以来美联储历次加息情况梳理

加息末期有哪些经济及政策信号？

加息末期，通胀已无上行动力，失业率从低位略有回升。观察美联储的两大政策目标通胀和失业我们可以发现两条规律：

一是，并非通胀降至2%才会停止加息，而是只要通胀没有明显的上升动力时加息便会停止。

二是，并非等到失业率明显上行时加息才会停止，而是劳动力市场仍然较为强劲，失业率维持低位略有回升时，加息便会停止（图4-67）。

加息末期，PMI回落至荣枯线以下，新增非农趋势性跌破20万人。从经济指标来看，加息末期，PMI往往回落至枯荣线以下，GDP同比折年数出现加速下行，新增非农就业12个月移动平均趋势性跌破20万人（图4-68、图4-69）。

投资的宏观逻辑

图 4-67 美国联邦基金目标利率、通胀和失业率

图 4-68 美国联邦基金目标利率、GDP 同比与制造业 PMI

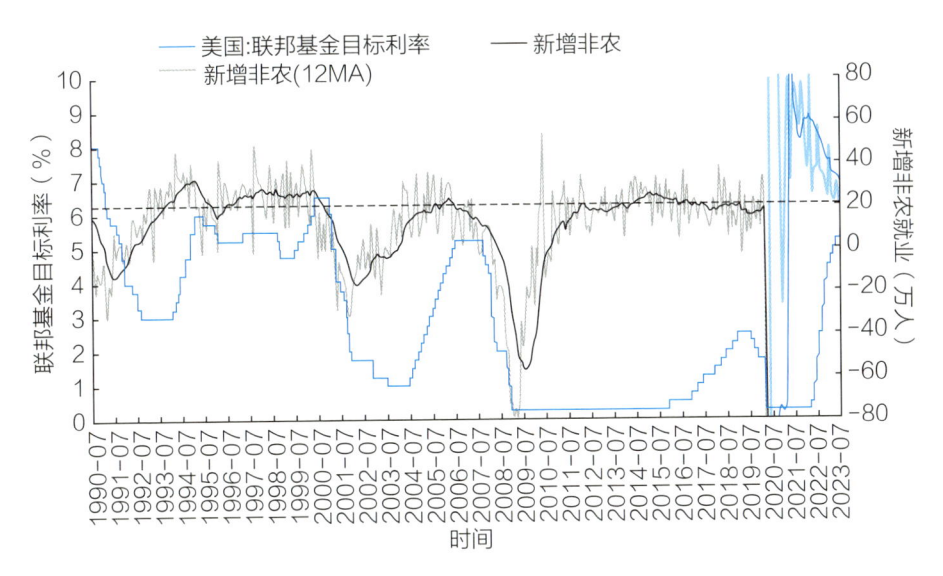

图 4-69 美国联邦基金目标利率、新增非农就业

加息末期，美联储 FOMC 会议基本都会提到经济增速开始放缓，并且预计在一段时间后经济增速可能低于潜在增速。

第一轮，在最后一次加息 FOMC 会议上，美联储表示，预计经济活动的增长将在未来几个季度大幅放缓，并且在此后的一段时间内平均低于经济潜在产出的增长率。

第二轮，在最后一次加息 FOMC 会议上，美联储表示，消费者支出在二季度初明显放缓，经济扩张将从目前的高速步伐逐渐放缓至大约或略低于经济估计增长潜力的速度。与早前股票价格大幅上涨相关的积极财富效应的预期减弱以及更高的利率将越来越多地阻碍国内最终需求的扩张。

第三轮，在最后一次加息 FOMC 会议上，美联储表示，第二季度经济活动的增长较第一季度的快速增长大幅放缓，到 2007 年年底的增长速度将略低于经济的潜在增长率。

第四轮，在最后一次加息 FOMC 会议上，美联储表示，预计 2019 年经济增长将保持高于趋势水平，然后在中期内放缓至接近趋势水平的速度。

历次加息末期，大类资产表现梳理

美股：利率压制缓解，整体胜率较高

在美联储末次加息后，除 2000 年美国互联网泡沫破裂时期之外，美股在半年内均有不俗表现，并且纳指弹性更高。

第一轮：1995 年 2 月 1 日，在美联储最后一次加息后，美国三大股指均出现了较大幅度上涨，加息停止 6 个月后，道琼斯工业指数、标普 500 指数、纳斯达克综合指数分别上涨 22.3%、19%、31.2%（图 4-70）。

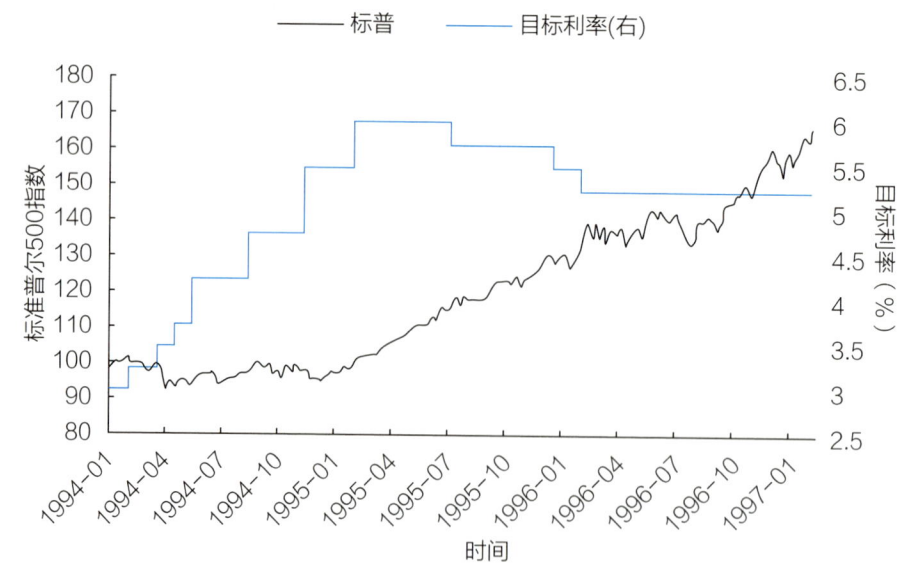

图 4-70　美股走势（1995 年 2 月 1 日末次加息 =100）

第二轮：2000 年 3 月，美国互联网泡沫破裂，纳斯达克综合指数从 3 月 10 日的 5048 点迅速下降到 5 月 10 日的 3384 点，下跌幅度高达 33%。在此背

第四章 大类资产运行规律

景下，美联储于 5 月 16 日进行了本轮最后一次加息，并于 2001 年 1 月 3 日开始降息，其间纳斯达克综合指数累计下跌 30%，而标普 500 指数和道琼斯工业指数下降幅度较小，分别下降 8% 和 0.1%（图 4-71）。

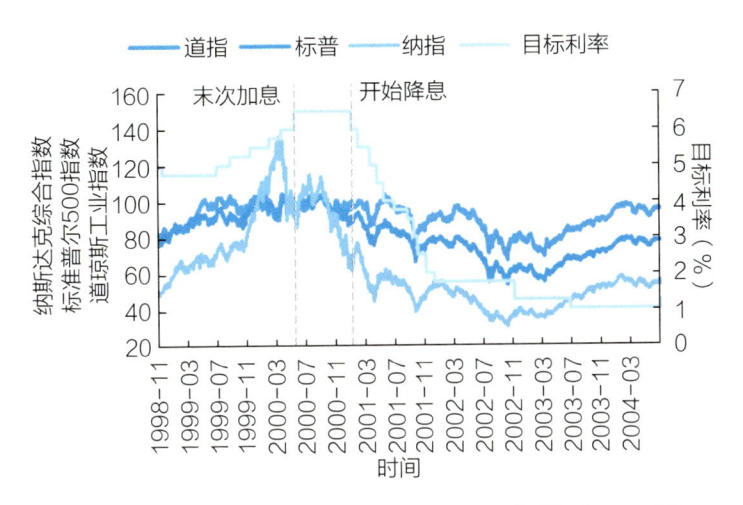

图 4-71 美股走势（2000 年 5 月 16 日末次加息 =100）

第三轮：2006 年 6 月 29 日，在美联储末次加息 6 个月内，道指、标普 500 和纳指分别上涨 13.6%、13.8%、14.4%（图 4-72）。

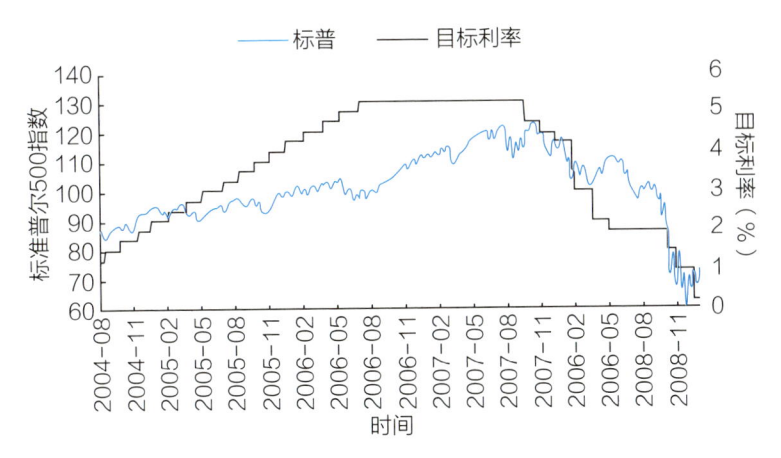

图 4-72 美股走势（2006 年 6 月 29 日末次加息 =100）

第四轮：2015年12月，美联储加息25个基点，开启货币政策正常化，其间美股保持上行趋势。2018年12月20日，美联储末次加息25个基点后，三大股指均出现较大幅度上行。在末次加息6个月后，道指、标普500和纳指分别上涨14.7%、17.8%、21.3%（图4-73）。

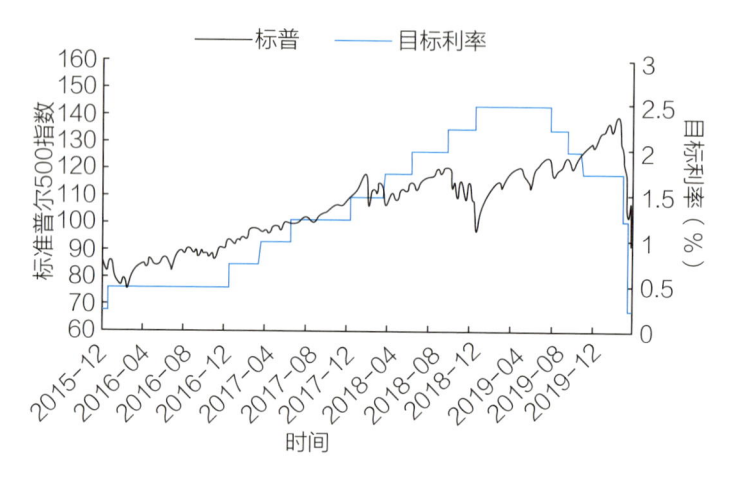

图4-73 美股走势（2018年12月19日末次加息=100）

A股：以国内基本面为主，涨跌没有明显规律

A股主要受国内经济影响，美联储末次加息后，短期A股虽有上涨，但整体以震荡行情为主。

第一轮：1995年2月1日美联储末次加息后，上证综指和深证成指均平稳运行，两者对美联储是否加息反应较小（图4-74）。

第二轮：A股走势受美国互联网泡沫破裂影响较小。2000年5月16日美联储末次加息后，在国内网络科技热潮带动下，A股延续1999年5月来的上涨行情，上证综指和深证成指1个月内分别上涨13%和10.7%，随后以震荡行情为主。美联储开始降息后，受国内国有股减持影响，A股呈现下跌趋势（图4-75）。

图 4-74　A 股走势（1995 年 2 月 1 日末次加息 =100）

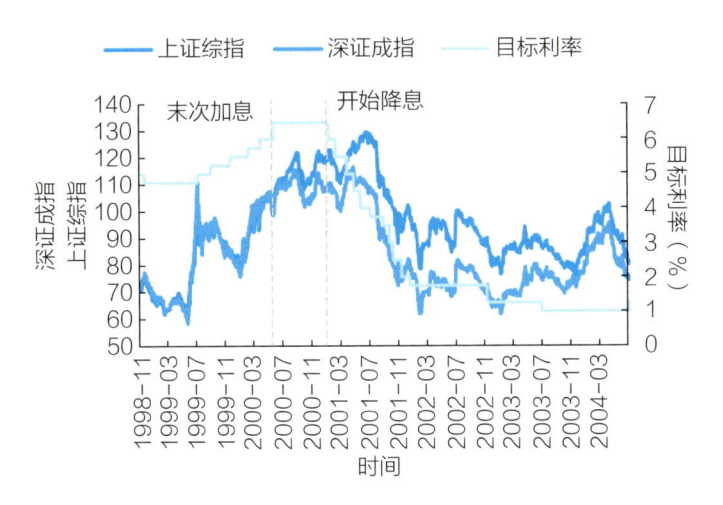

图 4-75　A 股走势（2000 年 5 月 16 日末次加息 =100）

第三轮：2006 年 6 月 29 日美联储末次加息后，A 股开启牛市行情。本轮末次加息半年后，上证综指和深证成指分别上涨 63.2% 和 58.5%。本轮 A 股上涨主要得益于国内股权分置改革和汇率制度改革带来的国际资金（图 4-76）。

第四轮：2018 年 12 月 19 日美联储末次加息后，受国内宽松政策影响

（2019年1月两次全面降准），A股迅速上涨，3个月内，上证综指和深证成指分别上涨21.2%和32.1%，随后A股震荡运行（图4-77）。

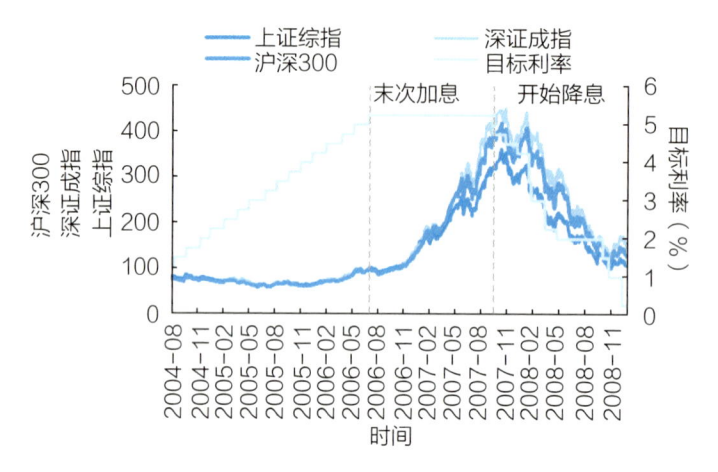

图4-76　A股走势（2006年6月29日末次加息=100）

图4-77　A股走势（2018年12月19日末次加息=100）

港股：与美股关联密切，末次加息后表现较好

美联储末次加息后，受美联储政策溢出效应影响，恒生指数与美国股市

第四章 大类资产运行规律

表现相似，短期表现较好。

第一轮：1995 年 2 月 1 日美联储末次加息一个月后，恒生指数累计上涨 13%，3 个月后上涨 12%，6 个月后上涨 27.8%，同期美股亦有不俗表现（图 4-78）。

第二轮：2000 年 5 月 16 日美联储末次加息一个月后，恒生指数累计上涨 10.4%，3 个月后上涨 19.2%。随后受美国互联网泡沫破裂影响，港股急速下跌，从 9 月初的 17600 点下跌到 14600 点，下跌 17%（图 4-79）。

第三轮：2006 年 6 月 29 日美联储末次加息一个月后，恒生指数累计上涨 7.7%，3 个月后上涨 11.4%，6 个月后上涨 26.8%（图 4-80）。

第四轮：2018 年 12 月 19 日美联储末次加息一个月后，恒生指数累计上涨 4.7%，3 个月后上涨 13.4%，6 个月后上涨 10.4%，与美股同期走势较为相似（图 4-81）。

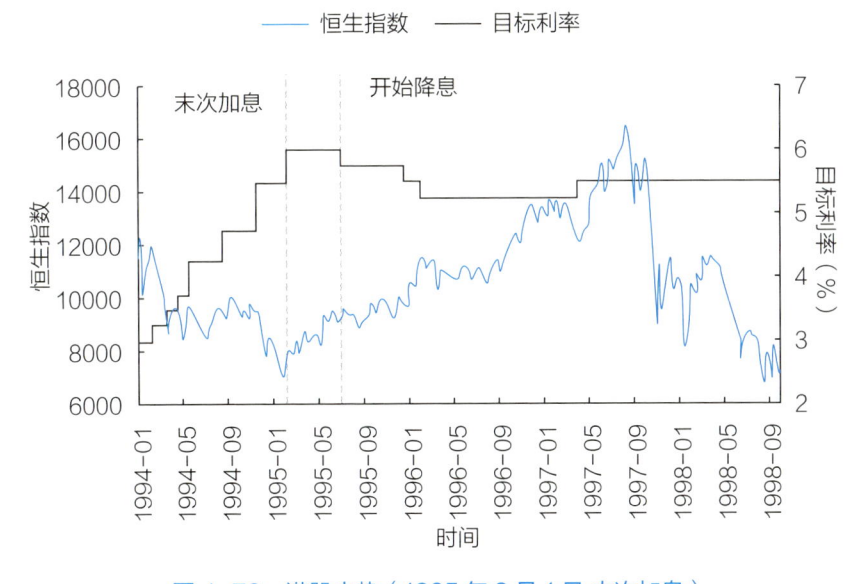

图 4-78　港股走势（1995 年 2 月 1 日末次加息）

⑤ 投资的宏观逻辑

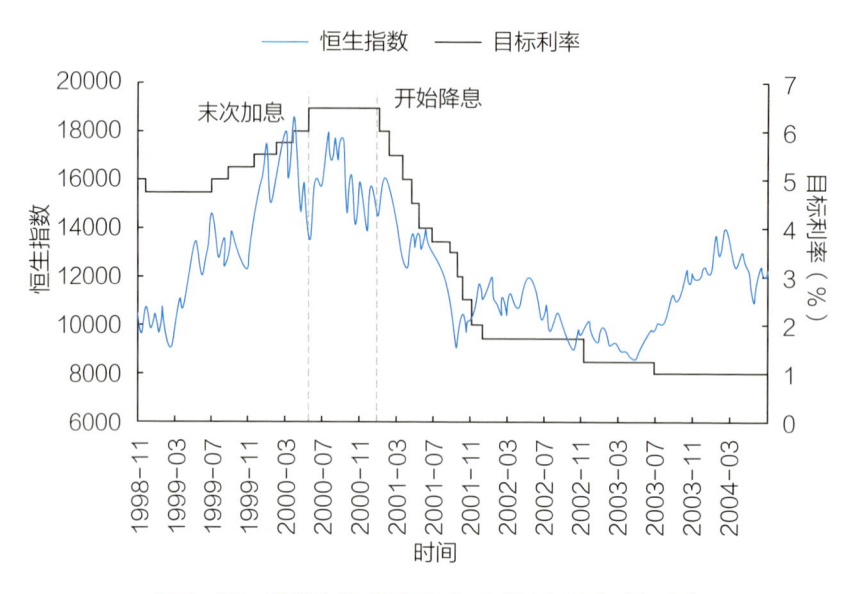

图 4-79　港股走势（2000 年 5 月 16 日末次加息）

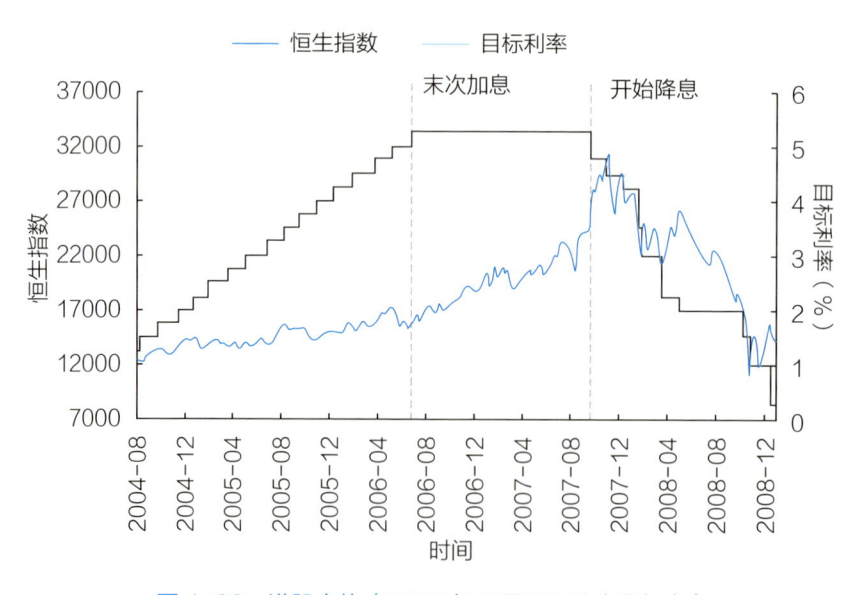

图 4-80　港股走势（2006 年 6 月 29 日末次加息）

第四章　大类资产运行规律

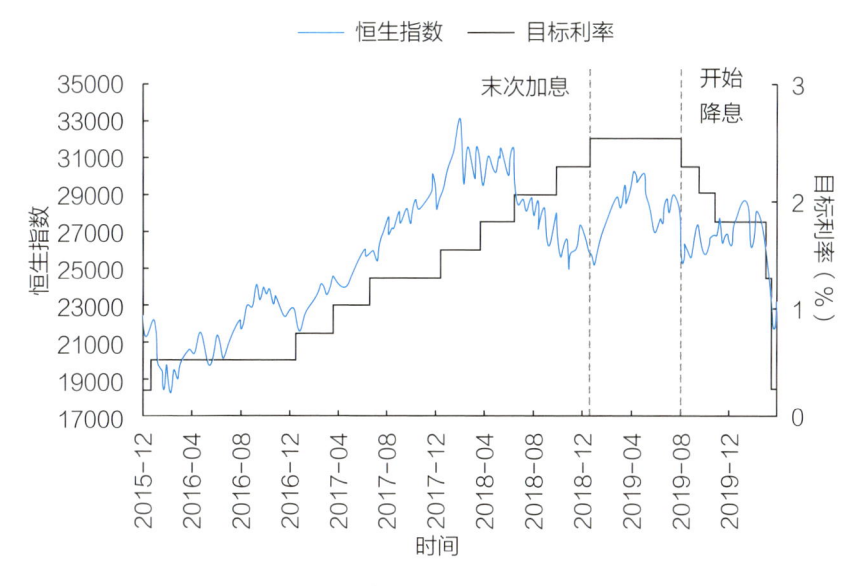

图 4-81　港股走势（2018 年 12 月 19 日末次加息）

美债：收益率整体下行，长短利率利差扩大

在美联储末次加息后，美债收益率多表现为下行趋势，但长短利差或扩大。在加息周期末期，紧缩政策对利率牵引作用减弱，叠加经济衰退预期，国债收益多呈现下降趋势。

第一轮：1995 年 2 月 1 日美联储末次加息 3 个月后，美国 10 年期国债收益率下降 57bp，而 10Y–1Y 期限利差相较加息期间已明显下降（图 4-82）。

第二轮：2000 年 5 月 16 日美联储末次加息 3 个月后，美国 10 年期国债收益率下降 60bp。受加息政策和经济衰退预期影响，短端利率下降幅度小于长端利率，10Y–1Y 期限利差在末次加息半个月后出现倒挂（图 4-83）。

第三轮：2006 年 6 月 29 日美联储末次加息 3 个月后，美国 10 年期国债收益率下降 58bp，10Y–1Y 期限利差出现倒挂，最高倒挂 48bp（图 4-84）。

第四轮：2018 年 12 月 19 日美联储末次加息 3 个月后，美国 10 年期国债

319

📊 投资的宏观逻辑

收益率下降 25bp，10Y-1Y 期限利差呈现下降趋势，部分时点出现利差倒挂（图 4-85）。

图 4-82　美债走势（1995 年 2 月 1 日末次加息）

图 4-83　美债走势（2000 年 5 月 16 日末次加息）

第四章 大类资产运行规律

图 4-84 美债走势（2006 年 6 月 29 日末次加息）

图 4-85 美债走势（2018 年 12 月 19 日末次加息）

汇率：美元大概率走弱，人民币相应走强

美联储加息结束后，短期内美元指数下降，人民币走强。

第一轮：1995年2月1日美联储末次加息后，美元指数从2月初的88一路下跌到4月初的81，下跌幅度为8%（图4-86）。

第二轮：2000年5月16日美联储末次加息1个月后，受互联网泡沫破裂影响，美元指数从111下跌到106，下跌4.5%，之后随着经济逐渐复苏，美元开始走强（图4-87）。

第三轮：由于市场并未预期到本次是末次加息，当美联储宣布加息后，美元短期走强，之后随着加息停止成为共识，美元开始走弱，末次加息6个月后，美元指数下跌3.4%。受美元走弱和中国净出口增加影响，人民币同期呈现升值态势（图4-88、图4-89）。

第四轮：2018年12月19日美联储末次加息后，美元指数短期小幅走弱，后平稳波动。人民币短期走强，后受中美贸易摩擦影响，人民币逐渐走弱（图4-90、图4-91）。

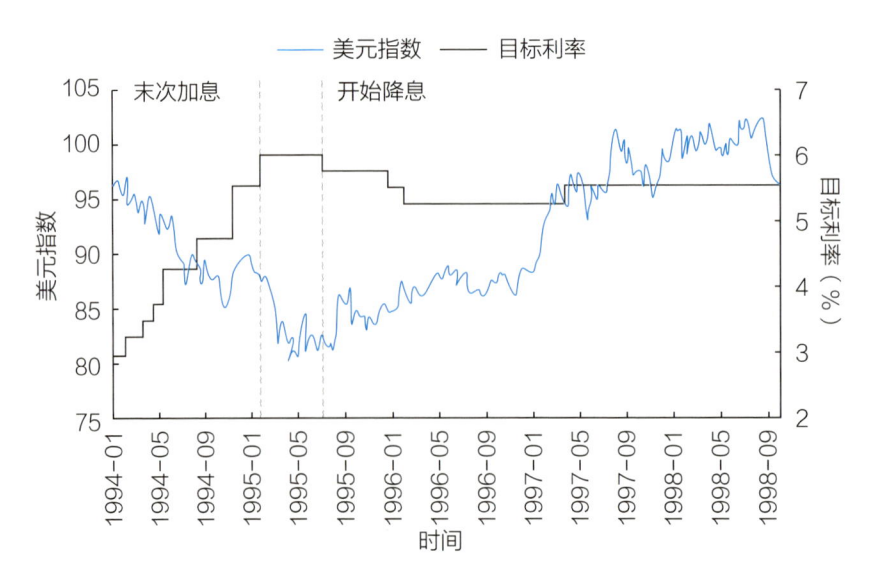

图4-86 美元指数走势（1995年2月1日末次加息）

第四章 大类资产运行规律

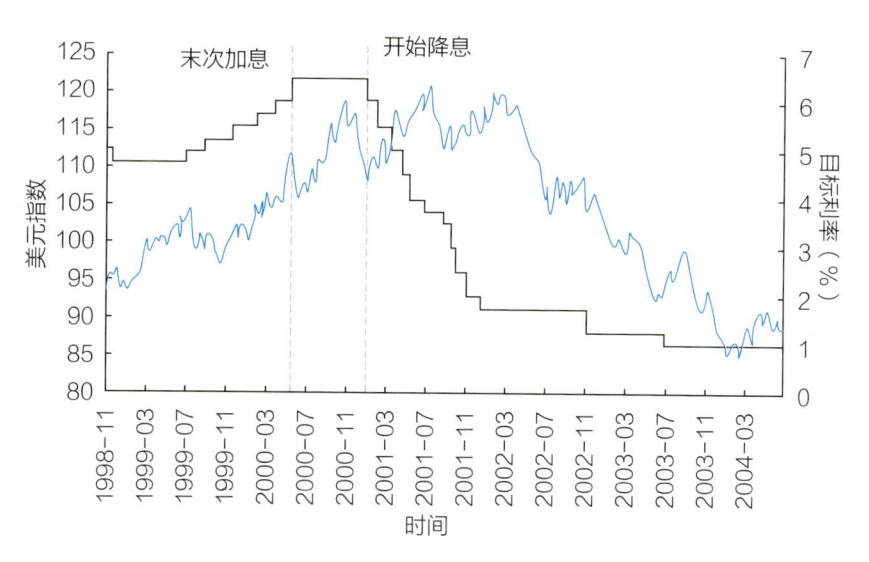

图 4-87 美元指数走势（2000 年 5 月 16 日末次加息）

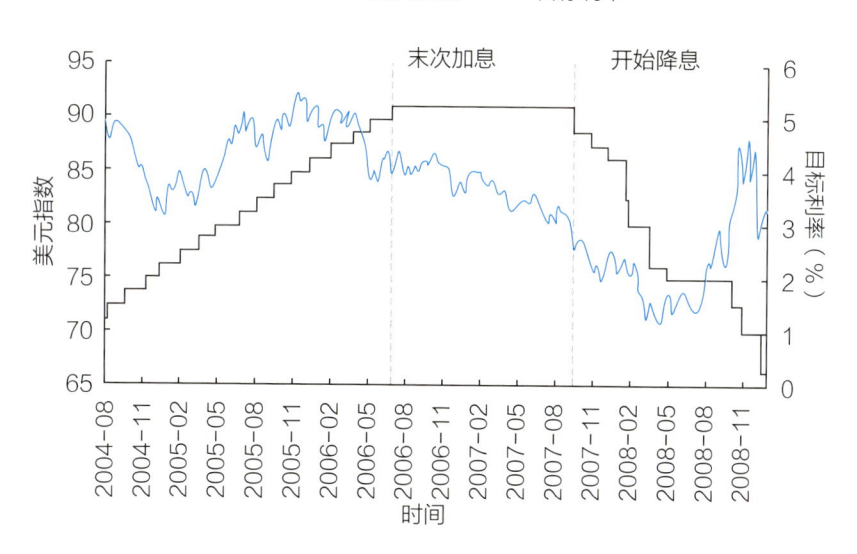

图 4-88 美元指数走势（2006 年 6 月 29 日末次加息）

323

投资的宏观逻辑

图 4-89　美元指数走势（2018 年 12 月 19 日末次加息）

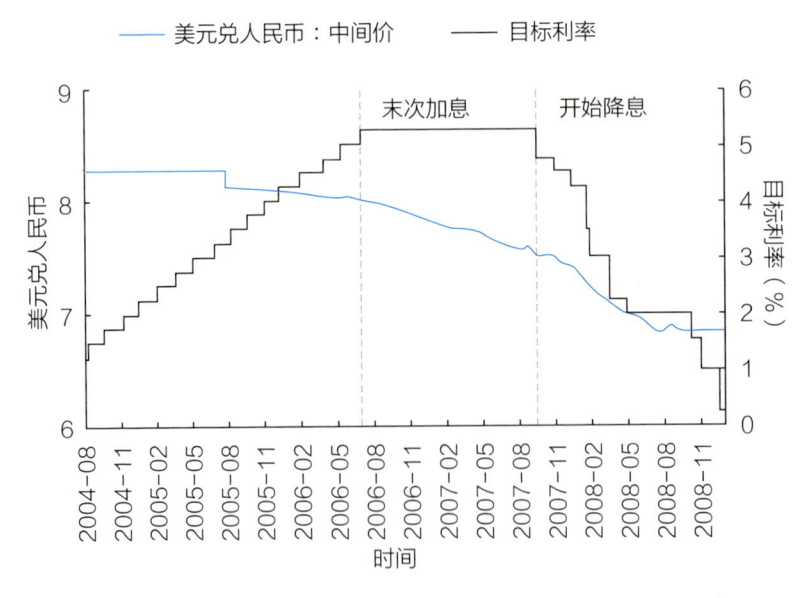

图 4-90　美元兑人民币走势（2006 年 6 月 29 日末次加息）

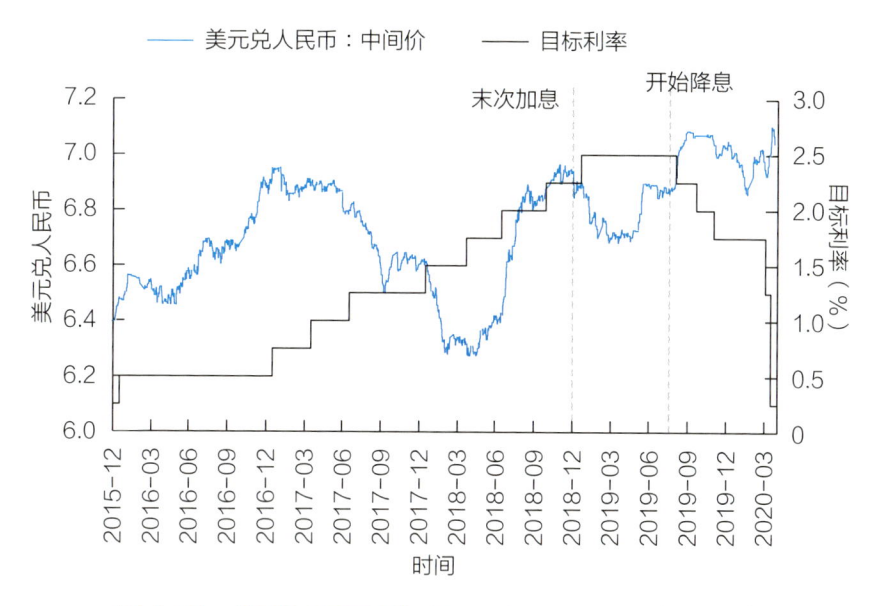

图 4-91 美元兑人民币走势（2018 年 12 月 19 日末次加息）

黄金：整体震荡上行，与美元表现负相关

在美联储末次加息后，受美元走弱影响，黄金价格整体呈现震荡上升趋势。

第一轮：1995 年 2 月 1 日美联储末次加息后，COMEX 黄金价格震荡上行，3 个月内上涨 3.2%，且走势与美元指数相反（图 4-92）。

第二轮：2000 年 5 月 16 日美联储末次加息后，受美元走势影响，COMEX 黄金价格 1 个月内先上行 5.4%，随后开始下跌（图 4-93）。

第三轮：2006 年 6 月 29 日美联储末次加息后，COMEX 黄金价格 1 个月内上涨 9.3%，6 个月内上涨 9.8%，走势与美元指数相反（图 4-94）。

第四轮：受美元走弱和中美贸易摩擦带来的不确定因素影响，2018 年 12 月 19 日美联储末次加息后，COMEX 黄金价格呈现上涨趋势（图 4-95）。

$ 投资的宏观逻辑

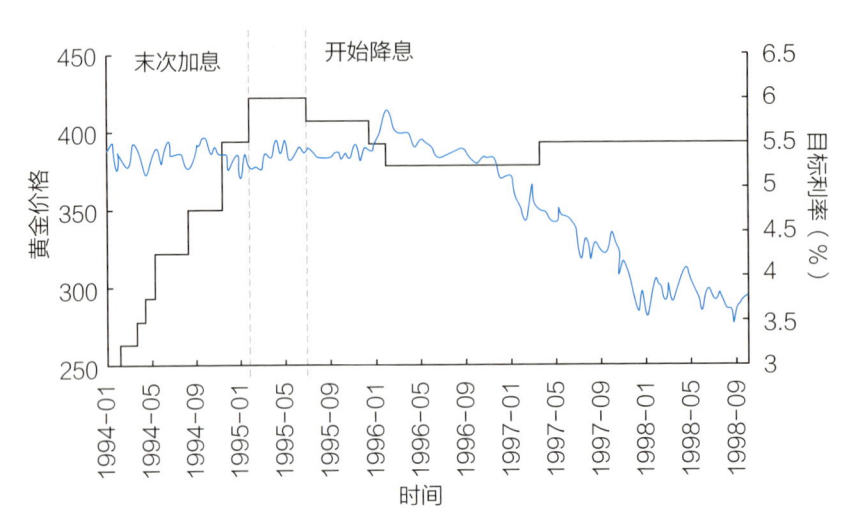

图 4-92　黄金走势（1995 年 2 月 1 日末次加息）

图 4-93　黄金走势（2000 年 5 月 16 日末次加息）

第四章 大类资产运行规律

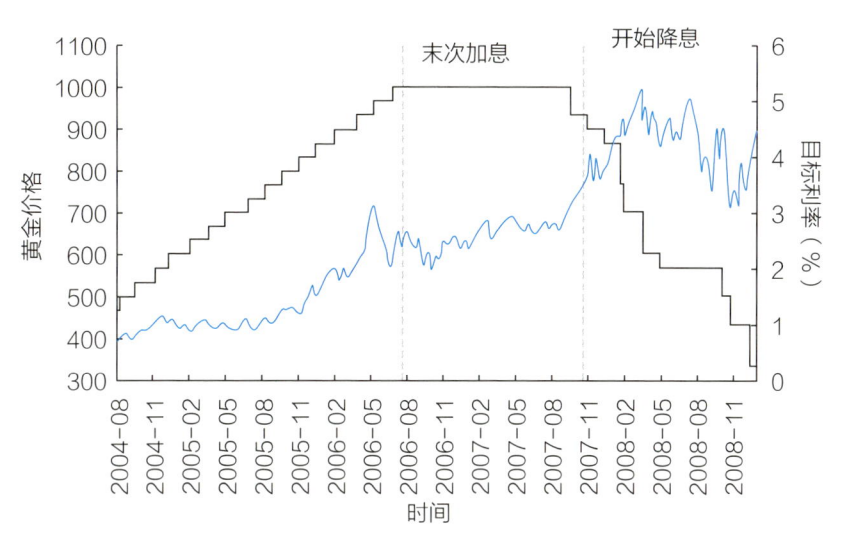

图 4-94 黄金走势（2006 年 6 月 29 日末次加息）

图 4-95 黄金走势（2018 年 12 月 19 日末次加息）

327

大宗商品：整体表现震荡，涨跌不一

在美联储末次加息后，不同时期下 LME 铜和布伦特原油价格涨跌不一，两者均以震荡行情为主。大宗商品价格多受经济形势影响，经济繁荣时，企业对大宗商品的需求增加，大宗商品价格上升；反之，价格则下降。

第三轮：2006 年 6 月 29 日美联储末次加息后，LME 铜 1 个月内上涨 10.8%，3 个月内上涨 9.2%，而 6 个月内下跌 9.8%；布伦特原油 1 个月内上涨 2.8%，3 个月内下跌 12.5%，6 个月内下跌 14.8%（图 4-96、图 4-97）。

第四轮：2018 年 12 月 19 日美联储末次加息后，LME 铜 1 个月内上涨 0.68%，3 个月内上涨 8%，而 6 个月内下跌 0.7%；布伦特原油 1 个月内上涨 8.9%，3 个月内上涨 18.5%，6 个月内上涨 11.5%（图 4-98、图 4-99）。

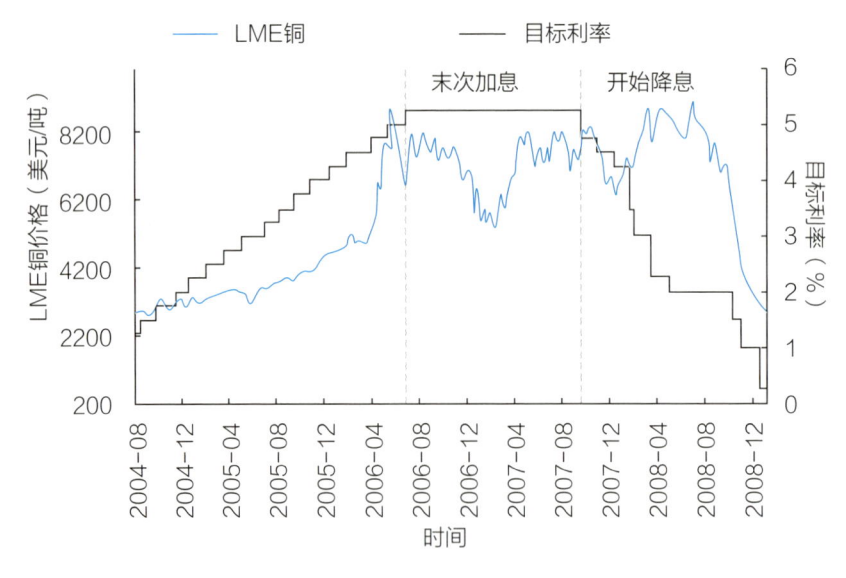

图 4-96　LME 铜价走势（2006 年 6 月 29 日末次加息）

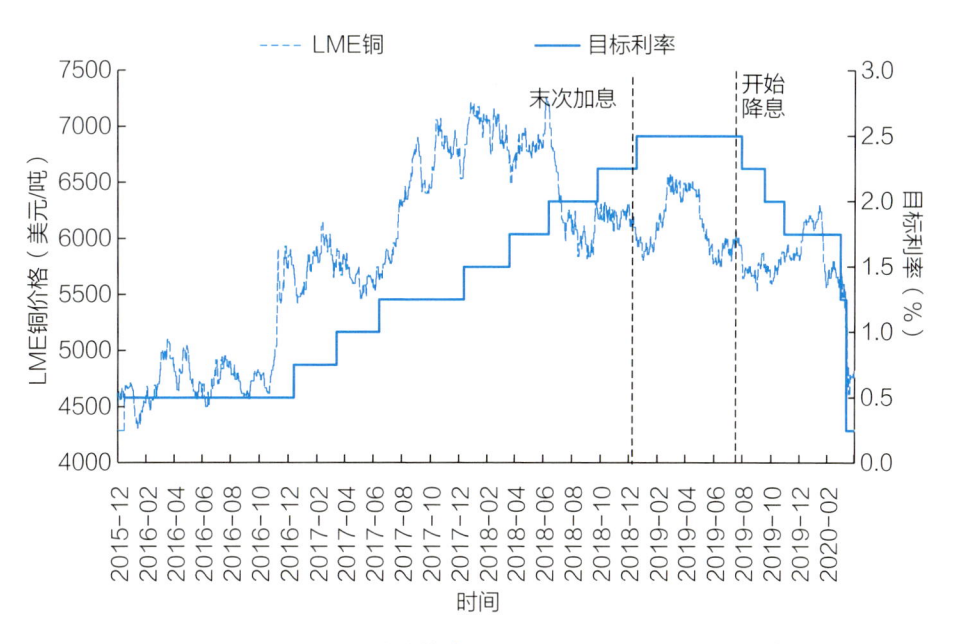

图 4-97　LME 铜价走势（2018 年 12 月 19 日末次加息）

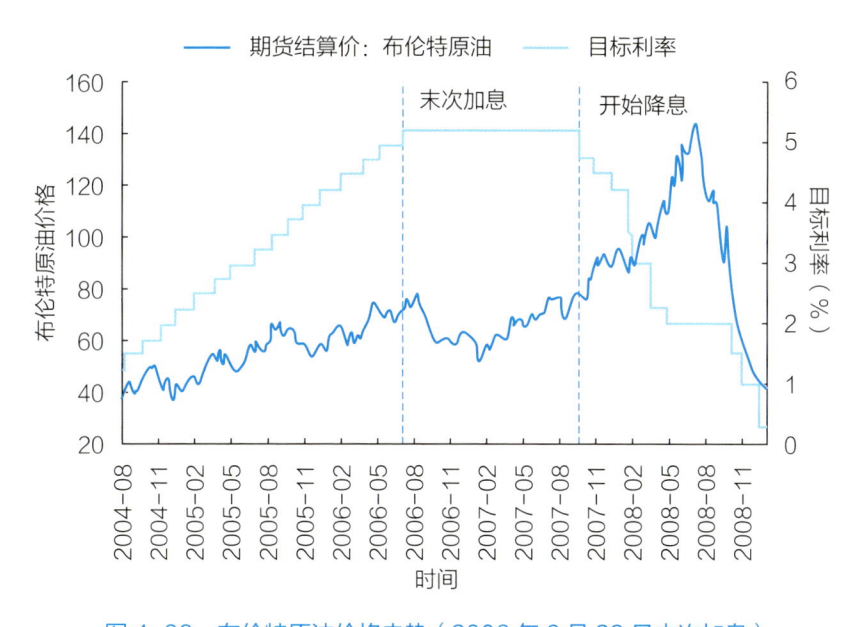

图 4-98　布伦特原油价格走势（2006 年 6 月 29 日末次加息）

投资的宏观逻辑

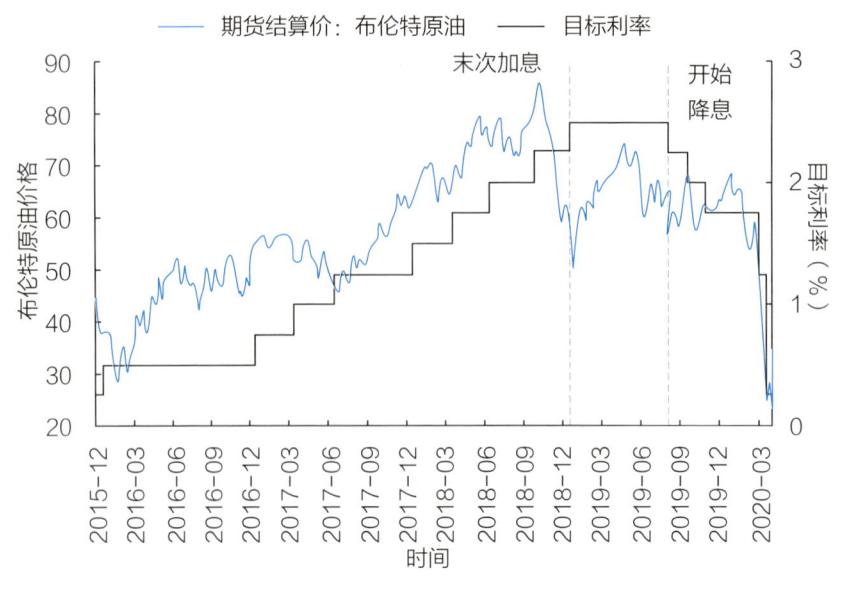

图 4-99　布伦特原油价格走势（2018 年 12 月 19 日末次加息）

再临加息末期，大类资产将如何表现？

2023 年 7 月或是最后一次加息

2023 年 7 月 FOMC 会议再度加息 25bp，这创下 2001 年以来新高。6 月暂停加息后，美联储于 7 月 27 日的 FOMC 会议再度加息 25bp，这也是自 2022 年 3 月以来的第 11 次加息，累计加息 525bp，其为 2001 年以来新高。

美国通胀回落趋势相对明确，再次加息的必要性不强。从构成来看食品与能源同比继续较大幅度回落，核心 CPI 中的二手车同比跌幅扩大带动核心商品下行，房租延续下行趋势，核心服务有所降温。往后看，虽然基数走弱以及房租的黏性可能会带来通胀读数的短暂小幅回升，但其整体下行的趋势不会改变。

未来大类资产展望

美股：根据历史经验，美联储末次加息后，由于利率压制缓解，实质性衰退还未出现，美股或将回暖，其中纳指弹性可能更高。

A 股：随着美联储进入加息平台期，A 股主要矛盾转向国内基本面，在国内经济企稳向好的态势驱动下，A 股后续也将整体向好。

港股：港股与美股关联性较强，美联储加息末期港股或与美股联动上涨，恒生科技弹性更高。

美债：根据历史经验，美联储加息末期，美债收益率通常呈现下行趋势，预计 10 年期美债收益率或将向 3.5% 靠拢。

美元：受美国经济放缓预期影响，美元或将走弱。

黄金：美联储加息末期，美国实际利率回落以及美元承压或将助推黄金走强。

参考文献

［1］Jesús Fernández-Villaverde, Lee E. Ohanian, Wen Yao. The neoclassical growth of China, NBER working paper, June 2023.

［2］Ben Bernanke, Olivier Blanchard. What Caused the U.S. Pandemic-Era Inflation? BROOKINGS working paper, May 2023.

［3］尼古拉斯·韦普肖特.凯恩斯大战哈耶克[M].机械工业出版社，2013.

［4］本·伯南克.通货膨胀目标制：国际经验[M].东北财经大学出版社，2013.

［5］本·伯南克.行动的勇气：金融风暴及其余波回忆录[M].中信出版集团，2016.

［6］本·伯南克.21世纪货币政策[M].中信出版集团，2022.

［7］罗伯特·J.席勒.非理性繁荣[M].中国人民大学出版社，2015.

［8］巴里·埃森格林.资本全球化：一部国际货币体系史[M].机械工业出版社，2015.

［9］李斌，伍戈.信用创造、货币供求与经济结构[M].中国金融出版社，2014.

［10］孙付.美联储宽松货币政策操作历程及退出影响研究[J].中国证券，2015（1）.

［11］孙付.SDR进入标准与人民币"入篮"[J].金融市场研究，2015（12）.

［12］孙付.经济放缓对就业影响几何？[J].金融市场研究，2016（1）.

［13］孙付.中国就业结构特征与就业影响因素分析[J].上海综合经济，2016（4）.

［14］孙付. 逆风之中当慎行 [J]. 金融市场研究，2018（9）.

［15］孙付. 迎接贷款利率市场化新基准：LPR——基于利率定价和传导机制的研究 [J]. 金融市场研究，2019（8）.

［16］孙付. 信用供求方程式：新逻辑、新观点 [J]. 金融市场研究，2020（7）.

［17］孙付，丁俊菘. 揭开实体融资成本的面纱 [J]. 金融市场研究，2022（8）.